Asas da Liberdade

Asas da Liberdade

1-8-08-23.000

Direção editorial: **Flávio Machado**
Assistente editorial: **Dirce Yukie Yamamoto**
Chefe de arte: **Marcio da Silva Barreto**
Capa: **Júlia Machado**
Imagens da capa: **Elena Elisseeva, Vova Pomortzeff e Freesurf / StockXpert.com**
Diagramação: **Ricardo Brito**
Revisão: **Michel Sleiman**
Fotolito da capa: **Paty Digital**
Impressão: SERMOGRAF – Artes Gráficas e Editora Ltda.

Dados Internacionais de Catalogação na Publicação (CIP)
(Câmara Brasileira do Livro, SP, Brasil)

Mendonça, Jerônimo (Espírito).
Asas da liberdade / romance do Espírito Jerônimo Mendonça ; psicografado pela médium Célia Xavier de Camargo. – São Paulo : Petit, 2008.

ISBN 978-85-7253-169-6

1. Espiritismo 2. Psicografia 3. Romance espírita I. Camargo, Célia Xavier de. II. Título.

08-06768 CDD: 133.9

Índices para catálogo sistemático:
1. Romance espírita : Espiritismo 133.9

Impresso no Brasil, no inverno de 2008.

Prezado leitor(a),

Caso encontre neste livro alguma parte que acredita que vai interessar ou mesmo ajudar outras pessoas e decida distribuí-la por meio da internet ou outro meio, nunca deixe de mencionar a fonte, pois assim estará preservando os direitos do autor e conseqüentemente contribuindo para uma ótima divulgação do livro.

Asas da Liberdade

Romance do Espírito

Jerônimo Mendonça

Psicografia da Médium

Célia Xavier de Camargo

petit editora

Rua Atuaí, 383/389 – Vila Esperança/Penha
CEP 03646-000 – São Paulo – SP
Fone: (0xx11) 2684-6000

Endereço para correspondência:
Caixa Postal 67545 – Ag. Almeida Lima
03102-970 – São Paulo – SP

www.petit.com.br | petit@petit.com.br

ANKH* ou CRUZ *ANSATA – No Antigo Egito, o símbolo estampado na capa deste livro – *Ankh*, Cruz *Ansata* ou Chave do Nilo – simbolizava a vida eterna. Aparece gravado junto de outros hieróglifos nos monumentos e nas colunas dos templos egípcios. Em latim, *Crux Ansata*, cruz com asas.

Sumário

Palavras do autor

Paz em Jesus!

Com a permissão de Jesus, entrego agora ao público uma pequena parte de minhas vivências através do tempo. Muito errei e muito tenho sofrido para reparar os danos causados a outrem e a mim mesmo.

Todavia, a misericórdia do Altíssimo sempre foi pródiga em conceder-me oportunidades de aprendizado e amadurecimento, através de encarnações, para transformar-me num ser melhor.

Sempre me acompanhou o desejo de escrever sobre meu passado, de relatar minhas experiências. Ansiava por poder afirmar aos meus irmãos ainda na carne: se eu, que me considero o maior dos criminosos, consegui redimir-me, todos também conseguirão.

Então, finalmente, depois de muito esforço e grandes dificuldades, aqui está a minha história. Espero que seja de alguma utilidade para todos aqueles que vierem a conhecê-la. Se minha experiência puder ajudar a uma pessoa que seja, já me darei por satisfeito.

Assim, com amor e fé, trabalho e perseverança, não há o que não se possa vencer. O tempo transforma as mais rudes criaturas, as mais perversas, em anjos de luz. Não que este seja o meu caso, em absoluto, porém me considero profundamente grato pelas bênçãos que já conquistei com vontade e trabalho.

Muitos daqueles que conviveram comigo no passado, reencarnados no século 20, participaram da minha última encarnação. Renovados, fazem parte do movimento espírita e, no exercício do bem, trabalham na construção de um mundo melhor.

Que, iluminados pelo sol da verdade eterna, um dia sejamos dignos de ser chamados trabalhadores da seara de Jesus.

A todos, familiares, amigos e companheiros de ideal espírita, a minha gratidão imorredoura.

Aos amigos da espiritualidade, que tanto nos ajudaram. A Jesus, Amigo Maior, que nos dirigiu os passos. E, finalmente, a Deus, Criador do universo e Pai Celeste, nosso reconhecimento perene.

Que o Senhor os ilumine sempre.

Do irmão menor,

Jerônimo Mendonça

Rolândia (PR), 23 de junho de 2008.

1

Uma nova vida

Sentado à beira da fonte limpa e cristalina, onde os viajantes e animais vinham matar a sede, inclinei-me, tocando a água fresca. Imediatamente, ondas concêntricas surgiram, pequenas a princípio, aumentando e espraiando-se cada vez mais. Eu olhava o movimento das águas enquanto a mente, febril, trabalhava.

Ignorava a razão da minha vida, o que precisava fazer ou quais os vínculos que me prendiam ao mundo. Confuso e de raciocínio difícil, levei as mãos à cabeça no impulso de apertar o cérebro para livrar-me da terrível dor que me atazanava.

Por que eu sempre fui tão sozinho? Por quê?

Deixei-me levar de volta às primeiras recordações da minha miserável existência. Na tela da memória, revi a infância solitária e sem amor.

Jamais tive alguém que me amasse realmente. A mãe que me deu a vida era alguém que vendia seu corpo para adquirir alguns trocados e não morrer de fome. Nunca soube quem era meu pai.

Poderia ser qualquer um que tivesse passado pelo seu leito para breves momentos de prazer. Assim, eu era considerado um estorvo, impedindo-a de viver plenamente como gostaria.

Ao perceber a gestação não desejada, tentou de tudo para livrar-se de mim, o intruso. Pulava repetidas vezes; jogava-se do alto de uma tamareira; batia no ventre com uma pedra até perder os sentidos; tomava tisanas e beberagens que, conforme lhe asseguravam as mulheres entendidas no assunto, iria expulsar o indesejado. Nada.

Ao compreender finalmente que tudo o que fizera fora inútil, e que, para sua desgraça, seu ventre não parava de crescer, resignou-se ao inevitável, exausta de lutar contra a vontade dos deuses. Todavia, uma rejeição e um ódio surdo por mim se instalaram em seu íntimo.

Após o nascimento, não recebi os carinhos e cuidados normais vindos daquela que Deus escolhera para ser minha mãe. Relegava-me à própria sorte, sem me alimentar ou proteger, talvez com a secreta esperança de que eu não resistisse aos maus-tratos. Só não morri graças às suas companheiras de infortúnio, que, penalizadas da sorte do recém-nascido, cuidaram de mim. Arrumaram uma cesta para servir-me de berço, vestiam-me com trapos e alimentavam-me com leite de cabra diluído em água.

Com o passar do tempo, sua aversão aumentava cada vez mais por notar que eu era uma criança diferente. Talvez pelas tentativas de expulsar-me do seu ventre, nasci com problemas: tinha a cabeça demasiado protuberante de um lado, e de outro uma reentrância que atingia o olho direito, deixando-o afundado; o corpo, desengonçado, um ombro caído e uma perna mais curta do que a outra tornavam meu andar manco, ridículo.

Muitas vezes, notava que ela me observava de longe, e, nesses momentos, percebia em seu olhar o desejo de tirar-me a vida, talvez envergonhada da minha aparência. Espancava-me com freqüência e por qualquer motivo. Houve ocasiões em que suas companheiras, ou mesmo seu acompanhante eventual, tiveram de tirar-me de suas mãos, machucado e ensangüentado, para que não acontecesse algo pior.

Era nessas horas que ela falava de seus sentimentos mais profundos, relatando com minúcias, sem qualquer piedade por mim, o que fora sua vida desde que comecei a existir dentro dela. Era nesses momentos que ela contava tudo o que sei sobre minha vida, sem omitir nada, desnudando seu interior, até com certo orgulho de expor seu ódio por mim.

Chorei muito e infindáveis vezes na calada da noite, quando, já maiorzinho, era obrigado a deixar o nosso cubículo e defrontar a escuridão noturna, para que ela pudesse receber seus fregueses. Nessas ocasiões, olhando o céu recamado de estrelas no fundo azul-escuro, lembrava-me de tudo o que ela me contava nas horas de rancor insano, de como ela desejara livrar-se de mim, e imaginava-a batendo no ventre, pulando de árvores e tomando chás e poções indicadas por uma velha feiticeira. Pensava, nesses momentos, em pranto convulsivo, se não seria preferível que ela tivesse conseguido realizar seu intento. E, como diziam as mulheres entendidas, se funcionava com outras, por que não funcionou com ela? Por que Amon quis que o menino permanecesse neste mundo de lágrimas? Para enfrentar dores e sofrimentos acerbos?

Por essa razão, ao crescer um pouco mais, humilhado diante da rejeição e do desamor que sentia na própria carne da única criatura que deveria me amar, da única pessoa que eu conhecia como "família", resolvi ganhar o mundo. Precisava de tão pouco para viver que em qualquer lugar me arrumaria. De nada nem de ninguém sentiria falta.

Assim, saí pelo mundo sem destino, ganhando a estrada. Após algumas horas de caminhada, sentia-me exausto e sem condições de prosseguir. Sentei-me à beira do caminho, desanimado. Um mercador que passava apiedou-se de mim – certamente pelas minhas condições físicas – e permitiu-me um lugar na sua carroça, ou algo similar naquela época: dois varões de madeira, presos de cada lado com fibras de palmeira trançada como um tapete, formavam um fundo resistente; na frente, esses varões eram amarrados com a mesma fibra a um cavalo e, atrás, se arrastavam pelo chão. Ali, ele transportava sua bagagem. Um outro animal lhe servia de montaria. Perguntou qual meu destino. Disse-lhe que não sabia. Fitou-me de alto a baixo e resmungou:

– Irás comigo até a minha cidade de destino. Depois, seguirás o rumo que quiseres.

Respirei aliviado, concordando com um gesto de cabeça, agradecido. Exausto, não agüentaria ir mais longe. Como eu estava com os pés machucados, sangrando, envolveu-os com umas tiras de pano e depois me permitiu ir deitado na esteira, até melhorar.

Viajamos calados sempre rumo leste. Ele era um homem velho, de barba branca e expressão sisuda. Vez por outra, olhava-me de soslaio, com curiosidade, avaliando minha aparência estranha. Muitas horas depois, perguntou:

– Sofreste algum acidente?

Balancei a cabeça negativamente:

– Não. Nasci assim.

– Estás com fome?

Acostumado a quase não comer, a me alimentar daquilo que as pessoas mais generosas me davam, ou de tâmaras que eu mesmo colhia, não tinha me dado conta do tempo decorrido desde a última vez que me alimentara. Todavia, baixei a cabeça, envergonhado, sem responder.

Ele pigarreou, informando:

– Vamos parar para descansar. Logo ali adiante tem um pequeno tanque onde encontraremos água. Os animais também precisam de cuidados.

Não demorou muito e, um pouco abaixo da estrada, vimos algumas árvores e palmeiras. O mercador soltou os cavalos para que pastassem à vontade. Caminhamos até a água, que surgia de uma nascente e formava entre as pedras um tanque cercado de vegetação, e depois corria mansa num regato gracioso e murmurante. Dobramos os joelhos e nos refrescamos satisfeitos, bebendo a água límpida. Depois, sentamo-nos na relva.

Meu companheiro pegou uma bolsa de couro curtido de camelo e retirou de dentro um pão, azeitonas e tâmaras. Generosamente, repartiu o pão e entregou-me um pedaço, o mesmo fazendo com as azeitonas e as tâmaras.

De vez em quando, o homem olhava-me, curioso. Afinal, entre um bocado e outro, comentou:

– Ainda não me disseste teu nome.

Levantei a cabeça, surpreso. Ninguém se interessava em saber se eu tinha um nome. Com meu sorriso torto, respondi:

– Emil. Meu nome é Emil.

– Bonito nome. Eu sou Ahmim.

Calamo-nos. Ele não era de muito falar e eu menos ainda. Depois de comer, satisfeitos, estendemo-nos na relva e dormimos um pouco, aproveitando a sombra fresca das palmeiras. A tarde estava quente, e o sol, insuportável.

Uma hora depois, reiniciamos a jornada. Ahmim não queria demorar-se muito, pois tínhamos um longo trajeto pela frente.

Mais tarde paramos, aproveitando a companhia de uma caravana que montara as tendas para pernoitar próximo da estrada.

Ahmim procurou o chefe da caravana, pedindo-lhe permissão para nós ali permanecermos.

O homem de tez morena, queimado pelo sol do deserto, assentiu sem problemas.

– Sede bem-vindos! Esta região é infestada por salteadores. É perigoso pessoas desacompanhadas pernoitarem ao relento. Sois nossos convidados para a ceia.

– Agradeço-te a benevolência – disse Ahmim, reverente.

Naquela noite ceamos na companhia de Munir, o chefe da caravana.

Em sua tenda, maior e mais luxuosa que as demais, o movimento era grande. Muitas pessoas ali se acomodavam em almofadas de cetim, brocado e púrpura.

Eu estava encantado. Jamais tivera ocasião de ver algo semelhante. A um sinal de Munir, dois servos entraram com ânforas de bebida deslizando entre os convidados. Após servirem o chefe, encheram os copos dos demais. Ao mesmo tempo, uma música começou a tocar e, em seguida, três belas bailarinas surgiram coleando ao ritmo da melodia. Vestidas sumariamente com tecidos coloridos, leves e vaporosos, que deixavam à mostra a pele morena, dançavam de forma encantadora, animando os homens. Enquanto a bebida corria solta, destravando as línguas e entorpecendo as idéias, outros criados entraram portando grandes bandejas com as comidas: carneiros, vitelas, frutas diversas, azeitonas e tâmaras.

Eu jamais participara de festim semelhante. Fascinado, bebi e comi mais do que devia.

Despertei no dia seguinte ao chamado de Ahmim.

– Acorda, homem! Precisamos prosseguir.

Abri os olhos, ainda sob o efeito da bebida, sem saber o que estava acontecendo. "Onde estou?"

Fixando a imagem à minha frente, lembrei.

– Ahmim!

– Sim. Ahmim! Ahmim que te arrastou para fora da tenda de Munir e que te trouxe para cá. Temos que prosseguir.

Esfreguei os olhos, ainda confuso.

– Onde estão todos? – perguntei.

– Levantaram acampamento com a aurora. Foram embora. Avia-te! Não temos tempo a perder.

Levantei-me apressado e logo estávamos novamente a caminho.

Algumas horas depois, cansados e suarentos, com os olhos ardendo sob o sol intenso, chegamos a um vilarejo, onde fizemos nova parada.

Na aldeia muito pobre um bom homem nos acolheu. Nesses tempos, pela dificuldade das viagens e falta de recursos, sempre se encontrava alguém disposto a ajudar os viandantes. Como não podíamos pagar pela hospedagem, o dono da casa permitiu que nos sentássemos à sombra, ofereceu comida e um pouco de água para aplacar a sede, em troca de serviço. Após a modesta refeição, carregamos água do poço para a casa, cuidamos dos animais e varremos o chão. Quando terminamos, estávamos exaustos, mas satisfeitos. O hospedeiro nos permitiu pernoitar no estábulo com os animais.

Ajeitamos um punhado de capim seco e nos deitamos, aliviados.

De onde estávamos, podíamos ver o céu de um azul profundo e as estrelas que pontilhavam o firmamento. Com os olhos úmidos, comentei:

– Este céu faz-me lembrar o lugar onde vivi.

– Emil, que idade tens? – perguntou Ahmim.

Pensei um pouco e respondi:

– Não sei ao certo. Talvez uns quinze anos. Talvez mais.

– És muito jovem ainda. O que te fez deixar o aconchego do lar para ganhar o mundo?

Fiquei calado, pensando. Depois indaguei:

– O que é um lar?

Surpreso, Ahmim explicou:

– Pois é a casa onde moramos, a presença da família.

– Ah!... Nunca tive família. Só alguém que dizia ser minha mãe.

– Não tens pai?

– Não.

Ahmim virou-se devagar fitando-me, espantado. Depois, disse suavemente:

– Deves ter tido vida difícil. Queres falar sobre isso?

Era a primeira vez que alguém se interessava por mim e pela minha vida. Um calorzinho gostoso inundou meu peito. Seria bom desabafar, colocar para fora todo o sentimento represado, pensei.

E lentamente comecei a falar, abrindo meu coração ao mercador humilde que me recolhera, um desconhecido até o dia anterior, e que, no entanto, eu sentia tão perto de mim.

– Minha mãe é uma rameira que vende o corpo para não morrer de fome. Assim, nasci de um encontro eventual com um homem qualquer do qual não sei sequer o nome. Jamais recebi manifestações de amor e carinho...

À medida que eu contava minha existência, falando de minha mãe, de suas colegas de profissão, notei o interesse de Ahmim aumentar gradualmente. Falei sobre a rejeição das pessoas por mim e até do dia em que, preocupado com a reação delas, resolvi me olhar num poço. Assustei-me com a própria aparência, julgando fosse um monstro. Terminei, explicando:

– Então, tomei a decisão de sair pelo mundo, já que nada me prendia naquela aldeia.

Olhei para Ahmim e percebi que se emocionara com meu relato; seus olhos estavam cheios de lágrimas, que ele tentava esconder, e um nó lhe fechou a garganta. Quando conseguiu falar, disse simplesmente, com voz rouca:

– É tarde. Vamos dormir. Precisamos levantar cedo amanhã.

2

O passado volta

Viajamos muitos dias pelo deserto. As dificuldades eram grandes e o cansaço imenso. Houve um momento em que Ahmim foi obrigado a abandonar a carroça, por ser impossível continuar com ela. Assim, dividimos a carga entre os animais e prosseguimos. O grande calor, insuportável durante o dia, quando o Sol parece querer nos derreter os miolos, queima a pele e arde nos olhos, transforma-se em frio enregelante à noite, quando a temperatura cai drasticamente, quase nos congelando. Tudo isso, porém, enfrentamos dia após dia na jornada longa e exaustiva.

Durante esse período, nosso relacionamento aumentava sempre. Ahmim falava-me da família, que deixara na aldeia natal, próxima daquela onde eu tinha vivido durante toda a existência. Tinha uma esposa e duas filhas, já casadas; era mercador e levava algumas dádivas para oferecer aos deuses no templo da grande cidade, onde morava um seu irmão, Cleofas, em cuja residência ficaria albergado. Contou-me também que, em virtude de enfermidade de sua companheira, cuja gravidade levara-o a temer pela vida dela, fizera uma promessa a Amon-Rá, que agora se apressava em cumprir com satisfação, uma vez que ela estava curada.

Certo dia, quase ao final da tarde, depararam-se-nos ao longe as torres de uma cidade cercada por altos muros, suas edificações e seu casario envoltos em vegetação; a imponência da grande cidade fez bater forte meu coração.

Ahmim, com radioso sorriso, levantou os braços, indicando:

– Vê Emil! Ali está Mênfis![1]

Embora quisesse me deixar contagiar pela alegria de Ahmim, meu sorriso torto deu lugar a uma careta desagradável. Algo de estranho acontecia comigo. Imenso mal-estar, uma angústia aterradora, um sentimento de medo e de agonia se assenhorearam do meu íntimo, dominando-me as emoções. Levei as mãos à cabeça, a revolver os cabelos desgrenhados, como sempre fazia ao ficar nervoso, sendo acometido de vontade irrefreável de girar nos calcanhares e fugir, fugir para bem longe.

Ahmim, estranhando-me a atitude, perguntou:

– Não estás feliz? Percorremos longo trajeto para alcançarmos nosso destino!

Com a fisionomia contrita e torturada, a refletir sentimentos díspares e confusos, balancei a cabeça concordando, enquanto o olhar desesperado falava do meu tormento íntimo. Notando-me a mudança, preocupado, Ahmim aproximou-se mais:

– O que se passa contigo, Emil? Durante estes dias de convivência, aprendi a conhecer-te. Jamais te vi assim, com o semblante tão torturado...

1. Outrora capital do Egito durante o Reino Antigo (2575-2134 a.C.) e o Reino Médio (2040-1640 a.C.). (Nota da Médium)

Colocou o braço em meu ombro e, ao sentir sua aproximação, eu, que jamais tivera o carinho de alguém, não suportei mais, deixando-me cair de joelhos na areia ardente. Lágrimas copiosas lavavam-me o rosto e gritos estentóricos me saíam da garganta.

– Estás doente, amigo Emil? – perguntou-me aflito.

Mas eu não conseguia responder. Pavor insano me dominava, como se na iminência de grande perigo, enquanto me acudiam à mente imagens estranhas que eu não entendia. Via um palácio luxuoso todo iluminado, entre belos jardins. Via também algo desconhecido para mim: uma casa toda iluminada que se movia sobre as águas de um rio, que eu nunca tinha visto; mulheres lindas e bem-vestidas que surgiam como imagens superpostas. De repente, uma música alucinante me fez tapar os ouvidos. Apesar da beleza do palácio, das riquezas, da paisagem, das jovens, tudo aquilo me enchia de horror.

Ahmim não conseguiu respostas às suas perguntas, mas notou que eu estava banhado em álgido suor e que tremia da cabeça aos pés. Ao ver meus olhos fixos e esgazeados, tocou-me a fronte e constatou que ardia em febre; julgou então que eu tivesse enlouquecido ou adquirido alguma moléstia estranha. Ajoelhou-se e pôs-se a recitar orações para Amon-Rá, o senhor de todas as coisas.

Aos poucos fui melhorando e saí daquele estado de ausência. A febre baixou, tranqüilizando Ahmim. Grande torpor, todavia, me dominava os membros lassos; sentia-me extremamente cansado, enquanto invencível sonolência fez com que me acomodasse para dormir.

Ahmim, entendendo pelo meu estado que não conseguiríamos chegar a Mênfis antes do anoitecer, improvisou um lugar para passarmos a noite ao relento.

Na manhã seguinte, acordei e vi meu companheiro inclinado sobre mim. Ao me ver abrir os olhos, respirou aliviado.

– Como estás?

Ainda sem lembrar-me do que havia acontecido no dia anterior, respondi:

– Estou bem. Sinto, porém, o corpo todo dolorido, como se tivesse levado uma surra. Mas... por que pernoitamos aqui, em plena natureza?

Ahmim olhou-me sério e intrigado.

– Não te recordas do que aconteceu?

Nisso, olhei e vi à distância os contornos da cidade recortados sob um céu muito azul. Nesse momento, lembrei-me do mal-estar que senti ao vê-la. Agitei-me desesperado.

– Ahmim! Não posso entrar naquela cidade.

E como ele me olhasse perplexo, sem entender, contei-lhe o que tinha acontecido comigo, o mal-estar e o medo que se apoderaram de mim, e o desejo de fugir dali para o mais longe possível.

– Por que, Emil? Já estiveste em Mênfis? – indagou surpreso.

– Sabes que não. Narrei-te a história de toda a minha vida. Esta é a primeira vez que deixo a aldeia onde nasci. Contudo, vi imagens estranhas... um palácio, uma casa se movendo num rio...

– Chama-se barco.

– Isso e outras coisas que nunca vi. Todavia, sei que conheço tudo isso, como se essas imagens tivessem feito parte da minha vida, numa outra época. Sinto-me confuso. Não sei explicar.[2]

– Entendo. Falas das vidas sucessivas. Acredita-se que podemos voltar a viver em outros corpos, inclusive de animais.

---

2. As lembranças do personagem se referem a fatos ocorridos durante o reinado da rainha Hatshepsut, do Egito, pertencente à 18ª dinastia, que exerceu o poder absoluto de 1505 a 1483 a.C., embora tivesse reinado conjuntamente com seu meio-irmão e esposo, Tutmés 2º de 1515 a 1505 a.C. (Enciclopédia *Delta Larousse*, tomo 2, pg. 694, Editora Delta S/A, Rio de Janeiro, 1962). (N.M.)

– Não sei. Nunca pensei nisso e ninguém jamais me falou sobre esse assunto antes. Contudo, afirmo-te: já vivi naquele lugar e com aquelas pessoas. Tudo isso me causa pavor infinito.

– Neste momento... como estás?

– Estou bem. Não sei, porém, se terei coragem para prosseguir...

– Bobagem, Emil! Não posso deixar-te aqui sozinho, neste estado. Vamos nos aproximar da cidade. Se passares mal de novo, veremos o que se pode fazer. Creio que o melhor será procurarmos o Templo de Amon e orarmos pedindo a ajuda dos Imortais. Vamos prosseguir.

Diante da atitude firme de Ahmim, embora não muito convencido, deixei-me conduzir por ele. Aos poucos nos aproximamos da grande cidade. Apesar da grande tensão, procurei controlar-me para não fugir.

Entrando na cidade, distraí-me observando o movimento de pessoas nas ruas, comerciantes que vendiam seus produtos, crianças que brincavam. Odores diversos atingiram-me o olfato: peixes, frituras, bebidas, frutas, flores, óleos aromáticos, ervas medicinais e muitos outros que eu não conhecia. O trânsito de animais e de pessoas era intenso. Vi liteiras carregadas por homens fortes, com as cortinas fechadas, precedidas por contingente de soldados que afastavam os transeuntes para que a condução pudesse passar.

Olhei para Ahmim, surpreso. Minha aldeia era muito pobre e jamais tinha visto algo semelhante. Tudo para mim era novidade.

– Trata-se com certeza de algum nobre senhor que não deseja ser reconhecido – informou-me ele, notando-me a curiosidade.

– Ah!...

Saímos do comércio e percorremos ruas e vielas; vimos grandes construções, templos imensos, soberbos palácios, monumentos suntuosos, até que chegamos a uma rua mais tranqüila onde deparamos com alto muro. Demos a volta até nos determos diante de grande portão de madeira. Nele havia uma cabeça de leão, em metal dourado, com uma argola na boca. Ahmim, sorridente, levando a mão à argola, bateu com ela três vezes, fazendo um som metálico que ressoou fortemente. Logo, um criado abriu uma portinhola e perguntou o que desejávamos. Ahmim identificou-se, afirmando ser irmão do dono da casa e desejar vê-lo. O criado fechou a portinhola novamente e esperamos mais alguns minutos. Em breve, ouvimos passos, o criado correu o ferrolho e o grande portão se abriu a gemer nos gonzos.

Entramos. Um lindo e refrescante jardim surgiu diante de nós. No meio, um tanque azul claro com bela estátua da deusa Ísis em tamanho natural, cujos braços sustinham um vaso corniforme, de onde jorrava água cristalina. Ao fundo, surgiu uma construção baixa com grande terraço, pintada de cores fortes, tão ao gosto egípcio. Acercamo-nos da casa e fomos recebidos pelo proprietário, Cleofas, irmão de Ahmim.

Vestido luxuosamente com uma túnica clara, tendo na cintura uma faixa azul e dourada, ele nos recebeu com os braços abertos. Inclinando-se, cumprimentou-o:

– Sê bem-vindo à minha humilde morada, irmão!

Ahmim curvou-se, respondendo à saudação:

– Agradeço-te, querido irmão Cleofas. Trazemos paz a esta casa.

Como somente nesse momento o anfitrião tivesse dado pela minha presença, olhou intrigado para Ahmim, que explicou:

– Este é Emil. Viajamos juntos.

Cleofas, embora a contragosto, fez um gesto de acolhida:

– O amigo de meu irmão é também meu amigo.

Depois, mudou o rumo da conversa. Ignorando-me, colocou a mão no ombro de Ahmim, levando-o para dentro.

– Vem, meu irmão. Com certeza estás cansado depois da longa viagem. Mandarei mostrar-te os aposentos.

Bateu palmas e, em seguida, dois criados surgiram. A um gesto seu um dos servos conduziu Ahmim para o interior da casa. A outro gesto, o segundo servo pediu-me que o acompanhasse, levando-me para outro lado. Logo percebi que aquelas seriam as acomodações reservadas à criadagem.

Entrei em meu quarto, grato por ter onde descansar. Ao ver o tapete de palha no chão, joguei-me sobre ele e, logo, estava entregue a pesado sono.

Ahmim, depois de repousar e refrescar-se em perfumado banho, foi levado para a sala de refeições, onde era aguardado pelo irmão.

Estavam acomodados em macias almofadas de cetim e damasco quando a família entrou: Núbia, a esposa, acompanhada da filha Nahra e do filho Anótis.

Ahmim ergueu-se, reverente, cumprimentando a cunhada e os jovens sobrinhos. Núbia, com traje transparente e esvoaçante, semblante pintado no rigor da moda, cabelos presos por bela tiara, tinha um ar meio afetado, próprio daqueles que se consideram superiores. Nahra, jovem de quatorze anos, era o reflexo da mãe, vestindo-se e pintando-se da mesma maneira. Anótis, aos dezesseis anos, era um rapaz forte e viril, orgulhoso da sua condição e dos seus feitos.

Acomodados todos, os servos entraram trazendo as iguarias, enquanto outro servia a bebida. Cleofas, orgulhoso dos filhos, vangloriava-se:

– Vê, Ahmim, Nahra daqui a alguns meses vai-se casar com excelente partido da corte de nosso faraó. Que Amon-Rá o cubra de glória e saúde! Quanto a meu filho, Anótis, tem alcançado importante êxito nos jogos, ganhando medalhas valorosas.

Ahmim cumprimentou os jovens, louvando suas qualidades. Depois, lembrando-se de mim, estranhou que eu não estivesse presente. O irmão, vendo a curiosidade dos familiares, que não sabiam que havia outra visita, explicou evasivo:

– Emil está repousando, cansado demais para comparecer. Amanhã conversaremos.

Após o repasto, Ahmim pediu permissão para sair, alegando necessidade de descansar. Despediu-se da família e retornou a seus aposentos, caindo em sono profundo.

No dia seguinte, após a refeição matinal, Cleofas levou Ahmim até um aprazível terraço, rodeado de plantas, onde se sentaram.

– Emil já se levantou? – perguntou Ahmim, estranhando minha ausência.

Cleofas agitou-se, pigarreou e disse, procurando as palavras:

– É exatamente sobre ele que gostaria de falar-te. Tu o conheces há muito tempo, meu irmão?

Ahmim contou como nos encontramos, relatando nossa viagem e como nos tornamos amigos.

– Ah!... então, não tens grande conhecimento sobre ele.

– Explica-te melhor, caro mano. Não entendi – retrucou Ahmim intrigado.

Escolhendo as palavras, Cleofas disse:

– Ahmim, meu irmão, teu amigo é muito estranho e de modo algum será bem-visto em nosso meio. Parece mais um animal selvagem. Sua aparência é profundamente desagradável e causa asco. Não poderei permitir que fique conosco, que tome as refeições com minha família, porque não conseguirão sequer comer, enojados; além do medo que ele, sem dúvida, despertará nos demais. Até no alojamento dos servos, onde ele dormiu, sua presença causou-lhes profundo impacto e todos estão temerosos.

– Não entendo. Emil é bom e gentil. Jamais fará mal a alguém. Sua aparência é estranha, concordo, e até eu, quando o conheci, fiquei assustado. Porém, quando tu o conheceres melhor, verás que não há o que temer.

– Esse é o ponto. Não haverá tempo para conhecê-lo melhor, Ahmim. Emil não poderá permanecer nesta casa. Assim que acordar, será mandado embora. Não exporei minha família a tal monstruosidade, constrangendo-a perante toda a sociedade.

Ahmim fitou o irmão, perplexo. Jamais o julgara tão radical e mesquinho.

Nesse ínterim, já desperto, fui procurar por Ahmim. Encaminhei-me para o terraço, onde, informaram os servos, eles estariam palestrando. Antes de entrar, estaquei na porta ao notar que falavam sobre mim. Fiquei horrorizado diante das palavras de nosso anfitrião, das expressões que usou para referir-se à minha pessoa.

Baixei a cabeça humilhado e profundamente ferido, enquanto lágrimas copiosas banhavam meu rosto disforme.

Antes que eles me notassem a presença e eu fosse obrigado a passar por maiores e mais dolorosas humilhações, busquei a porta de saída, ganhando os jardins, onde um segurança abriu-me o grande portão. Quando ele se fechou às minhas costas com som abafado e soturno, parei em plena rua sem saber para onde ir.

Estava novamente só.

3
Mudança de rumo

Caminhei sem destino, procurando distanciar-me tanto quanto possível daquela casa que acabara de deixar. Na pressa de sair, larguei para trás minha pequena bagagem. Agora nada mais tinha que fosse realmente meu. Contudo, isso não me incomodava.

As lágrimas corriam-me pelo rosto sem que me preocupasse em secá-las; não esperei para ouvir a resposta de Ahmim ao comentário maldoso e humilhante do dono da casa, todavia confiava que ele me defendesse. Foi melhor assim. Não queria ser um peso para o único amigo que tive na vida.

Cansado de andar, com as sandálias rotas, parei para descansar. Sentei-me numa pedra da rua, imerso em meus pensamentos, quando comecei a ouvir um barulho de vozes e música que se aproximava. A princípio era um som quase inaudível, aumentando gradativamente até tornar-se bem forte.

Logo, um grupo de pessoas vestidas com roupas alegres e estranhas dobrou uma esquina, vindo na minha direção. Encolhi-me, esperando que não me vissem; desejava passar despercebido. Era um bando de saltimbancos, desses que dão espetáculos nas ruas em troca de algumas moedas. Na minha aldeia, certa ocasião, aparecera um grupo semelhante; naquela época, encantado com a alegria dos recém-chegados, com suas roupas coloridas e com o espetáculo, abriguei o desejo de acompanhá-los, deixando minha aldeia. No entanto, na hora da partida, faltou-me coragem para enfrentar o desconhecido.

Um deles, o que parecia o chefe, parou de falar ao ver-me e estacou a meu lado. Virando-se para um companheiro, comentou com sorriso irônico, baixando a voz:

– Vê! Que aparência tem este infeliz! Os deuses, por certo, quiseram marcá-lo para a desdita. Julgo que será perfeito para nosso grupo, servindo de atração.

Voltando-se para mim, examinou-me detidamente dos pés à cabeça, depois indagou:

– Como te chamas?

– Emil, senhor.

– Onde moras? – tornou a perguntar o desconhecido.

– Em lugar nenhum, senhor. Cheguei ontem à cidade e ainda não arrumei abrigo – respondi, levantando-me.

– Ah! Tens família?

– Não, senhor. Sou sozinho no mundo.

O saltimbanco trocou um olhar de entendimento com o companheiro e voltou a indagar:

– Desejas trabalho? Não podemos pagar, mas terás comida e abrigo.

O peito se me inflou de satisfação. Trabalhar era tudo o que eu mais desejava, e ainda mais com um grupo bonito e alegre. Afinal, ser saltimbanco era meu destino, já que a oportunidade surgia novamente. Aceitei com entusiasmo:

– Sim, senhor. Para mim é o suficiente.

– Então, acompanha-nos.

Fui atrás dos saltimbancos contente por ter conseguido, tão rápido e inacreditavelmente, tudo o de que precisava: casa, comida e trabalho.

Com nova disposição, a imitar a atitude do bando, andava pelas ruas a sorrir e a cumprimentar as pessoas, transeuntes ou moradores que saíssem à porta para nos ver passar, sentindo-me parte daquele grupo alegre e divertido cuja intenção era levar felicidade ao povo.

Andamos bastante até chegar a um bairro distante e pobre. Diante de uma casa miserável, paramos. O chefe virou-se para mim e informou:

– Esta é nossa casa.

Entramos. A moradia era pequena e quase sem mobiliário. Duas mulheres acenderam o fogo para fazer a refeição, que se restringiu a um caldo ralo. Não estranhei, porque estava acostumado a comer pouco. Não pude deixar de notar, porém, a reclamação geral. Todos estavam descontentes e com fome. Em altas vozes discutiam o que fazer, como agir, para onde ir, sem chegar a um acordo.

Como sempre fora sozinho, afastei-me do grupo. Aquele vozerio incomodava-me. Deixei que decidissem entre eles; além do mais, acabava de chegar e não me sentia com direito de opinar.

À noite, arranjei um canto e acomodei-me como pude. Na manhã seguinte bem cedo, recebemos ordem de sair para trabalhar. Os componentes do bando vestiram seus trajes coloridos, entregando-me também uma vestimenta, que enverguei satisfeito.

Por certo eu estava muito engraçado porque os demais, ao olharem para mim, caíam na risada. Não gostei, senti-me humilhado, mas fui obrigado a aceitar. Dirigimo-nos diretamente ao mercado, àquela hora do dia apinhado de gente, onde eles já tinham feito alguns espetáculos. Ao cabo da apresentação, Nefert, o chefe, estendia o chapéu, no qual as pessoas depositavam moedas; outras colocavam aquilo que tinham, isto é, algum produto que estavam vendendo ou que haviam acabado de comprar, que podia ser uma fruta, legumes, um pedaço de carne ou um pequeno peixe. Todavia, eram poucos os que colaboravam; muitos, até, apreciavam o espetáculo, riam e batiam palmas; porém, extremamente pobres, nada tinham para dar.

Nos dias seguintes, continuamos trabalhando do mesmo jeito. Após a passagem pelo mercado, percorríamos outros lugares e ruas diferentes. A dificuldade, contudo, era a mesma. Ao final das atividades, não tínhamos angariado o suficiente para a manutenção do grupo. A coleta do dia era dividida entre todos, causando descontentamento geral. Em vista disso, a fome levava alguns componentes do bando a saírem à noite para conseguir comida. Nunca fiquei sabendo ao certo o que faziam, mas julgo que traziam para casa o resultado de roubo, porque voltavam com moedas, pequenas jóias, roupas e comida. Era assim que nos alimentávamos.

Sempre tentando melhorar nossa atuação, Nefert decidiu dar-me a incumbência de passar o chapéu, ao término da apresentação, julgando que a arrecadação fosse aumentar. Foi o maior fiasco. As pessoas fugiam de mim, embora me achassem engraçado com aquelas roupas. A coleta minguou ainda mais.

Naquela noite, deitei-me preocupado. Percebera os olhares endereçados a mim, como se estivesse trazendo azar para o grupo todo. Notei que ficaram, à luz de uma fogueira, conversando em voz baixa por muito tempo. Adormeci e eles ainda continuavam lá, em torno da fogueira.

No dia seguinte, levantei-me mais cedo, acendi o fogo e coloquei água para ferver. Não demorou muito e vi Nefert chegar.

Estranhei que ele estivesse de pé àquela hora, depois de ficar a noite toda acordado.

Logo os demais despertaram e o movimento normal da casa começou.

Nefert sentou-se perto de mim e convidou-me para sair com ele. A princípio, fiquei preocupado, sem saber suas intenções. Tranqüilizei-me quando ele afirmou que iríamos procurar serviço numa construção, e aceitei satisfeito. Nefert era rude e raramente fazia gentilezas, especialmente comigo.

Saímos num grupo de cinco pessoas. Os demais permaneceram na casa, com a recomendação de se exercitarem para um novo espetáculo.

Caminhamos muito até que chegamos à margem do rio Nilo, onde muitas embarcações se encontravam ancoradas.

Nefert conversou com um barqueiro, que lhe indicou um homem ali perto. Depois de dialogar com esse homem, voltou até onde estávamos, explicando:

– Emil, este barco está de saída com pessoas contratadas para trabalhar numa grande construção. Falei com o encarregado; só há vaga para uma pessoa. Como tu és o mais novo no nosso grupo e não tens uma atividade definida, o serviço é teu. Este barco te levará até o local onde irás trabalhar. Embarcarás nele, que está de partida. Não te preocupes, já está tudo arranjado.

Concordei sem relutância, agradecido. Afinal, era um trabalho que me estava sendo oferecido e eu ia viajar naquela casa que se movia no rio, que já vira em sonhos; no fundo, estava emocionado por poder conhecer um barco, viajar nele.

Assim, despedi-me dos companheiros sem grande tristeza. Não me afeiçoara a eles e algo me dizia que não eram dignos de confiança.

Eu não estava certo se era aquilo que desejava, não sabia nem para onde ia, porém, como não tivesse alternativa, resignei-me. Antes que eu entrasse na embarcação, os saltimbancos já haviam desaparecido.

Logo partimos. Meu coração batia apressado no peito. Andar flutuando num rio era uma experiência nova para mim, e uma estranha sensação de mal-estar e angústia me tomou de assalto. O Sol desaparecera lentamente no horizonte e as sombras da noite invadiram tudo, mas a embarcação não parou, prosseguindo sempre. Cansado, recostei-me e adormeci. Imagens de um grande barco, todo iluminado, deslizando pelo rio em noite de luar, surgiram-me dos refolhos da memória. Sentimentos díspares e contraditórios vinham-me à mente; embora não soubesse, era saudade de um tempo de glórias, de poder, de luxo, ao mesmo tempo em que infinita dor e sofrimento me atingiam o coração.

Alguém falou ao meu lado. Abri os olhos e vi que era dia. Tudo desaparecera. Aliviado, respirei profundamente e me atrevi a perguntar:

– Para onde vamos?

– Para Tebas.

– Tebas?!...

– Sim. Estás neste barco e não sabes para onde vais?

Não respondi. A notícia havia caído sobre mim como um raio. Tebas? Bem, agora não poderia fazer mais nada; estávamos viajando há muitas horas. Pensei no lado bom. A vantagem é que eu iria conhecer Tebas, a grande capital.

Durante o trajeto eu olhava, admirado, as plantações à margem do rio e as pessoas ocupadas no labor da terra; elas pareciam felizes, tranqüilas e achei que também seria feliz trabalhando no amanho do solo. Sempre viajando, passamos por várias cidades; depois de alguns dias, Karnak[3] surgiu, e, logo em seguida, começamos a avistar Tebas. Não demorou muito, o barco deslizava atravessando a cidade, e, com perplexidade e admiração, eu contemplava os prédios, os palácios, os templos, os monumentos e os jardins às margens do Nilo. Deixamos Tebas para trás e em breve aportamos do outro lado do rio. Alguém informou que estávamos em Luxor[4]; ali, grandes construções, pirâmides e monumentos mostravam a suntuosidade das tumbas dos antigos faraós do Egito, que permaneceriam como símbolos de uma era para a posteridade.

Em fila, caminhamos por algum tempo, até que percebi que nos dirigíamos para uma grande construção, onde milhares de operários trabalhavam. Era a tumba de um faraó que estava sendo erigida.

O encarregado dirigiu-se a um homem de fisionomia fechada e rude, que parecia ser o responsável pelo grupo de operários que ali prestavam serviço. Conversaram em voz baixa, e o chefe fez uma indicação com a mão. Seguimos o encarregado no rumo indicado. Logo apareceu, vindo do interior da imensa construção, um homem baixo e troncudo, de tez escura, semblante marcado por uma grande cicatriz do lado esquerdo; seus olhos frios e indevassáveis nos fitaram. O chefe fez sinal para que aguardássemos. Depois, caminhou sozinho ao encontro daquele homem e trocou algumas palavras com ele.

Ruff – era esse o nome dele – separou os recém-chegados em quatro grupos. Fez-me um sinal e o acompanhei, com mais seis companheiros, rumo ao interior da construção. Eu olhava admirado as altas paredes, os imensos salões com grandes colunas enfileiradas, que se alternavam com extensos corredores; abruptamente, descemos largas

3. Karnak é o local onde ficava localizado o grande Templo de Amon, considerado o maior santuário egípcio já construído. (N.M.)

4. Na margem leste, fica o Templo de Luxor, construído por Amenófis 3º e dedicado ao deus Amon-Rá, e ampliado por Ramsés 2º. Na margem oeste, fica o Vale dos Reis. (N.M.)

escadarias, passando a outro nível da suntuosa edificação. Ruff seguia à nossa frente, apressado, e tentávamos acompanhá-lo. Afinal, chegamos a mais um outro nível da construção. Os seis companheiros tomaram um rumo diferente. Ruff impediu-me de acompanhá-los; depois, ele e eu entramos numa sala pequena, cujo acesso era restrito, a julgar pela segurança existente no local. Ruff, porém, não teve problema para entrar. Mandou-me esperar. Fiquei só.

Sentei-me numa grande pedra retangular, que se assemelhava a um leito, única coisa que existia na sala. Sensação de medo começou a me dominar, enquanto estranho mal-estar se assenhoreava do meu íntimo. "Bobagem!" – pensei. – "Estou sendo contratado para servir nesta grande construção, o que só me honra. Tenho que ser grato."

Depois de algum tempo, surgiram quatro homens altos e fortes acompanhados de Ruff.

– Deita-te. Vamos examinar-te – ordenou-me o chefe.

Deitei-me. Meu coração começou a bater rápido quando percebi a intenção deles. Um dos homens retirou uma corda que trazia presa à cintura; outros dois, um de cada lado, me ataram os braços, enquanto o último me segurava as pernas. Amarraram-me, mas eu me debatia tentando desesperadamente soltar-me. Contudo, eu era impotente diante da força daqueles homens.

Eu gritava a plenos pulmões, suplicando que me soltassem. Ruff, que só observava, tirou um pequeno chicote que trazia à cintura e açoitou-me sem piedade, ao mesmo tempo que ordenava com voz sibilina:

– Cala-te! Cala-te ou morres aqui mesmo, infeliz!

Calei-me, enquanto o pranto inundava-me o rosto de lágrimas pungentes.

Em seguida, Ruff segurou-me a cabeça com mãos de ferro; dor insuportável fez-me sentir como se o crânio estivesse sendo esmagado. Nesse instante, gritei a plenos pulmões, escancarei a boca e vi nas mãos do quarto homem um instrumento de ferro, ameaçador, vindo em minha direção. Com os olhos arregalados de terror, percebi a intenção dele. Meu grito ecoou nas paredes, reverberando para fora da pequena sala, quando ele enfiou o instrumento pela minha boca causando-me infinita dor.

Perdi a noção de tudo.

* * *

Aos poucos, a consciência começou a voltar. Despertei com dores em todo o corpo, especialmente na garganta. Tremia de frio. A escuridão era completa. Julguei estar enterrado. Notei que não estava mais amarrado, porém era impossível mover-me. Perdi novamente a consciência. Delirei entre sonhos e imagens. Uma procissão de homens passava por mim, mostrando-me a boca aberta e sem língua; emitiam apenas grunhidos ameaçadores, que me causavam inaudito pavor. Outras vezes eram nuvens de mulheres desgrenhadas, vestindo apenas leves véus escuros, permitindo-me ver seus peitos abertos e sangrentos, de onde o coração fora retirado.

Todas aquelas figuras, horrendas e ameaçadoras, desejavam vingar-se de mim. Sentia o ódio que suas presenças destilavam e, sob o impacto da virulência de seus sentimentos, pensei que fosse enlouquecer.

Quanto tempo passei nessa tortura infernal? Ignoro. Dormia e acordava, voltava a dormir, até que, certa ocasião, no meio desse tormento, pareceu-me ouvir uma voz branda. Alguém falava comigo! Abri os olhos lentamente. Um homem vestido de branco, com a cabeça raspada, tentava fazer-me ingerir um líquido esverdeado. Ao ver-me abrir os olhos, sorriu:

– Os deuses te protegeram. Viverás.

Tentei falar e não consegui.

O desconhecido balançou a cabeça, pesaroso, e disse:

– Não tentes falar. Não o conseguirias. Recupera-te para poderes trabalhar. Estás com fome?

Fiz um sinal afirmativo com a cabeça, olhando-o intrigado. Ao notar minhas indagações mentais, ele explicou:

– Sou sacerdote e médico. Estou aqui para ajudar-te. Lamento o que te sucedeu. Infelizmente, por medida de segurança, conforme determina nosso faraó, Ramsés 10º[5] – a quem os deuses concedam glória e saúde! –, tua língua foi extirpada. Livra-te, porém, de te rebelares, pois, nesse caso, teu destino será a morte. Resigna-te ao que não podes evitar e, como escravo que és, trabalha com afinco.

Pleno de revolta e de amargura, me desesperei, caindo em copioso pranto. "Minha língua tinha sido arrancada? Então não poderia falar nunca mais?"

Nesse momento ouvi claramente uma grande gargalhada. E entendi que aqueles seres que eu via em sonhos estavam satisfeitos com o meu sofrimento.

Em meio a um ódio profundo por aqueles que me marcaram para a desdita, tentei dizer ao sacerdote que ele estava enganado, que eu não era um escravo, mas um homem livre. Contudo, não consegui.

Vendo meus esforços para falar, ele consolou-me:

– Acalma-te e não permitas que eles percebam tua revolta. Como já afirmei, te matariam. Confia na divindade e espera com paciência. Quem sabe, tu não obterás a liberdade algum dia, em virtude de teus bons serviços prestados ao soberano? Nosso faraó é benevolente e, em datas festivas, não raro concede sua graça a algumas pessoas, criminosas ou escravas.

5. Faraó pertencente à 20ª dinastia (1107 a 1098 a.C.). (N.M.)

Fez uma pausa, depois informou:

– Vou mandar servir-te uma refeição leve. Aguarda. Voltarei outras vezes.

Acalmei-me com dificuldade. Algum tempo depois, entrou uma mulher com uma bandeja contendo uma caneca de caldo e um copo de bebida. Enquanto me alimentava, olhei para ela e vi tanta tristeza em seu rosto, um desânimo tão profundo, que me apiedei.

Acabei a refeição e logo apareceu Ruff com seus asseclas.

– Finalmente estás te recuperando. Agora, evita a rebeldia, visto que és um escravo.

Levantei-me, tentando explicar que havia um engano, mas da minha boca só saíam grunhidos. Então, por meio de gestos, tentei fazê-los entender que era um homem livre e não um escravo.

Trocaram um olhar cúmplice e soltaram uma gargalhada. Depois, como se não tivesse entendido, o baixinho gordo e petulante afirmou:

– Escravo, amanhã tu irás trabalhar. Chega de moleza. Aproveita este dia para descansar, porque depois... – Olhou para os outros, jogou a cabeça para trás e deu nova gargalhada sarcástica. – não terás tempo.

4

A cidade dos mortos

Desse dia em diante, minha saúde começou a melhorar rapidamente.

Talvez porque eu desejasse sarar para vingar-me daquelas criaturas que me prejudicaram. O ódio concentrado mantinha-me de pé. O ressentimento multiplicava-me as forças. Eu, que nunca sentira raiva de ninguém, agora conservava o coração cheio de fel. Amargurado, passava o dia trabalhando com as mãos, enquanto a mente buscava uma maneira de fazer com que todos eles pagassem pelo meu sofrimento. Aquela criança que fora repudiada pela própria mãe, que sempre fora triste e sozinha, mas dócil e resignada; aquele rapaz que abandonara sua aldeia natal, viajando em busca de outras plagas, e que encontrara Ahmim, único amigo que tivera, não existia mais. Desaparecera na voragem de emoções nefastas.

Executava minha tarefa sem ligar-me a ninguém. Nem poderia, pois éramos vigiados de perto pelos soldados do faraó, que não nos permitiam o menor descanso. Se um dos escravos sentava-se, exausto, imediatamente o relho estalava em seu dorso nu.

Só parávamos para comer, hora em que aproveitávamos para descansar um pouco. Soldados traziam até o local a minguada refeição em grandes tachos; mulheres entregavam a cota de cada um em comida e água; depois, desapareciam.

As condições de serviço eram péssimas. Dormindo pouco, trabalhando muito, sem poder sair daqueles ambientes fechados, sem respirar ar puro e sem ver a luz do sol, o prazo de resistência era pequeno. Em vista disso, as baixas eram constantes. Muitos morriam e eram substituídos. Outros, em virtude de contraírem alguma enfermidade, eram mortos. Jamais alguém saía dali vivo. Por isso, a desesperança campeava entre os escravos, tornando-os apáticos e indiferentes à própria sorte.

Aos poucos, ouvindo conversas aqui e ali dos responsáveis e dos soldados, entendi o porquê de tamanha preocupação com a segurança. O coração da tumba, local onde ficaria guardado o sarcófago com a múmia do faraó, após sua morte, assim como tudo o que lhe pertencera em vida, era segredo inviolável, para que nada perturbasse a viagem do faraó Além-túmulo. Depois das exéquias, selada a tumba, jamais deveria ser devassada, e o segredo da localização da múmia real era cercado de segurança extrema.

E nós estávamos trabalhando exatamente no local mais importante da tumba. Em virtude disso, todos os que se envolviam com essas tarefas, tanto os operários que traziam de fora o material para a construção, como os que trabalhavam na construção propriamente dita, eram surdos-mudos ou mudos. Quando o escravo não havia nascido com essa deficiência, eles arrancavam-lhe a língua, como no meu caso. Assim, nenhum deles jamais poderia contar os segredos do túmulo do faraó.

Era com piedade que eu via chegar novos operários. Tal qual eu mesmo, a aparência deles era pálida e sofrida, levavam vez por outra a mão à garganta e grunhiam, sinal de que sentiam dor. Mas, com o tempo, acostumavam-se ao ritmo do trabalho e adquiriam aquela aparência de mortos-vivos, indiferentes a tudo, que eu também deveria ter.

De vez em quando, Ramsés vinha com seu séqüito visitar a construção, vistoriando as obras. Esses eram dias especiais, porque saíamos da rotina, e tudo o que trouxesse alguma mudança aos nossos dias, sempre iguais, era recebido com satisfação. Não raro, nessas ocasiões, recebíamos até uma ração extra, o que mitigava nossa fome perene.

Ali dentro daquele sarcófago, perdíamos a noção do dia e da noite. Como o faraó tivesse pressa, o serviço era organizado por turnos. Enquanto uma parte dormia, a outra trabalhava. Esse sistema ainda mais confundia a nossa percepção do que era dia ou noite. Simplesmente, para nós, noite era o período de descanso em que nos permitiam dormir algumas horas.

Para mim, esse período, conquanto imprescindível para a recuperação das forças físicas, era um tormento. Meu sono era sempre entremeado de imagens assustadoras, tão reais, que eu não tinha noção se estava dormindo ou acordado. Voltavam a desfilar diante de mim uma procissão de mulheres em vestes negras e esvoaçantes, de cujos peitos abertos o coração havia sido arrancado; acusavam-me de tê-las destruído, seus semblantes se contraíam em esgares de dor, ao mesmo tempo que riam da minha desgraça. Juravam-me vingança e faziam vaticínios desejando-me as torturas do Amenti.[6] Via bandos de

6. O Amenti era uma região em que, após a morte, o espírito seria submetido a julgamento por um tribunal presidido por Osíris, o espírito do bem. (N.M.)

homens que me cercavam, irados e ameaçadores, cujos olhos vermelhos destilavam ódio feroz, com as bocas abertas, de onde as línguas tinham sido arrancadas. Embora não pudessem falar, eu "ouvia" seus pensamentos. Acusavam-me pelos males e sofrimentos a eles infligidos, pela perda da família, dos bens e da liberdade. Agarravam-me e aplicavam-me torturas atrozes, enquanto, tais quais as mulheres, gargalhavam de satisfação diante do meu sofrimento. Essas visões, que se iniciaram naquele dia em que Ahmim e eu avistamos Mênfis, nunca mais pararam, deixando-me desesperado.

Felizmente era um pesadelo, mas acordava banhado de gélido suor, lívido, com os pêlos eriçados, o coração batendo forte e uma sensação terrível de medo que raiava ao pânico. Ao ver-me no meio dos companheiros de infortúnio, respirava aliviado. Chorava amargamente no silêncio, enquanto os demais continuavam a dormir. Não raro era um deles que me despertava, assustado, ao perceber que me debatia, agitado, grunhindo durante o sono. Nessas ocasiões, fazia um gesto ao companheiro, mostrando-lhe a minha gratidão.

De outras vezes, sonhava com palácios e riquezas sem fim, jardins encantadores, lagos plácidos e música. Uma música que, no começo, era suave e terna, trazendo-me bem-estar; aos poucos, ela mudava, tornando-se mais acelerada, frenética, em sons selvagens e discrepantes. Mas eu gostava disso, embora certa angústia e tristeza invadisse meu íntimo. Nesses momentos, sentia-me forte, soberano, dono da minha vida e da minha vontade, capaz de todas as coisas. Bem vestido e elegante, transitava pelos corredores, galerias e salões do palácio feericamente iluminado, onde os ambientes requintados, as obras-de-arte, compraziam-me a alma. De outras vezes, via-me num barco grande e luxuoso, sentado numa cadeira, no qual passeava ao clarão da lua. A visão da água tranqüila do rio, que refletia a luz lunar, claridade prateada que envolvia tudo, dominava-me a alma num sentimento, misto de saudade e tristeza. Nesses momentos não desejava acordar, ansiando que aquelas imagens se perpetuassem para sempre.

A volta à realidade era dolorosa, e eu despertava com infinito desgosto. A visão dos outros escravos, meus companheiros, mudos como eu, fazia-me lembrar o sonho. Eles também eram mudos. A mente divagava, refletindo sobre as imagens dos meus sonhos e a minha realidade. Por quê? Por que tinha sonhos com pessoas, lugares e situações que nunca tinham conhecido antes? Como explicar as belezas e o luxo daquele palácio, que julgava real, mas que me mostrava coisas que eu desconhecia? Sempre vivera em ambiente simples, tosco; nunca tinha saído da minha aldeia. Como podia ser? Tudo me parecia tão real, inclusive os seres, homens e mulheres, que apareciam e me ameaçavam. Sentia que os conhecia! Por quê? Por quê?

Recordava-me do dia em que, junto com Ahmim, vi pela primeira vez, ao longe, a cidade de Mênfis. O mal-estar que me acometeu, o medo insano de entrar naquela cidade. Foi quando também vi a imagem de uma "casa" sobre as águas, que Ahmim explicou-me ser um barco. Como eu poderia ter visto algo que não conhecia, se nossa aldeia situava-se longe do rio?

E os sentimentos e sensações que me trazia a visão daquelas pessoas? Do palácio, dos jardins, do barco? E o luxo existente? As obras-de-arte, os ricos tapetes, as pinturas nas paredes, os móveis suntuosos? Onde já teria visto tudo isso?

Esses e outros questionamentos atormentavam-me a alma, sem que pudesse encontrar uma solução. Existiria uma outra vida? Sim, porque sentia que era "eu" aquele homem jovem, alto, belo, elegante e rico! Sentia que era o dono de todas aquelas riquezas! Como isso era possível?...

Se Ahmim estivesse comigo, talvez pudesse me explicar essas coisas. Era o único amigo que tivera e também a pessoa mais sábia e mais generosa que já tinha encontrado na vida.

Nessas horas, uma sensação de tristeza e de solidão abatia-se sobre minh'alma, e um imenso desejo de chorar fazia com que derramasse lágrimas amargas que, escorrendo pelo rosto, misturavam-se ao pó grudado na pele.

Meus únicos momentos de alguma satisfação aconteciam quando via a jovem mulher, aquela que pela primeira vez me trouxe comida, assim que abri os olhos, depois de muitos dias de sofrimento, com a extirpação da língua. Vez por outra, ela vinha servir-nos a refeição e trazer água durante o serviço. Não era sempre que isso acontecia, porque também ela deveria mudar de turno. Quando eu a via, porém, branda sensação de calor envolvia meu coração. Não sabia seu nome. Ali ninguém sabia o nome de ninguém. De resto, que importava isso? Estávamos impedidos de falar. Não tínhamos como nos comunicar a não ser por gestos e olhares.

Ao vê-la outra vez, uma agradável sensação de prazer levou-me a olhar para ela, e a jovem retribuiu, fitando-me docemente com leve sorriso na face.

Desse dia em diante, minha expectativa resumia-se em vê-la; minha esperança era colher o seu sorriso suave e terno.

Naquela vida insípida que levávamos, de trabalho e mais trabalho, de repouso restrito e minguada alimentação, de nenhuma distração, sem família, sem amizades, sem ninguém, a simples vista da jovem dava um colorido novo à minha existência, fazendo com que o tempo passasse mais rápido.

Dei-lhe mentalmente o nome de Najla. Aos poucos, esse sentimento foi aumentando, invadindo todo o meu ser, até que passei a pensar nela o tempo todo.

Ali dentro da tumba, não víamos o tempo passar. Há quanto tempo estaríamos levando aquela vida? Seriam semanas? Meses? Anos?

Certo dia, um dos escravos, perdendo o controle, tentou agarrá-la. Imediatamente notei a situação, porque não a perdia de vista. Deixei o que estava fazendo e corri como um louco em sua defesa. Agarrei o homem e joguei-o para trás, libertando a jovem, que caiu sentada numa pedra. Imediatamente, o escravo levantou-se, fitando-me com ódio e investiu contra mim, esmurrando-me com força. Como eu nunca tinha lutado antes, e o homem fosse maior, acabei levando a pior. Caí no chão poeirento, desacordado. Os guardas, ao ver a confusão, correram para apartar, aplicando em meu opositor muitas chicotadas.

Ao abrir os olhos, vi a jovem inclinada sobre mim, jogando água em meu rosto. Sentia-me todo dolorido, porém isso não importava. Só em vê-la ao meu lado, tão perto como nunca tinha visto, era suficiente. Fitou-me com leve sorriso, agradecendo-me por ter tomado sua defesa. Em seguida, olhando dos lados, para ver se ninguém nos observava, inclinou-se rapidamente e deu-me um beijo no rosto.

Se o céu tivesse desabado sobre minha cabeça, a surpresa não teria sido maior. Trocamos um longo olhar, logo interrompido por um dos guardas que se aproximava. Ao ver-me acordado, ordenou-me que me levantasse. O serviço tinha que continuar.

A lembrança do beijo e do sorriso de Najla me acompanhou por longo tempo, aquecendo meus monótonos dias.

5

Suave luz nas sombras

O tempo, celeste amigo, continuava a escoar-se de forma lenta e monótona. Eu anotava a chegada de novos escravos e percebia o desaparecimento dos mais antigos. Nesse período me fizera rijo, duro e firme. Enquanto outros que chegaram comigo na mesma leva não resistiram, sendo substituídos, eu continuava ali. Pelas minhas dificuldades, pelo corpo disforme, parecia mais frágil, todavia acredito que o desejo de vingança dava-me forças para prosseguir; a vontade inabalável, impulsionada pelo ódio, dilatava-me as defesas orgânicas.

Não obstante, comecei a sentir-me enfraquecido. Tosse incômoda e persistente surgiu, reduzindo-me as forças. Tentei disfarçar, fazendo inauditos esforços para não fraquejar. Não ignorava que estar doente, ali, equivalia a uma sentença de morte.

Chegou o momento, porém, em que não agüentei mais. Sentia-me febril, faltava-me o ar e as crises de tosse, cada vez mais freqüentes, dominavam-me. O braço já não suportava o peso das pedras e da marreta. Tremores constantes agitavam-me o corpo dolorido e o coração batia forte e descompassado, certamente lutando para não parar. Meus olhos se nublaram e escorreguei pela parede, caindo no chão.

Nesse instante, abri os olhos por momentos. Inclinada sobre mim, vi a doce Najla; lágrimas lhe corriam pelo rosto e ela demonstrava no olhar a preocupação e a tristeza de saber que havia chegado a minha hora.

Sorri. Ainda tive forças para levantar o braço e tocar seu rosto com a mão calejada e cheia de feridas. Foi meu último gesto. Perdi a consciência e nada mais vi.

Quando dei por mim, estava sendo carregado por dois guardas, que me retiravam do lugar onde caíra, fazendo pilhérias sobre a minha situação.

– Este não volta mais. Menos um no trabalho e mais um para aumentar o monturo!

Tentei falar, atrair a atenção deles, explicar que estava bem, que eu tivera um mal-estar passageiro, mas não conseguia. Grunhi, apenas. O pensamento estava lúcido, mas a boca, sem língua, não articulava as palavras, deixando de corresponder à vitalidade do espírito.

Transportaram-me sem o menor cuidado. O trajeto era o inverso daquele que eu fizera ao chegar. Apesar da minha condição, senti intensa alegria ao sair da tumba e ver a luz do sol. De pronto a claridade me cegou. Acostumado às trevas, ou à chama bruxuleante de tochas, a luminosidade excessiva atingiu-me em cheio; levei as mãos ao rosto protegendo os olhos e sorri. Apesar do mal-estar, da falta de ar que me incomodava, estava satisfeito.

Jogaram-me numa vala junto com outros escravos. Tentei reclamar. Eu estava vivo! Mas a falta da língua me impedia. Resignei-me ao que não podia evitar. O mau cheiro era insuportável. Teriam me deixado ali para que morresse de fome e de sede?

Aos poucos, novamente perdi a noção de mim mesmo e do lugar onde estava, mergulhando em sono profundo.

* * *

Quanto tempo teria dormido?

Mais uma vez o mau cheiro atingiu-me. Ainda estava com falta de ar, e o peito doía-me. Vermes passeavam pelo meu corpo. Horrorizado, percebi que a dor no peito não era apenas causada pela enfermidade que me colhera, mas pelo peso de alguém que haviam jogado sobre meu corpo. Enojado, num impulso, reuni forças afastando-o com os braços, e levantei-me, saindo da vala. Foi um grande alívio reconhecer-me fora daquele lugar terrível. Sentia-me melhor e mais fortalecido. Olhei em torno: tudo continuava como antes. O movimento na construção era intenso.

Desejei rever Najla, mas me faltava coragem. Por alguma razão, haviam-me esquecido naquela vala; provavelmente me julgavam morto. Se percebessem que eu ainda estava vivo, e melhor de saúde, certamente seria levado à câmara mortuária de novo. Também me repugnava entrar nos meandros da imensa construção, que eu desconhecia, por medo de não conseguir sair do labirinto. Achei mais prudente afastar-me daquele lugar.

Procurando passar despercebido, caminhei como se fosse um escravo em serviço; acompanhei uma fileira de homens que se dirigia para uma parte da construção, mais distante daquela em que eu tinha trabalhado e próxima à saída do canteiro de obras. Ali, esgueirei-me por detrás de uma pequena elevação e, ao ver que ninguém me notara, comecei a correr em direção ao Nilo.

Chegando à margem do rio, escondi-me, espreitando as embarcações, para ver se alguma estava de partida. Logo percebi um barco que estavam terminando de descarregar. Aproximei-me e, entrando no barco, imitei os carregadores: peguei um dos fardos e o depositei em terra firme, junto com os outros. Curioso como ninguém olhava para ninguém! Eu era apenas mais um. Depois voltei para a embarcação e, examinando o local, coloquei-me num lugar em que passaria despercebido. Não sabia para onde o barco iria, mas isso não tinha a menor importância. Queria afastar-me o mais rápido possível da Cidade dos Mortos.

Caí novamente em sono profundo. Ao acordar, pelo balanço do barco e o barulho das águas, percebi que estávamos navegando. Respirei mais aliviado. Para onde estaríamos indo? Qual seria nosso destino?

Não tinha nenhuma importância. Finalmente, conseguira deixar o Vale dos Túmulos dos Reis. Outra vez adormeci. Despertei com movimento de gente e barulho de vozes. A embarcação estava parada e alguns escravos carregavam fardos. Procurei esconder-me melhor. Na verdade, eu queria desembarcar, mas percebi ser impossível. Aprestavam-se para a partida.

Recomeçamos a navegar. Muitas horas depois aportamos de novo. Precisava deixar o barco. Quando os escravos vieram para descarregar, dei um jeito de me colocar no meio deles e, pegando um fardo, escondi-me atrás dele e desembarquei, ganhando terra firme. Ninguém me notou. Aliviado, depositei o fardo junto aos outros e, discretamente, afastei-me, caminhando às pressas para longe do rio.

Onde estaríamos? Olhei para os lados. Pareceu-me reconhecer a cidade. Mênfis! Estaria de retorno a Mênfis?!...

Naquele momento, não pude deixar de lembrar-me do que sofrera naquela cidade e, com as lembranças, voltou-me um forte sentimento de vingança. Repassei na memória as pessoas que me prejudicaram. Recordei-me dos falsos amigos do grupo de saltimbancos, que me venderam como escravo. Eles me pagariam. Tudo o que sofrera fora por culpa deles. Em Tebas, os responsáveis pela minha prisão, que me mutilaram, arrancando-me a língua, e que me roubaram anos de vida, o fizeram porque eram obrigados. Eles também pagariam um dia, mas, no momento, não poderia voltar. Entrar na tumba seria morte certa. Mas os saltimbancos, esses eu encontraria. Onde estariam eles?

Ao voltar o pensamento para o passado, meu coração tornou a encher-se de ódio. Tinha uma vontade insana de fazer com eles o que fizeram comigo; desejava que sofressem o que eu sofri.

De súbito, notei que o mal-estar voltava. Senti-me novamente enfermo, febril; o peito doía-me intensamente e a asfixia tornou a atacar-me; o coração disparou e eu não conseguia respirar. Meus olhos ardiam sob o sol a pino e a visão se me turvou. Ao mesmo tempo, percebi uma nuvem escura que se aproximava, ameaçadora. Quando dei por mim, estava envolvido por aquele bando de mulheres de véus escuros e esvoaçantes, sem coração. Também notei a chegada dos homens sem língua que tentavam me agarrar.

Tentei gritar, mas não podia. Parece que ninguém via o meu tormento. Havia movimento intenso nas ruas, no entanto ninguém se preocupava comigo, ninguém se dispunha a me ajudar. As mulheres e os homens me dominaram e me arrastaram para longe. Desesperado, lutei para escapar, mas não consegui: estava fraco e eles eram muitos.

Levaram-me para um local deserto, abandonado. Eram ruínas de uma antiga propriedade. Lá me submeteram às maiores atrocidades, torturaram-me, chicotearam-me. Não permitiam que eu dormisse, mantendo-me acordado dia e noite. Passei fome e sede torturantes. Não raro eu perdia os sentidos. Então, davam-me uma trégua, afastando-se frustrados.

Todavia, ao notarem que me voltava a consciência, tornavam a me torturar.

Esses suplícios se estenderam por tempo que não sei precisar. Até que um dia, cansado de sofrer e de chorar, pedi ajuda aos Imortais. Tudo o que eu sofrera na Cidade dos Mortos era nada perante o que experimentava agora. Em prantos, supliquei aos deuses que me socorressem, libertando-me dos meus algozes.

Quanto tempo eu permaneci assim, em oração? Ignoro. Aos poucos, branda sensação de refrigério atingiu-me. A falta de ar e a dor no peito haviam diminuído, proporcionando-me momentos de reconforto. O coração, que batia forte e descontrolado, acalmou-se. Há quanto tempo não me sentia assim melhor?

Nisso, vislumbrei uma figura que se aproximava. Encolhi-me, suplicando piedade, a julgar que fosse um dos meus inimigos. Era uma mulher. Quando ela se aproximou, vi uma jovem bela e sorridente que me fitava com carinho. Onde já a teria visto? Seu rosto era suave, os olhos amendoados eram grandes e meigos, os longos cabelos negros e lisos desciam pelos ombros. Suas vestes eram de tonalidade azul-clara e esvoaçantes. Seria uma deusa? Ísis, talvez?

– *Quem és tu?* – indaguei maravilhado.

– *Não me reconheces?* – murmurou a doce imagem.

– *Sinto que te conheço, mas não consigo identificar-te em minhas lembranças. Serás uma deusa?* – sugeri.

Estendendo os braços, ela esclareceu:

– *Não. Sou apenas uma companheira de infortúnio.*

Naquele momento, recordei-me da tumba do faraó e da jovem que conheci.

– *Najla?!...*

Ela sorriu, achando graça.

– *Sim. Sou aquela a quem deste o nome de Najla.*

– *Mas... mas... eu te via sempre coberta de poeira. Como reconhecer-te? Além disso, és muda. Não podes falar.*

Novamente ela sorriu bem-humorada:

– *É verdade. E tu também não. No entanto, estás falando!*

Só naquele instante, dei-me conta de que conversávamos normalmente. Cheio de contentamento, não conseguia acreditar nesse milagre.

– *Como pode ser? Minha língua foi arrancada!* – exclamei.

– *Sim. Isso, porém, foi em outras circunstâncias. Agora podes falar. Nossa linguagem é a do pensamento.*

Perplexo, mentalmente passava em revista tudo o que tinha acontecido.

– *Como me encontraste? Fui considerado morto e levado para uma vala comum, de onde consegui fugir graças a Amon-Rá. Mas tu, que continuavas presa, como chegaste até aqui? Ninguém sabia onde eu estava.*

Najla fitou-me com seus belos olhos e questionou-me:

– *Estamos agora numa outra realidade, Emil. Tudo aquilo que sofremos ficou para trás. Não percebeste ainda que as coisas mudaram? Que ninguém te viu enquanto fugias? Que ninguém nota tua presença, a não ser tuas vítimas do passado?*

– *Sim, mas... Eu fui cuidadoso ao fugir, escondendo-me de todos, e, como não posso falar com ninguém, julguei que fosse por isso.*

– *Não, meu amigo. A verdade é que ambos já não fazemos mais parte da sociedade terrena. Cruzamos o Grande Portal, rumo à espiritualidade.*

– *Queres dizer que estamos mortos?!...* – indaguei perplexo.

– *Ninguém morre, Emil. Só mudamos de lugar.*

Vendo-me pasmo, com dificuldade de acreditar em tudo o que me dizia, concluiu:

– *Poderás confirmar a veracidade das minhas informações por ti mesmo. Estou aqui para conduzir-te a um lugar onde poderás te recuperar, ficando a salvo daqueles que te aprisionaram por tanto tempo.*

Tremendo de medo, quis saber:

– Onde estão eles?

– Isso não importa agora. Também serão socorridos por sua vez. Teremos oportunidade de conversar mais sobre esse assunto e serás esclarecido. Repousa. Estás cansado. Eu cuidarei de tudo. Quando acordares, terás uma bela surpresa.

6

Oportunidade perdida

Acordei num dia lindo e ensolarado. Branda aragem refrescava-me a pele. Abri os olhos sentindo agradável sensação de bem-estar. Sob a sombra das tamareiras, encontrava-me reclinado em leito macio e limpo.

Olhei em torno: no meio do deserto, o oásis era um refrigério de paz e tranqüilidade. Notei muitas pessoas que passavam, entregues às suas tarefas. Onde eu estaria? Respirei fundo. As dores haviam diminuído e me sentia muito bem, conquanto um pouco enfraquecido.

Nesse momento, vi Najla que se aproximava. Sorridente, ajoelhou-se a meu lado.

– Sê bem-vindo, caro Emil. Como te sentes?

Fitando-a com carinho, respondi:

– Grato por tudo o que tens feito por mim. Jamais me senti tão bem quanto agora. Onde estamos?

Ela espraiou a vista pela paisagem encantadora que se lhe descortinava diante dos olhos:

– Este é um local utilizado na assistência daqueles que aportam ao Além-túmulo necessitados de recuperação. Aqui temos tudo o que podemos desejar.

Surpreso, lentamente perpassei o olhar analisando melhor o lugar. Atrás, em uma delicada e confortável construção, cercada por terraços aprazíveis, onde havia leitos reclináveis, notei algumas pessoas recostadas, débeis e pálidas, que me pareceram doentes em recuperação. Logo à minha frente, mais para a esquerda, um tanque de águas límpidas, rodeado de palmeiras e plantas odoríferas, formava pequena cascata rumorejante. Identifiquei naquele ruído manso da água o agente que me embalara o sono reparador, proporcionando-me sensação de harmonia e bem-estar.

Najla acompanhou meu reconhecimento do terreno com olhar terno.

– Este lugar, Emil, tem sido reduto abençoado para quantos necessitam encontrar a paz e o equilíbrio. Sob estas palmeiras, o ambiente fraterno e amigo opera verdadeiros milagres.

Fez uma pausa e perguntou:

– Estás com fome, Emil?

– Sinto-me bem, como se o próprio ambiente me saciasse.

– Exato. As energias existentes no ar são vitalizadoras, colaborando para abastecer-nos dos nutrientes necessários. Todavia, no seu caso não substituem a alimentação propriamente dita. Vou buscar ligeira refeição para ti. Descansa.

Quando Najla retornou, eu estava cochilando de novo. Tocou em meu braço, e despertei. Trazia uma bandeja onde havia uma tigela com caldo, uma caneca com refresco e algumas frutas: tâmaras, damascos, uvas e outras que me eram desconhecidas.

Comi com gosto. Tudo era delicioso. Depois, mergulhei no sono. Por alguns dias assim permaneci, entre o sono e a vigília.

Aos poucos, mais fortalecido, já podia andar pelo oásis, que me parecia um acampamento. As pessoas eram fraternas e gentis.

Todavia, com o passar do tempo, inevitavelmente as lembranças teriam que me assomar à memória, com vistas ao aprendizado, para que pudesse libertar-me do passado. Na situação de espírito liberto do corpo físico, agora necessitava amadurecer e progredir, buscando o equilíbrio e a mudança interior.

No entanto, à medida que pensava em tudo o que me tinha acontecido, paulatinamente voltava o sentimento de rancor e de ódio contra os que me prejudicaram.

Najla, preocupada, levou-me para o templo. De estrutura leve e delicada, era um prédio alto e sem atavios que se diferenciava dos demais. No seu interior, uma luz azulada se espraiava, vinda de cima, enquanto suave melodia, tocada por mãos invisíveis, soava agradavelmente a meus ouvidos convidando à meditação e à prece.

Os sábios anciãos daquele lugar sagrado, nossos benfeitores, alertaram-me para o perigo de me deixar levar pelos sentimentos negativos do passado, agora que estava em franca recuperação e em fase de aprendizado das verdades eternas do Criador; por isso, incentivavam-me ao perdão e à oração.

Najla, que permanecia a meu lado e cujo semblante denotava certa tristeza, aconselhou-me:

– *Emil, tudo o que sofreste tem raízes no pretérito, quando desperdiçaste divinas oportunidades de realização e crescimento espiritual, semeando sofrimento, morte e dor. No momento oportuno, serás informado disso. No entanto, vinculando-te agora às imagens do passado de erros, descerás ao nível daqueles que são teus desafetos e que pretendes atingir, ficando à mercê de teus inimigos. Repensa tuas atitudes, Emil. Perdoa o mal que te fizeram, porque é o que gostarias que também fizessem por ti em idêntica circunstância. Mantém o pensamento elevado por meio de orações, único recurso de que dispões para te livrares do mal que paira sobre tua cabeça, e que buscaste espontaneamente.*

Naquele momento, sob as emanações do ambiente etéreo e dulcificante, concordei plenamente com meus amigos e benfeitores, desejando realmente mudar. Contudo, era difícil. Espírito inferior e endurecido, orgulhoso em excesso, eu sentia arrastamento quase irresistível para o lado pior das coisas.

Por algum tempo, mantive-me bem, aproveitando as bênçãos de estar sob o amparo dos deuses, procurando aprender sempre.

Certa ocasião, porém, por invigilância, apiedado de mim mesmo, julgando-me vítima das circunstâncias e das pessoas, mergulhei fundo nas recordações do passado, desenterrando o lixo acumulado no íntimo. Lembrei-me daqueles que me prejudicaram na última existência e, remoendo aquelas recordações nefastas, deixei-me invadir pela autopiedade, o que me despertou novamente o ressentimento, enquanto imenso desejo de vingar-me deles aflorou do mais profundo do meu ser. Revolvi as situações, os diálogos, os sentimentos então experimentados, a revolta de reconhecer-me escravo e prisioneiro. Voltei a sentir-me dentro da tumba do faraó e a reviver a dor e o sofrimento pela perda da língua, a falta de ar, a poeira que dominava tudo e se entranhava em meu corpo, nos cabelos, na boca, no nariz, nos olhos. Olhei em torno, desesperado, desejando libertar-me daquele lugar horrendo. Nesse momento, intenso pensamento de ódio ligou-me a Nefert, que julgava o causador de todos os males que então me advieram.

– *Sê maldito, Nefert! Que tua alma permaneça no Amenti, sofrendo, e jamais encontres descanso e consolação onde estiveres!*

Imediatamente senti-me arrebatado por imperiosa força que, qual vendaval, me arrastou pelo espaço. Ao dar por mim, estava em lugar estranho, perto de algumas pessoas. Olhei-as e, de repente, em uma delas reconheci Nefert, o chefe dos saltimbancos que me vendeu. O ódio era tão forte que caí sobre ele aos socos e pontapés. Notei que ele sentiu minha presença e titubeou sob os golpes que eu lhe aplicava.

Exultei, experimentando grande satisfação. Embora ele ainda estivesse vestindo o corpo de carne, sabia agora como atingi-lo. Ele me pagaria por tudo o que me fizera sofrer! Eles me pagariam! Todos eles! Sentia-me agora o mais forte. Não demorou muito, começaram a voltar as dores, a falta de ar e o coração descompassado. Apesar do mal-estar, não desistiria da luta.

De repente, me lembrei de Najla, da doce Najla, e dos meus benfeitores do oásis, porém não podia mais voltar. Tentei elevar-me por meio da oração, mas se tornou impossível. Como um visgo, só conseguia pensar nos meus inimigos. Estava agora entregue a mim mesmo. Um aperto no coração recordava-me a oportunidade que havia deixado para trás, a paz e o bem-estar que perdera. Resignado diante da situação que criara por minha livre vontade, pensei: "*Algum dia, quando tiver atingido meus objetivos, retornarei aos meus amigos. No momento, já que é a condição em que estou e que não posso evitar, tenho outros interesses em mira*".

Liguei-me àquelas pessoas, especialmente a Nefert, seguindo-o o tempo todo. Observava-o detidamente, como uma serpente que ensaia o bote. Analisava suas atitudes, ouvia suas conversas, procurando uma brecha para atacar.

Certa ocasião, ele se dirigiu para um lado mais nobre da cidade. Parou diante de um grande portão de madeira, que reconheci de pronto. Era a residência de Cleofas, que eu abandonara um dia ao ouvir-lhe as palavras insultuosas a meu respeito, em diálogo com meu amigo Ahmim.

Entre surpreso e curioso, eu vi Nefert puxar a argola da cabeça do leão dourado, que eu tão bem conhecia. Um criado veio atender.

Ao ser informado de que o visitante desejava falar com Cleofas, o serviçal mandou que esperasse. Alguns minutos depois, voltou e abriu o portão, que gemeu nos gonzos.

Notei que Nefert estava ansioso. Entramos e deparei-me novamente com o lindo e refrescante jardim. Duas adolescentes brincavam perto do tanque de águas cristalinas, acompanhadas por uma escrava.

Nefert foi encaminhado para uma sala reservada, com ordem de esperar. Pouco depois, um velho de cabelos e barbas brancas abriu o reposteiro e entrou. Estranhei. Quem seria aquele homem?

Ao ouvir-lhe a voz, lembrei-me de Cleofas. Observei melhor o recém-chegado e, perplexo, reconheci-o. Era ele! Bastante envelhecido, mas era ele!

Naquele momento, dei-me conta de que o tempo passara e eu não percebera. Quantos anos transcorreram desde que estivera naquela casa? Aquelas jovens que eu vira na entrada seriam provavelmente suas netas.

Apliquei-me a ouvir o que eles diziam. Conversavam em voz baixa e não entendi direito o que falavam. Combinaram determinada quantia que seria paga a Nefert por serviço a ser realizado. Deduzi que tramavam contra alguém, cujo nome não foi pronunciado.

Tudo acertado, Nefert despediu-se, ganhando a rua. Estava eufórico. Recebera uma parte do dinheiro antecipadamente e, depois de concluído o serviço, receberia o restante.

Eu também exultei. Finalmente poderia vingar-me. E era ele mesmo que me proporcionaria os meios para isso.

Sem saber por qual processo isso se daria, comecei a notar que ele pensava e falava sempre num mesmo homem, que passou a seguir cuidadosamente. As imagens desse desconhecido estavam sempre planando em torno dele. Nefert ficava escondido nas imediações da casa desse homem, que certamente seria um nobre, pela esplêndida residência, de construção primorosa, verdadeiro palácio cercado por altos muros, dentro do qual se percebiam exuberantes jardins.

Dias depois, vi sair pelo grande portão da residência uma liteira transportando uma mulher de idade madura e duas jovens, nas quais reconheci as mesmas que estavam na casa de Cleofas e que julguei fossem suas netas. Não demorou muito, outra liteira transpôs o portão. Era nosso homem.

Nefert e eu o acompanhamos de perto. Dirigiu-se ao templo de Amon para fazer oferendas. Ali, após rezar e depositar suas dádivas, tomou o rumo de um grande corredor, deserto àquela hora do dia.

Era a ocasião que Nefert aguardava. Oculto, aproveitando-se da penumbra, ficou à espreita detrás de uma coluna. Ao ver sua vítima se aproximar, tirou o punhal da cintura e, agarrando o homem pelas costas, tapou-lhe a boca e cravou-lhe a lâmina no coração. O infeliz, com uma rosa de sangue que lhe surgira no peito, resvalou para o chão, inerme, sem um grito.

Em seguida, o criminoso Nefert se pôs a correr para fora do templo, misturando-se aos transeuntes da rua. Estava ofegante, mas satisfeito. Parou numa barraca para tomar uma bebida. Sentou-se num banco. Precisava tranqüilizar-se. Após ingerir algumas canecas de bebida, estava rindo, mais alegre e confiante.

Tomou o caminho da residência de Cleofas, ao qual foi dar contas do serviço executado e receber o resto da importância combinada.

Acompanhei-o, e estávamos dentro do gabinete de Cleofas quando um portador chegou com a notícia. Na casa, o alvoroço era geral. Gritos e lamentos surgiram de todos os lados.

Cleofas saiu da sala para saber o que estava acontecendo e se deparou com os familiares consternados.

– O que houve? Qual a razão desse tumulto? – perguntou.

– Um sacerdote, enviado pelo templo, veio trazer a notícia de que Satótis está morto! – respondeu em prantos uma senhora em quem reconheci Núbia.

Aparentando surpresa, Cleofas questionou:

– Mas como? Onde aconteceu isso?

– O sacerdote afirmou que meu marido estava dentro do templo quando foi assassinado, meu pai! – respondeu a bela senhora que eu vira deixar a magnífica residência acompanhada pelas filhas. Era Nahra.

Nefert, que saíra da sala logo depois de Cleofas, permanecia parado atrás do dono da casa. Ninguém prestou atenção nele.

As jovens choravam abraçadas, lamentando a morte do pai, que amavam.

– Mas como pôde acontecer isso? Ainda mais num local sagrado, protegido pelos deuses? Por quê? Por quê? Meu pai não tinha inimigos! – dizia a mais velha.

A mãe, Nahra, aproximando-se das filhas, abraçou-as também, chorando junto com elas.

– O culpado pagará, minha filha! Rá, senhor de todas as coisas, não deixará de atingir o criminoso, alcançando-o com sua justiça!

Vi Cleofas empalidecer, olhando de soslaio para Nefert. Depois, fez um gesto quase imperceptível, ordenando-lhe que fosse embora, e indagou:

– E onde está o religioso?

– Deu a notícia e foi embora. Alegou que precisava voltar correndo para o templo, onde a confusão era grande. Informou também que o sumo sacerdote estará à disposição para qualquer informação que se faça necessária.

– É justo. Vou recompor-me e, logo em seguida, irei ao templo.

Naquele momento, não acompanhei Nefert. Sabia onde encontrá-lo. Queria saber as razões pelas quais Cleofas planejou e executou a morte do próprio genro, esposo de sua filha Nahra e pai de suas netas.

Enquanto a família externava seu sofrimento, fiquei junto de Cleofas procurando analisá-lo. Intimamente, percebi que estava satisfeito. Ele queria ficar só para poder externar seus sentimentos, longe dos familiares. Dirigiu-se para o escritório e eu o acompanhei qual uma sombra. Ele sentou-se na cadeira e sorriu, murmurando para si mesmo:

– Consegui. Agora toda a fortuna de Satótis será minha.

A seu lado, retruquei mentalmente: "*Mas a fortuna do morto será da família dele, da sua esposa e filhas!*".

Como se tivesse "ouvido" meu comentário, ele esclareceu:

– A fortuna estará nas mãos de minha filha, mas nela mando eu. Fará o que eu quiser. Os deuses me foram propícios. Agora, o perigo de perder tudo está conjurado. Pagarei as minhas dívidas e o patrimônio de nossa família estará salvo. Felizmente Núbia não sabe de nada, muito menos que perdi no jogo sua herança e nossos bens de fortuna.

Fechou os olhos, aliviado, pensando: "Nada pode dar errado agora. Estou salvo!".

Ao inteirar-me de seus pensamentos, passei a sentir ainda mais ódio por ele. Cleofas era pior do que eu julgara. Vingar-me-ia de ambos ao mesmo tempo.

Um sorriso malfazejo aflorou em meu rosto como prelúdio de novos desastres morais.

7
Conseqüências

Desse dia em diante, não me foi difícil estabelecer um plano de vingança contra meus inimigos. Cleofas e Nefert estavam em minhas mãos. Também não tive dificuldade para encontrar desafetos de ambos que se prontificassem a me ajudar de boa vontade. Assim, unindo nossos esforços, fechamos o cerco ao abominável Cleofas e seu cúmplice.

Sempre perto deles, tornou-se-nos fácil dominá-los mentalmente. Jogamos um contra o outro, sugerindo pensamentos de dúvida, desconfiança e deslealdade, a tal ponto que passaram a se olhar torto, julgando-se em perigo de traição e agasalhando idéias de destruição de parte a parte. Devo acrescentar que, pela presença de nossos companheiros, adversários desencarnados que lhes faziam cerco constante, sem tréguas, eles, Cleofas e Nefert, não conseguiam mais dormir, comer ou pensar direito. No plano material, os credores também não davam sossego, procurando Cleofas na própria residência, atemorizando-o, sob a ameaça de informar os familiares de seus deslizes.

Por outro lado, a filha, recuperando a lucidez e o equilíbrio, após o falecimento do marido, não se mostrava tão cordata nem tão maleável em relação à herança que, como patrimônio dela e das filhas, deveria zelar com vistas ao futuro. Não contentes com isso, incentivamos Nefert – apavorado diante do crime que cometera e que estava sendo investigado – a fazer chantagem junto a Cleofas. Exigindo determinada importância, verdadeira fortuna, de modo a poder fugir para longe, o cúmplice ameaçava contar à família e à justiça a verdade, isto é, que Cleofas fora o mandante do crime.

Todos esses problemas pressionavam o infeliz Cleofas, que não sabia o que fazer. Fraco, sentia-se acovardado ao julgar que a realidade pudesse vir à tona comprometendo-o perante a sociedade e a família. Diante da extorsão, decidiu que o melhor seria acabar com seu cúmplice, tapando-lhe a boca de uma vez por todas, visto que, se conseguisse a importância e atendesse à chantagem de Nefert, ficaria em suas mãos, tendo o desprazer de vê-lo retornar para exigir nova quantia, ainda maior do que a primeira, sempre que estivesse precisando de recursos. Desse modo, resolveu cortar o mal pela raiz. Quando Nefert se apresentasse para pegar a importância que exigira, daria cabo dele. Oferecer-lhe-ia uma bebida envenenada e, com a ajuda de um escravo fiel e discreto, não lhe seria difícil resolver o problema. Para tanto, precisava procurar determinada maga, residente nas imediações da cidade e que de outra feita já o servira a contento.

Tendo tomado a decisão, discretamente Cleofas procurou a mulher e explicou o que desejava. A feiticeira tranqüilizou-o, explicando-lhe que a poção só faria efeito algum tempo depois, o suficiente para que o desafeto deixasse sua residência em paz e com saúde, vindo a falecer bem longe do local.

Após essas providências, satisfeito e mais tranqüilo, Cleofas esperou ansiosamente que Nefert voltasse a procurá-lo. Dois dias depois, o cúmplice apareceu e Cleofas deu ordem para que fosse introduzido em seu escritório, fato que não causou estranheza a ninguém, visto que ele costumava receber pessoas com as quais tinha negócios ou que trabalhavam para ele.

Procurando aparentar calma e descontração, Cleofas estava atrás de sua mesa, entretido na leitura de umas tabuinhas, com uma taça de bebida ao lado, quando Nefert deu entrada na sala. Após os cumprimentos, Cleofas entregou ao cúmplice uma pequena bolsa recheada de moedas e jóias, dizendo-lhe:

– Aí está a importância que me pediste, Nefert. Espero que faças bom uso dela. Quando pretendes partir?

– O mais depressa possível, Cleofas. Estou ultimando os preparativos. Amanhã, o mais tardar, tomarei uma embarcação deixando Mênfis.

– E para onde pretendes ir? – voltou a perguntar o dono da casa.

– Meu destino é incerto. Ainda não decidi – respondeu o outro com sorriso enigmático.

Cleofas fez um gesto, mostrando que compreendia a discrição do cúmplice.

– Tens razão em manter segredo sobre a direção que pretendes tomar. Se, porém, aceitas um conselho de amigo, julgo que Tebas é uma grande cidade, onde não encontrarás dificuldade em te esconder. Pensa nisso. De resto, acho que não terás problemas, uma vez que ninguém conhece teu rumo.

Ele parou de falar, avaliando a reação do outro. “Pois sim! Este imbecil pensa que me engana!”, pensou. Depois, prosseguiu:

– Bem, creio que deveríamos festejar o bom termo de nossas negociações.

Cleofas fez nova pausa, pegou a taça e, levantando-a, ofereceu gentil:

– Aceitas uma taça de bebida?

Nefert concordou, satisfeito. Não queria sair brigado com Cleofas, de quem poderia obter outras regalias no futuro. Além disso, estava com a boca seca.

– Pois seja. Brindemos nossa aliança!

Pegou a taça que lhe era oferecida e bebeu o conteúdo de uma só vez. Em seguida, limpando a boca com as costas da mão, despediu-se:

– Até um dia!

Cleofas sorriu e levou-o até a porta, dizendo:

– Que os deuses te sejam propícios!

Após ter certeza de que Nefert deixara a casa, chamou seu fiel escravo e ordenou:

– Vamos. Temos que segui-lo. Preciso recuperar uma bolsa que esse miserável me roubou.

Discretamente, colocou um manto sobre a rica vestimenta e cobriu-se com o capuz. Após seguirem Nefert por cerca de um quarto de hora e esperando a melhor oportunidade para abordá-lo, notaram que ele cambaleava, como se estivesse embriagado.

– Observa! Bebeu bastante da minha melhor bebida e se embriagou – justificou-se Cleofas para o escravo.

Dentro em pouco, Nefert encostou-se em um muro, como se estivesse com náuseas, e, depois, deixou-se escorregar para o chão, sem sentidos. Era a ocasião que aguardavam. Cleofas e o escravo se aproximaram; abriram-lhe a bolsa de couro de carneiro, de onde tiraram uma bolsa menor, pesada, onde as moedas tilintaram.

Nesse instante, Nefert abriu os olhos e viu Cleofas debruçado sobre ele. Com imensa dificuldade, murmurou:

– Trai...dor. Tu me... traíste, Cleofas. Fui... envenenado... por ti, mas... não... ficarás impune... por... mais este... crime.

Em seguida, seus olhos ficaram vítreos, fixados no inimigo, e deixou de respirar. Apavorado, Cleofas fugiu do local, acompanhado do escravo que tudo ouvira. Outras pessoas que se aproximaram também chegaram a ponto de ouvir a grave acusação que o morto fizera.

Quase a correr, Cleofas dirigiu-se à sua residência. Fechou-se em seu quarto, trêmulo e apavorado. Quando a esposa, que saíra de visita a uma amiga, chegou, foi informada pelos escravos da atitude estranha do esposo, que entrara qual rajada de vento, como se perseguido por alguém, e se fechara em seus aposentos.

Núbia dirigiu-se para lá e o encontrou encolhido no leito, com os olhos esgazeados, a tremer de medo.

– O que tens, meu esposo? Todos estranharam a maneira como chegaste à nossa casa. Estás enfermo?

Cleofas permaneceu calado, entregue a si mesmo.

– Não me respondes? Queres que chame o médico? – perguntou, colocando a mão em sua testa. – Pareces febril! Vou chamar o médico!

– Não! Estou bem. Isso passa. Deixa-me só.

Por todo o dia, Cleofas não mais deixou o quarto. Na manhã seguinte, alguns guardas bateram no portão. Queriam falar com o dono da casa. Introduzidos na residência, Núbia recebeu-os.

– Qual o motivo da vossa presença?

– Senhora, somos portadores de uma ordem de prisão para teu esposo. Ele está?

Surpresa e altiva, Núbia questionou:

– Ordem de prisão? Por qual motivo? Meu marido nunca cometeu crime algum!

– Enganas-te, senhora. Recebemos algumas tabuinhas com grave denúncia contra Cleofas, teu esposo.

– Com certeza há um engano. Qual é a acusação?

– É acusado de ter mandado matar Satótis e de ter eliminado o cúmplice, Nefert, para ocultar o crime.

Nesse momento, ouviu-se uma bulha do lado de fora. Os guardas correram e se depararam com outros dois guardas que traziam preso um homem.

– Capitão – disse um dos guardas –, nós prendemos o criminoso Cleofas, que, após pular a janela, pretendia fugir pelos fundos.

Ao ver o marido, preso e amarrado pelos homens da lei, Núbia correu a seu encontro, desesperada.

– Meu esposo! Dize-me que é mentira, que eles nada têm contra ti!

Com os olhos postos no chão, Cleofas não respondeu. Em poucos minutos, já tinham saído, deixando Núbia prostrada e perplexa.

Chamando Tenuref, um amigo versado em leis, ela pediu-lhe que fosse verificar o que realmente estava acontecendo. Voltando algumas horas depois, ele informou que a situação de Cleofas era extremamente grave, e contou a Núbia o que soubera da boca do próprio comandante do destacamento.

– Pelo jeito, Cleofas contratou Nefert para matar Satótis, marido de tua filha Narha.

– Mas por quê? Eles se davam tão bem. Eram amigos!

– Sim. Contudo, Cleofas estava em situação financeira muito difícil em virtude de dívidas contraídas no jogo, que dilapidaram o patrimônio da família. Parece que pretendia, eliminando Satótis, que era imensamente rico, ficar com o controle dos bens, já que a filha não fora preparada nem teria condições para gerir tão grande fortuna.

– Pelos deuses! Não posso acreditar em tamanha sujeira. Mas como podem saber se isso é verdade? – indagou Núbia.

– Aí é que as coisas se complicam, minha cara amiga Núbia. Nefert estava com medo de que Cleofas quisesse matá-lo, já que era a única pessoa que poderia comprometê-lo. Assim, falou com um escriba, seu amigo, que grafou sua confissão em algumas tabuinhas, ficando esse amigo de confiança de posse delas, com ordem para entregá-las diretamente à justiça, caso lhe acontecesse algo. Nelas, Nefert confessa que estava extorquindo dinheiro de Cleofas para fugir da cidade e temia que o outro o eliminasse, o que acabou acontecendo.

– Como isto se deu?

– Foi encontrado o corpo de Nefert caído numa rua, morto. Provavelmente envenenado, visto que não tinha sinais de violência. Os populares que estavam perto contaram que a vítima acusou um homem cuja aparência coincide com a de Cleofas, acompanhado de um escravo alto e forte.

Núbia puxou a sineta e logo um escravo surgiu.

– Manda Pamires vir até aqui.

Quando o escravo chegou, medroso e desconfiado, Núbia ordenou-lhe que contasse o que sabia dos fatos.

– O senhor me chamou e me pediu para acompanhá-lo. Deveríamos seguir um homem que acabara de deixar a casa e que o patrão acusou de ter-lhe roubado uma bolsa com grande soma.

– Prossegue. E o seguiram?

– Sim, senhora. O homem caiu de bêbado. Pelo menos, foi o que o senhor Cleofas disse.

– E não era verdade?

– Pelo jeito não, senhora. O homem abriu os olhos e acusou o patrão de tê-lo envenenado para ocultar um crime.

– Só tu o ouviste?

– Não, senhora, infelizmente. Pessoas do povo que se aproximaram também ouviram.

– E depois?

– Depois, ao notar que curiosos haviam-se aproximado, o patrão ficou apavorado e saiu quase correndo do local, vindo para cá, e eu o acompanhei. Em seguida, fechou-se no quarto, como a senhora já sabe.

– Sei. Podes ir, Pamires.

Núbia – pertencente a uma das melhores famílias da corte – fora educada para conter suas emoções; porém, naquele momento não conseguiu impedir as lágrimas.

– Por Rá! E agora? Como contar a verdade a meus filhos, especialmente a minha filha e a minhas netas? Como reagirão elas diante da notícia de que o pai e o avô, que sempre amaram e respeitaram, agora é um criminoso que lhes roubou a vida de Satótis, esposo e pai adorado?

Tenuref, cuja cabeça estava mais lúcida, não obstante o choque que essas notícias lhe causaram, em virtude das relações de amizade que existiam de longa data entre as famílias, pensou por alguns momentos e ponderou, grave:

– Cara Núbia, por muito que estejamos abalados por esses trágicos acontecimentos, que culminaram com a prisão do nosso querido Cleofas, temos que manter a cabeça no lugar. Terás que justificar a ausência de teu esposo perante a família. Reúne os filhos e dize-lhes o mínimo possível, até termos melhores informações.

– Não sei o que dizer! – exclamou Núbia, olhos cheios de lágrimas, enquanto as mãos amassavam nervosamente um lencinho de linho perfumado.

– Dize, por exemplo, que Cleofas foi chamado para prestar esclarecimentos. A todas as perguntas, responde que ignoras. Enquanto isso, darei assistência a Cleofas na prisão. Asseguro-te que farei tudo o que estiver a meu alcance.

– Está bem. Farei como dizes.

Com o coração sangrando, Núbia reuniu a família e agiu como sugerido por Tenuref, procurando tranqüilizar os entes queridos quanto à situação do chefe da casa.

Todavia, com o passar dos dias, as coisas só se complicaram. Cleofas sofreu um longo processo, sendo condenado à pena de morte. Resistiu quanto pôde para conservar a vida, sempre com a esperança de que pudesse receber a graça do faraó, transformando sua condenação à morte em prisão, o que estava sendo tentado por Tenuref, que possuía muitos relacionamentos no alto escalão do governo.

Quando Tenuref veio à prisão lhe dar a notícia de que todos os recursos tinham sido negados e que não havia mais esperança, Cleofas não disse uma palavra. Após a saída de Tenuref, tomou uma decisão.

No dia em que dera a taça de veneno para Nefert, colocara o veneno num bolso da túnica, julgando mais seguro para que ninguém o visse. Depois, perseguira o cúmplice pelas ruas até vê-lo cair, tirou-lhe a bolsa de moedas e retornou para casa, escondendo-se em seus aposentos. Tão abalado estava, sentindo-se vigiado e perseguido, que tremendo de medo jogou-se no leito do jeito que estava. Acabou adormecendo e despertou na manhã seguinte ouvindo barulho no jardim e na casa. Percebeu que sua esposa falava com homens, cujas vozes não reconhecia. Sentindo-se acuado, optou por pular a janela e sair por um pequeno portão existente nos fundos do grande jardim. No entanto, dois soldados o viram e o prenderam, iniciando-se sua tragédia.

Na prisão, como não houvesse trocado de roupa desde o dia anterior, ele sentiu no bolso o minúsculo vidro de veneno e resolveu guardá-lo para qualquer eventualidade. Escondeu-o numa fresta da parede, toda de pedras.

Agora, desanimado, desesperançado, longe da família e dos amigos, tendo perdido a liberdade e a honra, nome execrado em todo o país, resolveu fazer uso do veneno. Quando lhe trouxeram a refeição e uma caneca com água, derramou o resto do perigoso líquido e o tomou até a última gota.

Nos dias seguintes, os carcereiros notaram que a ração de comida e água não tinha sido retirada. Depois de uma semana, abriram a porta e o encontraram morto, já em adiantado estado de putrefação.

O corpo de Cleofas foi queimado, fato que consistia na condenação eterna, visto não ter sido embalsamado, como de costume entre os egípcios, extremamente preocupados com o destino da alma após a morte.

As últimas notícias causaram terrível consternação entre todos os familiares. No entanto, restou o consolo de que Cleofas não sofrera a penalidade máxima, que era a morte em praça pública, vergonha e humilhação supremas para ele e para a família.

Núbia e o filho Anótis deixaram a cidade, retirando-se para uma propriedade distante, única que a justiça lhes deixara, como meio de sobrevivência. Quanto a Nahra, embora tenha herdado os bens de Satótis, resolveu mudar-se com as filhas para outra cidade, sem perdoar ao pai o mal que lhe fizera.

Para Cleofas, começava uma nova vida, plena de sofrimentos.

8

Novos débitos

A chegada de Cleofas ao Além-túmulo constituiu-se numa verdadeira festa, ocasião que comemoramos intensamente. Ao desprender-se do corpo físico, ainda sob a perturbação da morte, aterrorizado, ele divisou nossos homens, que o aguardavam em semicírculo, a poucos metros, formando uma barreira intransponível; e, à frente de todos, eu, de braços cruzados, com a expressão arrogante e cruel do vencedor.

– *Sê bem-vindo, Cleofas! Nós te aguardávamos ansiosamente!* – saudei-o com ar sarcástico e galhofeiro.

De olhos arregalados, a fisionomia marmórea expressando terrível pavor, Cleofas tentou fugir, mas éramos muitos. Avançamos sobre ele e o agarramos, sem que tivesse tempo para se defender.

A tremer de medo, sob os esgares do veneno ingerido, indagou:

– *Quem és tu? Por que me odeias?*

Joguei a cabeça para trás soltando uma gargalhada, no que fui acompanhado pelos demais. Depois, o desafiei:

– *Pois não me reconheces? Procura na memória!*

Olhou-me com cuidado e respondeu:

– *Sim, lembro-me vagamente de ti, mas não me recordo de onde.*

– *Pois vou aclarar-te as idéias. Lembras-te de teu irmão Ahmim? Sou Emil, aquele que Ahmim trouxe à tua casa e que foi escorraçado por ti. É bem verdade que, naquela época, não tinhas atitude tão humilde!* – completei com sarcasmo.

Às minhas palavras, todo o bando caiu novamente na risada, lançando chistes, palavrões e maldições sobre nosso inimigo.

Cleofas arregalou os olhos, assustado:

– *Reconheço-te agora e peço-te perdão, Emil. Não foste, porém, escorraçado de minha casa. Creio que te enganas. Conversei com Ahmim na ocasião e ele me convenceu de que eras boa pessoa. Quando te procuramos, já não te encontramos. Tinhas desaparecido de minha residência, fato que causou grande consternação e pesar ao mano Ahmim.*

Diante de suas explicações e da maneira sincera com que falava, titubeei por alguns instantes. Pela tela da memória, revi o momento em que me aproximei da sala onde estavam Ahmim e Cleofas. Ouvi que falavam de mim. Ahmim defendia-me, dizendo "quando tu o conheceres melhor, verás que não há o que temer". Ao que Cleofas retrucou categoricamente: "Esse é o ponto. Não haverá tempo para conhecê-lo melhor, Ahmim. Emil não poderá permanecer nesta casa. Assim que acordar, será mandado embora. Não exporei minha família a tal monstruosidade, constrangendo-a perante toda a sociedade".

A dor de ser rejeitado mais uma vez marcou-me a alma. Ser considerado um monstro atingia-me o espírito orgulhoso. Assim, sem que me notassem, deixei a propriedade, sem destino, a sofrer intensamente.

De súbito, voltando a mim, lembrei-me de onde estava. Os companheiros me observavam com expressão indagadora, aguardando uma reação. Readquirindo o controle das emoções, retruquei colérico:

– Isso é o que afirmas agora, infame! Porém, já não importa mais. Serás condenado por crimes bem mais graves.

Cleofas jogou-se no chão, suplicando piedade, enquanto nossos comparsas o arrastavam, entre urros de vitória, com expressão cruel e zombeteira, a provar antecipadamente a satisfação da vingança.

Daí por diante, ele foi um joguete em nossas mãos. Aprisionado e torturado à saciedade, diante da crueldade inominável de nossa falange, seu sofrimento tornou-se inconcebível. Tudo era permitido aos nossos homens, que cevavam o desejo de vingança, a agressividade e o ódio acalentado por longo tempo.

O prisioneiro ficou ainda mais apavorado quando viu Nefert, seu cúmplice e uma de suas vítimas, também sob a "guarda" da nossa falange e que do mesmo modo sofria as conseqüências da nossa vingança. Cleofas teve que suportar igualmente o ódio do ex-cúmplice, que o culpava pela sua morte.

Como todo excesso cansa, após longo tempo em que ambos ficaram entregues à nossa sanha, acabamos por conceder-lhes certa dose de paz. Estávamos entediados e com novas diversões, por isso apenas vez por outra voltávamos a assediá-los. Só que agora, como verdadeiros escravos, eram obrigados a fazer-nos a vontade, cumprindo nossas ordens.

Depois do ódio satisfeito, começaram a surgir outros assuntos que aguardavam solução. Cada um dos companheiros possuía seus próprios projetos de vingança, e o acordo que havíamos firmado com eles era de uma troca de favores: ajudariam no meu caso, e eu ficaria obrigado ao compromisso de ajudá-los também, quando fosse requisitado, o mesmo acontecendo com os demais.

Assim, minha vida virou um redemoinho de ações dedicadas ao mal. Estávamos sempre metidos em processos de vingança, planejando a destruição deste ou daquele adversário. E tudo parecia muito natural. No início, sentia-me contrariado ao prejudicar criaturas que nunca me tinham feito mal, contra as quais não tinha nenhuma queixa. Todavia, com o tempo acabei me acostumando e, coração endurecido e fechado, procurava não pensar, fazendo apenas o que me era ordenado.

Por longo período, permaneci nessa roda-viva. Anestesiado, não tinha projetos de vida e, especialmente, procurava não lembrar do passado, das coisas boas que me aconteceram e das pessoas que amara. Era como se nunca tivessem existido.

No entanto, tudo tem um fim. Chegou o momento em que, desanimado, cansado daquela vida que não me dava mais satisfação, não sentia mais vontade de fazer nada. Acomodei-me na inércia, entediado de tudo.

Foi nessa época que, um dia, sentindo o peito opresso e uma angústia e mal-estar como nunca tinha experimentado antes, deixei que as lágrimas, por longo tempo represadas, vertessem abundantemente. Algo em mim estava mudando. Aos poucos, imagens de uma vida diferente traziam-me à memória o que tivera de bom. Desejei mudar. Amargurado, ao recordar as atrocidades que cometera, joguei-me ao chão e implorei a ajuda de Rá.

Quanto tempo eu assim permaneci? Ignoro. Aos poucos o desespero amenizou e as lágrimas estancaram. Mergulhei em sono benéfico e profundo.

* * *

Comprometera-me tanto com a justiça divina que os benfeitores espirituais julgaram por bem internar-me novamente na carne para que, por meio do esquecimento balsamizante, pudesse recomeçar. Assim, mergulhei em novo corpo. Quando abri os olhos, estava numa nova existência, cercado por pessoas boas e amorosas.

Não obstante a oportunidade que me era concedida, enfrentei muitas dificuldades, em virtude de imperfeições minhas e das ligações que fizera com as falanges do mal. Novamente, coloquei tudo a perder, complicando-me ainda mais. Depois dessa, vieram outras e mais outras existências, para que eu pudesse, aos poucos, amenizar as tendências negativas que trazia no íntimo da alma.

Não vale a pena lembrar tais experiências, pois se constituíram de erros sobre erros, maldades sobre maldades, num círculo vicioso que me mantinha amarrado e do qual ao mesmo tempo me nutria, perseguido e perseguidor, de acordo com as possibilidades do momento.

No tempo e no espaço, fui levado como pluma ao vento, planando por muitos lugares. Misericordiosa, a divina providência trabalhava a meu favor, a favor da desventurada criatura que ainda não despertara para a necessidade de elevação, acumulando débitos clamorosos.

Como sempre, fazia-se presente a bondade celeste. Ser imperfeito, ignorante e mau, ainda em fase inferior da consciência e da razão, tinha de passar pela fieira das encarnações, que me seriam importantes no futuro, como etapas úteis e necessárias ao progresso do espírito revel. Paulatinamente, a consciência do bem e do mal passa a clarear a mente e alarga a percepção, ao mostrar que cada vez que se produz sofrimento a outrem experimenta-se sofrimento na própria pele, o que leva o espírito vagarosamente a modificar seu comportamento, para evitar as conseqüências negativas que virão de forma inexorável pela Lei de Causa e Efeito.

Aos poucos os instintos cedem lugar às sensações, e a evolução faz com que estas se transformem em sentimentos, conquanto embrionários, que gradualmente iluminam o íntimo do ser humano.

Como a noite, que cede lugar às primeiras luzes da aurora, também assim nossas conquistas espirituais aumentam à medida que o conhecimento e a moralidade ganham espaço dentro de nós.

9

Nova encarnação

As primeiras lembranças que me acodem à memória falam de uma vida rude e trabalhosa. A natureza era inóspita, quase sem vegetação. Habitávamos um vale entre montanhas, e eu via a extensão da planície soprada pelo vento forte que me zunia nos ouvidos e que desenvolveu em mim o medo daquilo que não podia ver e que, segundo minha mãe, representava a divindade ou o poder supremo.

Abrigados em tendas, esperávamos o vento passar. De outras vezes, quando a natureza se apresentava inclemente, buscávamos, sob tempestades ou frio congelante, lugares mais elevados, nas imediações, e nos abrigávamos nas grutas ali existentes. De qualquer forma, aconchegado à minha mãe, na tenda ou na gruta rochosa, sentia-me seguro. Perto dela sempre havia paz e calor.

Aziz, um sábio ancião, ensinava-me muitas coisas e contava-me histórias interessantes sobre outros povos que habitavam lugares longínquos. Minha existência era alegre e tranqüila. Corria pelos campos brincando com outras crianças do acampamento e divertia-me no regato cujas águas límpidas serviam para nosso uso e permitiam que nosso povo ali permanecesse.

Minha mãe, uma bela mulher de olhos escuros, meigos e tristes, falava-me de meu pai, que eu ainda não conhecia.

Perguntei à minha mãe certo dia:

– Onde está meu pai, minha mãe?

Ela respirou profundamente, ajeitou o manto que lhe cobria a cabeça e, com os olhos perdidos ao longe, murmurou:

– Teu pai está guerreando, meu filho.

– Onde?

– Longe, muito longe.

– Sozinho? – indaguei, na ingenuidade que caracteriza os primeiros anos de vida.

Ela sorriu, deixando ver uma fieira de dentes alvos, o que raramente acontecia, e respondeu:

– Não, meu filho. Está acompanhado de todo o nosso exército.

– Ah! E ele voltará logo?

Percebi que seus olhos se umedeceram e uma sombra de tristeza velou seu sorriso, enquanto ela me fitava com carinho.

– Peço aos deuses todas as noites para que isso aconteça, meu filho.

– E se ele não voltar? – indaguei novamente.

Ela passou suavemente a mão sobre minha cabeça e respondeu séria:

– Se teu pai não voltar, meu filho querido, tu serás o nosso rei. Estás sendo preparado por Aziz, nosso sábio ancião, para poder, um dia, comandar nosso povo.

Fiquei pensativo por alguns instantes. Minha mãe tornou, desviando-me a atenção infantil de assuntos tão sérios:

– Agora vamos entrar, que já se faz tarde.

Naquela noite, ao fazer minhas preces, juntei meu pedido ao de minha mãe para que meu pai retornasse o mais rápido possível.

Na manhã seguinte, no horário costumeiro, fui reunir-me ao sábio ancião. Ele já me aguardava em sua tenda, sentado sobre um tapete, com as pernas cruzadas, à moda oriental, enquanto suave aroma se espalhava no ar.

Sentei-me à sua frente. De olhos fechados, ele não deu mostras de perceber minha presença; depois de alguns minutos, falou suavemente:

– Sinto que estás ansioso e inquieto, Cambises.[7] O que desejas saber, meu filho?

– O avô é realmente muito sábio. Trago dentro de minha cabeça uma dúvida desde ontem à noite.

– Qual é a dúvida que faz franzir tua testa, Cambises?

– Avô, o que é comandar?

– Comandar é ter o poder maior e ser obedecido. Ditar as regras e impor a todos a sua vontade, de modo que o povo viva contente e em segurança.

– Ah! Então é isso o que meu pai faz?

– Sim, meu filho. E tu serás o rei da Pérsia algum dia e comandarás o nosso povo.

Balancei a cabeça, temeroso:

– Não sei fazer isso. Não posso ser rei.

– Saberás, quando chegar o momento. Tu serás um grande guerreiro como teu pai, e estarei a teu lado para te orientar.

Dei um suspiro fundo, mais aliviado.

– Então, nada temerei.

– Sim, Kambujiya. Um grande guerreiro não deve temer coisa alguma.

7. Kambujiya, em persa. (N.M.)

O ancião me dispensou, certamente julgando que, naquele dia, minha cabecinha já teria material suficiente para pensar.

Saindo da tenda, pus-me a caminhar pelo acampamento. Logo encontrei Rufus, um homem carrancudo e de olhos ameaçadores, que me disse:

– A partir de hoje vamos começar a treinar.

– Por quê?

– Ordens de tua mãe. Não queres ser um guerreiro?

– Sim.

Desse dia em diante, ocupávamos várias horas do dia para treinamento. Todas as crianças do acampamento participavam do adestramento nas corridas, nas lutas corpo-a-corpo e no arremesso de flechas com arco. O resto das horas, nós brincávamos.

Nossa vida tornou-se bem mais agradável e agitada. O tempo passava rápido.

* * *

Certo dia, despertei com um barulho diferente. Bastante forte, assemelhava-se ao ruído de trovões à distância. Levantei-me rápido e olhei para o céu esperando vê-lo coberto de nuvens. No entanto estava limpo, azul, e o sol iniciava sua trajetória pelo espaço. Muita gente já se encontrava fora das tendas, vibrando de satisfação e dando gritos de alegria, a olhar fixamente para um ponto ao longe. Coloquei a mão na testa para proteger os olhos da luz e deparei-me com uma grande nuvem de poeira que enchia os ares. À medida que ela se aproximava, o solo tremia sob meus pés. No meio da poeira que se levantava, percebi o tropel de camelos e o clamor de guerreiros que ecoavam por toda a planície.

Meu coraçãozinho batia forte diante da novidade. Era um acontecimento inusitado!

Minha mãe tomou-me a mão com firmeza, e percebi que a dela, segurando a minha, tremia, e que seu peito arfava. Seus olhos me fitaram e senti neles uma expressão de medo e ao mesmo tempo de esperança. Teria meu pai voltado com o exército?

Não demorou muito, podíamos vê-los com clareza. Aproximaram-se com um braço erguido, agitando as espadas, enquanto com as pernas e o outro braço continham os camelos que estacavam. Aqueles que tinham família no acampamento, e que não eram muitos, chegavam numa nuvem de areia, ao mesmo tempo que tentavam divisar, no meio do povo, seus entes queridos. Ao avistá-los, os guerreiros escorregavam rapidamente para o chão, correndo ao encontro deles. Depois, abraçavam sorridentes, a esposa, filhos, mãe, pai ou irmãos.

Eu observava tudo com o coração aos saltos e uma grande dificuldade de respirar, em virtude da poeira que dominou tudo ao nosso redor. Minha mãe apertou ainda mais minha mão e vi que fixava o olhar num ponto qualquer, mais distante. Protegendo os olhos dos grãos de areia, no meio dos guerreiros que se aproximavam, vi surgir um homem imponente e forte que cavalgava em nossa direção. Ao acercar-se, esperou o camelo abaixar-se, desceu do animal suavemente e deu alguns passos com os olhos fixos em minha mãe, que se inclinou à sua chegada.

A multidão de ambos os lados se afastou, abrindo uma clareira bem no centro, e de forma respeitosa e reverente todos acompanharam a cena que se desenrolou.

– Sê bem-vindo, meu rei. Que os deuses te concedam glória e saúde!

Em seguida, aquele homem grande e imponente olhou para mim, curvando-se à minha frente. Então pude ver bem seu belo rosto barbado, empoeirado, que denotava cansaço, mas em cujos olhos úmidos brilhava a chama da emoção.

Antes que ele perguntasse, minha mãe apresentou-me:

– Meu rei e senhor! Este é Kambujiya, teu filho.

O guerreiro abraçou-me com extremo carinho e, depois, levantando-se, abraçou minha mãe.

– Moa, preferida dos deuses, agradeço-te o filho varão que me deste. Este é um dia feliz para todos nós. Alegrai-vos! Faço de Kambujiya o meu herdeiro!

Uma grande aclamação partiu de todas as bocas. Olhei em torno e percebi que a multidão se colocava à nossa volta.

– Viva Ciro[8], o nosso grande rei! – gritavam, levantando os braços para o alto.

Erguendo a mão, ele impôs silêncio ao povo. Depois, em voz alta e pausada:

– Este é um momento de grande alegria. Conquistamos o Reino da Média, que agora ficará sob o domínio da Pérsia! Somos vencedores e trouxemos muita comida e riquezas. Vamos festejar!

Logo uma música alegre tomou conta do acampamento, enquanto se aprestavam os preparativos para a comemoração do retorno das tropas. Fogueiras foram acesas e carnes colocadas para assar nos tripés, enquanto as tendas eram levantadas e os soldados cantavam e embriagavam-se.

Eu estava fascinado com todo aquele movimento. Tudo era novo para mim, pois, desde minhas lembranças mais recuadas, vivia num acampamento tranqüilo e sem novidades. Agora entendia por que em nossas tendas só havia mulheres, crianças e homens velhos ou com alguma deficiência. Os varões válidos e fortes estavam no exército, acompanhando Ciro, meu pai.

8. Kurush, em persa. Refere-se a Ciro 2º, Imperador da Pérsia entre 559 e 530 a.C. (N.M.)

Um sentimento de imenso orgulho tomou conta de mim. Caminhando ao lado de meu pai, eu o observava a transitar no meio do acampamento, que agora se tornara imenso com tendas a perder de vista: ao parar para conversar com as pessoas, a brincar com outras crianças, risonho e satisfeito, em meu coração tomei a decisão de ser como ele – um grande guerreiro.

Vaguei pelo acampamento observando tudo: as fogueiras, onde o fogo crepitava trazendo o cheiro das carnes que estavam assando; os soldados, satisfeitos, reunidos em grupos, com cujas brincadeiras e jogos eu me divertia muito. Comi com eles, e, pela primeira vez, deram-me vinho. Como estavam todos festejando, aproveitei, pois ninguém se preocupava comigo. Cansado, quando a noite chegou e as estrelas inundaram o céu com seu brilho, acabei por adormecer encostado num guerreiro que, de tão bêbado, caíra no chão, inconsciente.

Na manhã seguinte, quando acordei, o acampamento estava estranhamente silencioso. O crepitar do fogo nas fogueiras, o ruído das vozes alegres, das risadas, o cheiro da carne assada, do vinho, o barulho das danças e das músicas, tudo desaparecera. As fogueiras estavam apagadas; havia restos de comida e canecas sujas de vinho abandonadas no chão. O Sol surgira havia muitas horas e os guerreiros ainda dormiam, largados.

À medida que o Sol se fazia mais intenso e o calor aumentava, eles foram acordando. As mulheres, acostumadas a despertar cedo, cuidavam de suas obrigações.

Procurei minha mãe em nossa tenda, e não a encontrei. Não dormira ali, como de hábito. Uma das mulheres, amiga dela, ao ver-me, informou:

– Se procuras tua mãe, irás encontrá-la na tenda de Ciro.

Para lá me dirigi. Conhecia a localização da tenda do rei. Tinha visto, entre surpreso e maravilhado, quando montaram a grande e majestosa tenda de Ciro, que se destacava entre as demais. Ao chegar, envergonhado, levantei o reposteiro e parei à entrada da tenda, sem saber o que fazer.

Sem a armadura, o elmo e as armas de guerra, ele parecia outra pessoa, um homem mais comum, como tantos outros homens que ali estavam no acampamento. Lavara-se, e em seus cabelos e a barba, que fora aparada, as gotículas de água punham reflexos de luz. Ao ver-me, ele sorriu:

– Aproxima-te, meu filho.

Cheguei mais perto, ficando frente a frente com ele. Minha mãe sorria e notei que seu belo rosto estava radiante de felicidade.

– Senta-te aqui a meu lado – ordenou o rei.

Enquanto eu me acomodava entre as almofadas de brocado e cetim, ele me examinava discretamente. Seus olhos me incomodavam, sentia-me devassado, como se ele pudesse conhecer meus menores pensamentos e desejos. A mordiscar uma fruta seca, ele perguntou-me:

– Dize-me, Kambujiya, o que fazes da vida? Quais são tuas ocupações?

– Estudo com o avô Aziz; adestro-me em jogos com Rufus e, nas horas vagas, brinco com meus amigos, senhor.

– Muito bem. E em que se constitui teu treinamento?

– Participo de corridas, aprendo as artes de lidar com o arco e flechas, e da luta corpo-a-corpo, senhor.

– Só isso? – redargüiu, ingerindo um gole de vinho.

– Não, senhor. Também aprendo a escalar rochas, a reconhecer as pegadas e saber a quem elas pertencem, a desarmar um inimigo...

– Vejo que tu és um rapazinho com bastante atividade. Depois pretendo confirmar o que me dizes. Quero ver teus progressos. Já te alimentaste hoje? Não? Então, come.

Levei à boca uma fruta seca, enquanto ele prosseguia:

– E em teus estudos com o sábio Aziz, o que aprendes?

– Ensinou-me o avô a ler e a escrever, geografia, história, a arte dos números, como ler nas estrelas, entre outras coisas.

– Ah, sim? Então sabes onde estávamos guerreando?

– Sim, senhor. No território da Média, a quem a Pérsia deve tributos.

Ele concordou com um gesto de cabeça, fitando minha mãe, satisfeito, enquanto dizia:

– Agora não mais. A Pérsia agora é senhora da Média.

– É verdade. Congratulações, senhor.

Por algum tempo continuamos a conversar, conhecendo-nos. Depois, ele me levou pelo acampamento, onde todos já estavam de pé, cada qual em suas ocupações. Uma parte dos guerreiros descansava, enquanto outros, incapazes de ficarem inertes, exercitavam-se em lutas.

Paramos para vê-los. Dois homens lutavam; ambos eram grandes e fortes, embora um deles fosse menor e mais magro.

– Observa com cuidado, Cambises.

Acompanhei a luta sem perder um movimento. Até que o mais forte derrubou o outro, prendendo-o ao solo com o joelho. A luta terminara e ambos riam, satisfeitos. Ciro perguntou-me:

– O que achaste da luta?

– Interessante. Ambos são hábeis.

– Venceu o mais forte – tornou o rei.

– Sim, meu senhor. Contudo, o outro, conquanto em desvantagem, poderia ter vencido.

– Ah, sim? E o que farias no lugar dele?

– Bem, eu não teria me deixado pegar desprevenido. Usaria a perna direita, colocando-a entre as do adversário, para fazê-lo perder o equilíbrio, o que facilmente seria conseguido. Aziz me ensina que a força é importante, mas a agilidade é essencial.

Os guerreiros, atentos, ouviam-me falar. Quando terminei, eles estavam de olhos arregalados, mudos. O rei levantou a cabeça, soltando uma gargalhada. Depois, virou-se para eles e disse:

– Um menino de menos de seis anos tem mais sabedoria do que guerreiros adultos e experimentados! Que as palavras dele te sirvam de lição, Outir.

Os demais caíram na risada, batendo nas costas do perdedor e dizendo-lhe gracejos. Algo constrangido, mas aceitando as brincadeiras dos companheiros, Outir disse-me:

– Agradeço-te pela lição, meu rapaz. Quem sabe um dia, quando cresceres, possamos lutar juntos?

Estavam todos felizes e satisfeitos. Muitos haviam retornado aos braços da família, os demais esperavam para encontrar os seus, mas estavam junto a seu povo e tinham conquistado grandes vitórias. Quantidade enorme de riquezas, trazidas da guerra, seria dividida em parte com os guerreiros, o que lhes dava ânimo e coragem para continuar lutando.

Importante que se diga que, Ciro, soberano persa, era bastante generoso com os povos conquistados e agia de modo que todos o admirassem. Ao submeter um povo, não destruía suas cidades nem se apropriava de suas riquezas, como espólio de guerra, como faziam os conquistadores. Respeitava-lhes o modo de vida, suas religiões, suas crenças. Por isso, onde estivesse era reverenciado. As riquezas que trouxera eram dádivas que espontaneamente os vencidos lhe ofertaram, gratos por sua generosidade e sabedoria.

Mais tarde, o rei fez uma reunião com seus ajudantes mais diretos, para analisar a campanha e fazer um balanço da situação. Resolveu que descansariam mais alguns dias e no quinto partiriam todos para a capital. Durante esse tempo, preparariam a arrumação das bagagens para a partida, visto que agora as famílias seguiriam junto.

Conforme determinado pelo rei, após aquele período levantamos acampamento. Eu estava ansioso e preocupado. Falava-se da cidade, nosso destino, mas eu nada conhecia além daquelas regiões inóspitas e devastadas pelo vento, onde, levando vida simples e tranqüila, a meu modo fora feliz. Era tudo o que eu conhecia! Por dentro, sentia o coração apertado. Uma dor profunda instalara-se no peito. Apesar da ânsia de conhecer lugares novos, de ver outras pessoas, conforme ouvira do avô Aziz, o medo do desconhecido deixava-me inseguro, tenso. O que iria encontrar?

No entanto, todos estavam contentes, minha mãe mostrava-se feliz como eu nunca vira, e isso me servia de consolo.

Um dia, logo pela manhã, acordei sabendo que teríamos de partir. Era chegada a hora. Colocamos todos os nossos pertences sobre os animais, apagamos as fogueiras e esperamos. Os guerreiros aguardavam o comandante das tropas.

Ciro, meu pai, montou em seu cavalo e deu a ordem de partida, sendo aclamado entusiasticamente por todos os guerreiros. Passou no meio das tropas, enfileiradas lado a lado com sua escolta pessoal, imponente e digno. Seguimos logo atrás dele. Depois, vinha uma parte do contingente e, para evitar surpresas, nosso povo. As mulheres, crianças e idosos seguiram em carroças, bem como as concubinas e os tesouros recebidos. Para finalizar, fechava a grande caravana o gado, os camelos e o resto das tropas, atenta e vigilante.

Quando nos pusemos em movimento, olhei para trás despedindo-me daquele lugar que eu aprendera a amar e que me era tão caro ao coração.

Algumas lágrimas rolaram sem que eu pudesse evitá-las. Em seguida, cheio de orgulho, endireitei meu corpo e esporeei o cavalo, considerando que não deveria mostrar-me indigno da posição que ocupava como herdeiro de Ciro, rei da Pérsia.

Naquele momento terminou minha infância, iniciando-se novo período de minha existência.

10

Deixando o refúgio

Durante o trajeto que fizemos de retorno àquela que seria doravante nossa cidade, aos poucos fui inteirando-me da nossa história. Soube a razão de estarmos num acampamento, praticamente isolados de tudo e de todos.

Minha mãe contou-me que, quando Ciro resolveu invadir a Média, e partiu com seu exército, logo aconteceu um fato que mudaria nossa vida. Aziz fora informado de que se tramava um levante, aproveitando a ausência do soberano, fomentado por uma das suas muitas concubinas, que havia gerado um filho dele e desejava colocá-lo no trono. Essa mulher, auxiliada por alguns eunucos do harém e meia dúzia de nobres, tomaria o poder e mataria Moa, minha mãe, pois era a rainha, estava grávida de poucos meses e os revoltosos não poderiam permitir que o herdeiro nascesse. Expedido um portador, o rei foi devidamente informado dessas notícias. Ficou feliz por saber que Moa, sua amada esposa, lhe daria um filho, mas num dilema cruel: teria que decidir entre voltar para a Pérsia, proteger seu reino e a família, ou prosseguir com sua campanha de conquista. Nessa altura dos acontecimentos, porém, ele e seu exército estavam muito distantes, e voltar seria difícil, senão impossível, mesmo porque gastos exorbitantes tinham sido feitos para preparar e equipar as tropas. Então, depois de muito pensar e de consultar seus assessores mais diretos, Ciro decidiu: mandou de volta o mensageiro com suas determinações para o chefe do conselho, que lhe era leal. Deveria este continuar no poder, encontrar os traidores e combatê-los, condenando-os à morte. Aziz, conselheiro e amigo de sua inteira confiança, partiria com a rainha Moa e algumas famílias que lhe eram fiéis para um território que ele considerava seguro, lugar bastante isolado, em Anshan[9], onde seu filho poderia nascer em segurança. Afirmava também que pretendia retornar o mais rápido possível da Média.

No entanto, a guerra alongou-se mais do que o previsto, e Ciro havia permanecido com seus homens em terras distantes por quase sete anos, combatendo sem cessar. Somente agora retornavam, findo o impasse, e Ciro pôde rever, com imenso júbilo, sua amada esposa e conhecer seu herdeiro.

A mãe se calou, entregue aos próprios pensamentos.

– Jamais imaginei que meu nascimento estivesse envolvido em acontecimentos tão graves. Eu notava certos cuidados, que julgava excessivos e ditados pelo teu amor materno, unicamente. Depois dessas explicações, posso entender melhor a razão de vivermos isolados. E agora? Sabes como está a situação na capital, minha mãe? – indaguei preocupado.

Moa suspirou e respondeu com um timbre melancólico na voz:

9. Anshan, cidade do antigo reino de Elam, que foi anexada à Pérsia. Atualmente, é um sítio arqueológico no planalto iraniano, 36 km a noroeste da moderna Shiraz, na Cordilheira de Zagros, província de Fars, sudoeste do Irã. (N.M.)

– Ignoro, meu filho. Há tempos não recebemos notícias de Susa.[10] Preferimos evitar contato por temor de que alguém descobrisse nosso paradeiro, somente o fazendo em casos extremos. Eu temia especialmente por ti, meu filho, a quem desejavam matar.

Quedei-me, pensativo. Durante aqueles anos mornos e plácidos da minha infância jamais pude imaginar que era o núcleo e a razão de uma história tão complicada e trágica.

– Não te inquietes, meu querido. Ciro sabe o que faz. Mesmo que o ambiente político não esteja calmo em Susa, o rei tem a força do exército com ele. São invencíveis. Tudo acabará bem.

Mais tranqüilo após as ponderações de minha mãe, continuei cavalgando a seu lado. De modo geral, viajávamos numa carroça junto com outras mulheres e crianças; porém, vez por outra, gostávamos de fazer um trajeto a cavalo, vendo as paisagens e aproveitando o momento para conversar.

Em períodos regulares, sempre que possível, parávamos para descansar, comer e tratar dos animais. Viajávamos lentamente, pois agora não havia apenas os soldados do exército, mas famílias com crianças, mulheres, anciãos, o gado, os cavalos, os camelos e toda a equipagem.

Nesse trajeto, tanto quanto possível, Ciro procurava contornar as aldeias pelas quais teríamos que passar, conservando distância para não alertar a população para o seu retorno. Desejava contar com o elemento-surpresa na sua chegada à capital, para destruir qualquer oposição que porventura pudesse encontrar. Tinha certeza, no entanto, de que ninguém se atreveria a enfrentar o seu imenso e vitorioso exército.

Dez dias depois, aproximamo-nos da grande cidade.

---

10. À época capital da Pérsia, Susa era antiga capital do reino de Elam que, conquistada por Ciro 2º, tornou-se capital do reino persa, por sua posição geográfica estratégica. (N.M.)

Percebi que todos os nossos estavam eufóricos, mas também tensos e preocupados. Ao ver as torres da cidade ao longe, meu coração se encheu de emoção, batendo forte e acelerado, quase saindo pela boca. O que iríamos encontrar?

A uma distância de dois mil passos dos muros da capital, paramos. Apenas o chefe do conselho sabia que estávamos chegando, pois ele e Ciro se correspondiam amiúde. O rei mandou um portador com a ordem, ao chefe da guarda, para abrir os portões.

Ficamos aguardando em grande expectativa a resposta. Para nossa surpresa, pouco tempo depois os portões foram abertos de par em par, e uma delegação de nobres do reino, seguida de uma multidão de pessoas, veio ao nosso encontro.

À frente da delegação estava Ciaxares[11], chefe do conselho e responsável pela gestão do governo na ausência de Ciro. Ambos desceram dos cavalos e ele aproximou-se do rei numa reverência amistosa:

– Sê bem-vindo, meu rei e senhor! Que os deuses te concedam glória e vida longa!

– Obrigado, meu amigo e conselheiro. Como está a situação?

– Em paz, senhor. Nosso povo te aguarda com ansiedade. Conquanto procurasses manter segredo, transpirou a notícia de tua chegada. Vê! Muitos não puderam esperar para te apresentar as boas-vindas! – disse, mostrando o povo que o seguira. – Soubemos de tuas vitórias e todos estamos felizes e orgulhosos dos teus feitos.

– Muito bem. Então, prossigamos.

Desfilando agora lado a lado, ambos passaram pelos portões. Ao som das trombetas e dos tambores, entramos lentamente na cidade, prosseguindo pelas ruas que nos levariam ao palácio real, sob

11. Não confundir com Ciaxares (625-550 a.C.), o maior rei da Média, pai de Astíages (seu sucessor), avô de Ciro, deposto pelo neto, que conquistou a Média. (N.M.)

os aplausos da multidão que se aglomerava por todo o trajeto. Realmente era um espetáculo digno de se ver. Com toda a pompa, desfilamos diante da população alegre e irrequieta. Primeiro, os soldados conduzindo os estandartes com as armas e insígnias reais. Depois, Ciro e o chefe do conselho; um pouco mais atrás, minha mãe e eu, montando magníficos corcéis, e a escolta pessoal do rei; logo após, os soldados em formação, orgulhosos de seus feitos; em seguida, as carroças com as famílias e os carroções que transportavam as riquezas, resultado da guerra, bem como os presentes em cavalos, gado, camelos e cabras. Para encerrar o desfile, o resto do exército, que permanecia à retaguarda fazendo a segurança de todos.

Ao passar pelo povo, em lento e cadenciado passo, experimentei uma profunda emoção. Os aplausos, as honrarias, as homenagens que nos prestavam a cada instante, tocaram-me o coração. "Onde já teria visto algo semelhante?" As lágrimas umedeceram meus olhos, mas, orgulhosamente, não permiti que vertessem. Afinal, tudo aquilo nos era devido.

Após horas de desfile, a certo momento minha mãe alertou-me:

– Vê, meu filho! Estamos nos aproximando do palácio real.

Olhei à minha frente e fiquei fascinado. Jamais vira algo tão belo em toda a minha vida. Aliás, tudo aquilo era absolutamente novo para mim, uma criança que até então vivera em local isolado. Logo, um punhado de nobres e dignitários se aproximou para nos receber. Depois, tiveram início as cerimônias de praxe, que eu não acompanhei como deveria pelo extremo cansaço. Minhas forças chegavam ao fim.

Quando o rei penetrou no palácio com sua escolta pessoal, além de nós, seus familiares, a imensa caravana se desfez aos poucos. Os guerreiros ficaram livres para festejar o retorno com suas famílias. Iniciou-se uma grande comemoração com bebida e comida para todos.

Incansável, Ciro dirigiu-se para a sala do trono. Desejava informar-se sobre a situação política do reino. Cada um dos ministros e conselheiros apresentou relatório das atividades nos diferentes setores em que se dividia a administração pública. O chefe do conselho contou ao rei como conseguira acabar com o levante, prendendo todos os envolvidos, e, em alguns casos, dependendo do grau de responsabilidade, condenando-os à morte. Em seguida, finalizou:

– Quanto à tua concubina, meu rei e senhor, está encarcerada desde aquela época. Não me julguei com o direito de decidir sobre sua vida – em vista dos laços que a unem a ti –, preferindo deixar que faças justiça, dando a melhor solução para o caso.

Ciro concordou com o chefe do conselho:

– Sábia decisão, meu amigo. Saberei puni-la como merece, já que não respeitou sua condição de concubina real. A reunião está encerrada. Amanhã, logo cedo, trataremos de outros assuntos pendentes.

Sob a reverência dos presentes, Ciro deixou a sala, encaminhando-se para a galeria onde estavam localizados seus aposentos particulares.

Diante da simplicidade em que vivera, os novos alojamentos me pareceram muito suntuosos, razão pela qual adormeci quase que de imediato. Afinal, as emoções daquele dia tinham sido muito fortes para mim, que jamais saíra do aconchego daquele oásis de paz no deserto para conhecer outros lugares. A viagem fora-me exaustiva e precisava de repouso.

Só despertei no dia seguinte com o sol a pino. Assim que abri os olhos, três jovens se aproximaram escondendo o rosto, entre risinhos e olhares curiosos. Uma delas aproximou-se reverente e, antes que ela pudesse dizer algo, perguntei irritado:

– O que fazeis aqui?

– Senhor, estamos aqui para servir-te. Ajudar-te na higiene, no banho e na escolha das tuas vestes.

Mais irritado ainda, resmunguei:

– Não é preciso. Sou um rapaz e estou acostumado a cuidar de mim mesmo. Sei banhar-me e vestir-me perfeitamente bem, sozinho.

As jovens trocaram olhares aflitos, enquanto torciam as mãos, presas de grande nervosismo.

– Príncipe, nós três fomos designadas para servir-te. Se não ficares satisfeito conosco, julgarão que te desagradamos e pagaremos por essa insolência. Receberemos o castigo da chibata, e podemos até ser mortas! Piedade, Senhor! Poupa-nos!

– Mas... Por quê?

– Porque somos escravas e tu és o príncipe herdeiro! Este é o costume na corte.

Boquiaberto, pois não imaginava que os costumes na Pérsia chegassem a tais extremos, contemporizei ao ver o desespero das belas jovens:

– Está bem. Não desejo ser a causa da desdita de ninguém.

– Não te arrependerás, meu senhor. Seremos tuas mais fiéis servidoras e aliadas.

Vivazes e risonhas, elas passaram a cuidar de suas tarefas. Enquanto uma me preparava o banho, jogando pétalas de rosas odorantes na água, a outra escolhia um traje completo para me vestir. A terceira tomou de um alaúde e se pôs a cantar uma linda melodia.

Entretido a contemplá-las em suas atividades, acompanhava-lhes os movimentos delicados e suaves. As três eram extremamente belas e possuíam uma graça natural que as tornava encantadoras. Permiti que me servissem à vontade, só não deixei que me banhassem. Preferi fazê-lo eu mesmo, coberto de vergonha.

Depois que me vestiram e enfeitaram, sentei-me em almofadas de cetim e brocado, como sugeriram. Não demorou muito, trouxeram-me uma refeição: carnes assadas acompanhadas de frutas. Para beber, um copo de vinho, que recusei.

– Não. Trazei-me água, apenas – ordenei.

Terminado o repasto, saí dos meus aposentos para distrair-me um pouco. Queria conhecer o palácio, suas dependências, visto que ali seria minha residência de ora em diante.

Elas desejavam me acompanhar, o que não permiti. Parecia-me ridículo desfilar pelo palácio com três lindas jovens ao meu redor, como se fôssemos um cacho de uvas. Escolhi uma delas, aquela que fora porta-voz das demais, e que me parecia mais viva, inteligente e sagaz, e ordenei que as outras duas permanecessem nos aposentos.

– Como é teu nome?

– Míria, senhor.

– Pois bem, Míria. Quero que me leves a conhecer o palácio; desejo ver as coisas mais interessantes. O que sugeres?

– Sim, meu senhor. Vem comigo! Creio que devas conhecer em primeiro lugar a sala do trono, de onde despacharás um dia, quando tu fores o rei.

– Excelente!

Míria levou-me por entre galerias com infinitas portas, salas e corredores, até uma grande sala onde se achavam reunidas umas cinqüenta pessoas. Ao fundo do salão, no centro, vi Ciro, meu pai, que recebia seus súditos, ouvindo-lhes as reclamações, suas pendências e fazendo-lhes justiça.

– Desde cedo nosso rei aqui se encontra reunido com essa gente. Eram centenas; porém, à medida que os casos vão se resolvendo, Ciro os dispensa e a sala vai-se esvaziando – esclareceu Míria, em voz baixa.

Depois fomos para outros lugares. Assim, visitei minha mãe, instalada em aposentos luxuosíssimos. Extremamente bem vestida e bem penteada, cheia de jóias, o que lhe acentuava a beleza. Eu nunca a tinha visto tão bela. Ficou feliz com minha visita e conversamos durante algum tempo.

Em seguida, desejei visitar o harém do rei. Míria levou-me através de enormes galerias, atravessamos salas e corredores, até chegar a uma grande porta rendilhada, no final de uma galeria, guardada por dois possantes eunucos que, de braços cruzados ao peito, cabeças rapadas, infundiam pavor. Míria dirigiu-se a eles, afirmando que o príncipe herdeiro desejava conhecer o harém. Ao ver-me, eles inclinaram-se com respeito e apressaram-se a abrir a porta rendilhada. Penetramos naquele local sagrado onde homem nenhum tinha acesso, a não ser os eunucos; eu pude entrar porque era uma criança ainda.

Caminhamos por imensas salas, com grandes janelas cobertas com cortinas esvoaçantes, que davam para um jardim interno, belíssimo, cercado por altos muros cobertos de musgo. Vi caminhos entre os arbustos odorantes e belas flores que se abriam ao sol, entremeados de bancos e pérgulas graciosas, encantadores refúgios onde algumas mulheres brincavam com crianças. Os risos alegres e espontâneos ecoavam no ar. Vez por outra, víamos uma dessas mulheres passando apressada de um lado para outro, sem nos prestar maior atenção. Até que chegamos a uma das salas, onde muitas delas se encontravam reunidas, conversando alegremente, bordando, penteando-se ou cuidando da beleza. Ao nos verem, ficaram surpresas. Uma delas adiantou-se e perguntou-me, curiosa:

– Imagino que sejas o príncipe herdeiro. Aquele que chegou junto com o nosso rei e senhor...

– Sim. Sou Kambujiya – respondi com altivez.

Logo, um bando de mulheres nos cercou, fazendo perguntas e mostrando interesse em saber como havíamos sobrevivido.

Respondi na medida do possível. Precavido, nada esclareci sobre o lugar onde passara minha infância, ciente de que deveria ser um segredo bem guardado, pois poderia nos ser útil em outras circunstâncias. O futuro era uma incógnita e quem sabe seria necessário valermo-nos dele novamente. Uma das mulheres, mais velha e de fisionomia carrancuda e severa, aproximou-se, evidenciando incontida raiva:

– Foi por causa dele que nossa querida companheira foi afastada de nós e encarcerada. Sabe-se lá se já não está morta!

– Não digas tal coisa do nosso principezinho. Ela foi presa por ter-se sublevado, tentando colocar o filho no trono. Teve o que mereceu. Afinal, todas nós temos o mesmo direito e ela queria nos passar para trás – considerou uma outra, de semblante mais afável.

Como elas começassem a brigar entre si, decidimos deixar o harém, aproveitando a confusão reinante. Logo, os eunucos de guarda chegaram para apaziguar as esposas briguentas.

Resolvi retornar aos meus aposentos. Estava cansado.

Mais tarde, Ciro mandou-me chamar. Míria levou-me à presença dele. Enquanto ela permanecia fora, eu entrei. O rei fazia um ligeiro repasto e convidou-me a acompanhá-lo.

Sentei-me entre as almofadas e servi-me de tâmaras maduras e suculentas. Observando-me discretamente, ele perguntou:

– O que fizeste hoje, Kambujiya?

Narrei-lhe nosso passeio, falei-lhe sobre tudo o que tinha visto, do que mais gostara, inclusive da visita ao harém. Ciro levantou os olhos, fitando-me com argúcia.

– Não foste muito previdente entrando no meu harém desacompanhado de seguranças. A discussão entre as mulheres deve ter-te mostrado que ali não há harmonia perfeita. Existem aquelas que ainda defendem a companheira traidora, tomando-lhe as dores. A propósito, foste prudente nada revelando sobre o local onde cresceste e que foi teu refúgio durante todos esses anos.

Percebi naquele momento que a Ciro nada escapava. Era informado de tudo o que acontecia perto ou mesmo longe dele. Certamente alguém já o cientificara do acontecido no harém. Aquilo teve o condão de irritar-me. Se meu pai estava ciente de todos os meus passos, por que me perguntar? Saber-me observado nas menores coisas desagradou-me bastante. Porém, sábia e humildemente, inclinei-me:

– Peço-te perdão, senhor meu pai. Compreendo agora que não deveria ter entrado lá. Todavia, julguei que tudo estivesse bem. O conselheiro afirmou que todos os envolvidos já tinham sido julgados, e estavam mortos ou presos.

– Sim, é verdade. Mas não podemos cerrar os dois olhos. Mesmo quando adormecemos, um olho deve sempre permanecer aberto. É assim que sobrevivi até esta data. Entendeste, Kambujiya?

– Sim, meu rei.

Ciro acabou de comer e depois, limpando as mãos, notificou-me:

– Muito bem, meu filho. A partir de amanhã, iniciarás tua instrução e treinamento. Estás dispensado. Podes ir agora.

Levantei-me e, inclinando-me reverente, deixei os aposentos reais.

11

Uma grande perda

A partir desse dia, minha vida mudou completamente. Deixei de ser a criança despreocupada e passei a ser tratado como o príncipe herdeiro.

Alguns dias depois, minha mãe foi buscar-me, por ordem de meu pai, para assistir a uma cerimônia. Com toda a pompa, dirigimo-nos para o local onde, segundo meu modo de entender, haveria uma festa. Todo o povo já se achava reunido numa praça e a multidão impaciente e curiosa aguardava. A uma ordem do Imperador, deu entrada no lugar uma mulher com as mãos amarradas, sendo conduzida por dois guardas. Somente nesse momento notei um poste, no centro da praça, onde ela foi amarrada.

Ciro levantou o braço e falou à multidão:

– A penalidade imposta a esta mulher é para que ninguém se julgue com o direito de trair Ciro 2º, o Imperador da Pérsia. Que se inicie a execução!

A essas palavras, ouviu-se uma ovação vinda do povo. Logo em seguida, várias pessoas passaram a atirar pedras na condenada. Dentro em pouco, seu rosto acusava feridas sangrentas, bem como seus braços, peito e pernas. Quando ela tombou inconsciente, seu corpo era uma chaga só. Um dos guardas fez sinal para que parassem de atirar pedras e foi verificar o estado dela, constatando que estava morta. Retiraram-na do poste, e seu corpo foi levado para ser queimado.

Esta foi a primeira execução a que assisti, e fiquei muitíssimo impressionado. Eu sabia que aquela mulher era uma das concubinas de meu pai, exatamente a que o tinha traído, obrigando minha mãe a exilar-se comigo no ventre. Ainda assim, o espetáculo foi muito forte para uma criança, embora em momento algum eu tivesse dado sinal de fraqueza, portando-me realmente como um príncipe herdeiro, conforme afirmou Ciro depois, cumprimentando-me.

Ciro resolveu mudar a sede do reino da Pérsia para Ecbátana, capital da Média, o que foi feito, não sem muito trabalho e esforços exaustivos. Afinal, mudar com toda a corte, as famílias e todos os órgãos da administração do reino, não era tarefa fácil. Em Susa permaneceriam os responsáveis pela administração local.

E assim foi feito. Após as adaptações necessárias para acomodar a todos, contando com a cooperação e a boa vontade dos ministros, conselheiros, dignitários, súditos, ocupantes de cargos públicos e suas famílias, conseguimos concluir a mudança da capital.

Adaptei-me com facilidade. Minha rotina continuou a ser a mesma. Os dias ocupados com treinamento nos jogos, prática de armas e montaria. Levantava-me muito cedo e, durante toda a manhã, exercitava-me nas mais diversas artes da guerra e de jogos. Após a refeição, dirigia-me para uma espécie de sala de aula, onde me dedicava a estudos diversos. Não que eu fosse totalmente ignorante, isso não. Aziz, durante aqueles anos no deserto, sempre se esmerara em passar-me conhecimentos e informações que me seriam úteis no futuro. Todavia, agora era diferente. Recebia orientações de como governar, do funcionamento da administração do país, de estratégias de guerra e de combate, como manter o exército estimulado e fiel, como manter boas relações com os países tributários. Estudava as normas do país, nas mais diferentes áreas, e como aplicar a justiça. Normalmente, a justiça estava a cargo de juízes que pertenciam às famílias mais nobres; porém, nos casos mais graves, recorriam as partes litigantes ao soberano. Em virtude disso, eu fazia estudo de casos em que era obrigado a encontrar a solução para o problema. Não raro, o rei exigia minha presença na sala do trono, quando eram julgadas pessoas que haviam sido acusadas de crimes, e, discretamente, em voz baixa, procurava saber meu parecer e qual seria minha decisão, caso estivesse no seu lugar.

No começo, isso me incomodou bastante. Sabia que estava sendo testado, e tremia de medo de não conseguir me sair bem perante o todo-poderoso Ciro. Com o passar do tempo, fui-me acostumando e até gostando do desafio. Algumas vezes acertei, sendo elogiado por Ciro, o que me enchia de orgulho e de vaidade; de outras, mostrou-me ele qual deveria ser a decisão, segundo as leis vigentes, alertando-me para que as estudasse bem de modo a não cometer injustiças.

Enfim, eu estava sendo preparado para suceder a Ciro, em caso de necessidade. Não apenas em caso de morte, mas também nas ocasiões em que o soberano se afastasse da capital, em suas campanhas de conquista. Deveria assumir o trono e os deveres que lhe eram correlatos. Com certeza, não faria isso sozinho, visto que ainda era muito jovem e sem experiência. Teria a assessorar-me os conselheiros e ministros da Pérsia, o que me deixava mais tranqüilo.

Também me dedicava aos estudos da religião. Ao soberano – afirmava Ciro – competia conhecer devidamente todas as regras religiosas para não errar e desagradar aos deuses. Durante determinado período, passei longo tempo no templo de Mitra, preparando-me para ser um iniciado. Ciro, porém, após conquistar a Média, convertera-se à doutrina de Zaratustra (Zoroastro, para os gregos), que pregava não mais a existência de muitos deuses sob a regência de Mitra, deus do Sol, de Anaita, deusa da terra e da fertilidade; de Haoma, o deus-touro, que, após a morte, teria voltado para dar ao povo seu sangue, em forma de bebida que lhe conferiria a vida eterna, a graça da imortalidade. E desde muito tempo os iranianos, raça da qual descendiam os primitivos medos e persas, adoravam-no, ingerindo o suco de *haoma*, uma erva típica das encostas montanhosas. Embriagavam-se com ela, julgando dessa forma serem dotados de muitos poderes. Indignando-se contra essas primitivas práticas e os deuses que as incentivavam, Zaratustra rebelou-se e, com infinita coragem e firmeza, anunciou ao mundo a existência de um só Deus, o princípio do bem, Ahura-Mazda (ou Ormuz), senhor da luz e do céu, do qual os outros deuses não passavam de manifestações e qualidades; e um princípio do mal, Ahriman (ou Angra Mainyu), ambos emanações do eterno, ou ser supremo. Colocando-se frontalmente contra os antigos deuses, iniciou uma reforma religiosa com caráter monoteísta, à qual aderiu Ciro, sem jamais obrigar seus súditos a segui-la, convivendo a velha doutrina politeísta com a nova doutrina monoteísta em igualdade de condições. E eu, como herdeiro do trono, tinha o dever de estudá-la. Era uma religião diferente de tudo o que eu já vira, não aceitando templos, não adorando ídolos. Seus altares ficavam em meio à natureza, no alto dos montes, numa praça no centro da cidade, sempre com uma pira de fogo acesa em honra a Ahura-Mazda. Nos lares e nos palácios também fazia parte da fé deixar sempre um fogo aceso, para ter a bênção da divindade.[12]

Mas eu não dedicava o tempo todo aos treinamentos e estudos. Uma parte do dia, conquanto pequena, era-me deixada livre para estar com as outras crianças do palácio.

Ciro era um soberano que possuía dezenas de mulheres e um número proporcional de filhos. Então, eu confraternizava com meus irmãos, por parte de pai, e brincava com eles, sendo que muitos se tornaram meus amigos. Tinha lindas irmãs e sabia que uma delas seria minha esposa.

Ciro raramente permanecia muito tempo em Ecbátana; estava sempre em guerras de conquista. Lançou-se depois contra a Lídia, reino que havia décadas os medos combatiam sem sucesso, conquistando-a em 546 a.C., quando eu tinha por volta de nove anos. Retornou cheio de glória, trazendo o derrotado rei Creso, sua família e seus nobres súditos com honras reais. Aquilo me deixou extremamente indignado. Logo que tive oportunidade de estar com meu pai, a sós, eu o questionei sobre essa atitude, que julgava absurda. Com delicadeza, Ciro contou-me que, ao tomar Sárdis, a capital da Lídia, dominando o povo vencido, Creso, o soberano derrotado, incapaz de aceitar tal humilhação, preparou uma grande pira funerária para morrer queimado junto com sua família e seus mais nobres súditos, sobreviventes do combate. Após posicionar-se com todos na pira, ordenou aos servos, horrorizados, que botassem fogo. Havia tamanha dignidade em sua atitude, que Ciro condoeu-se da situação do antigo

12. A Bíblia da Nova Fé consistia numa coleção de livros em que os discípulos do mestre haviam juntado todas as suas palavras e preces. Mais tarde recebeu este livro o nome de Avesta, mas, devido ao erro de um erudito, o mundo ocidental o conhece como Zend-Avesta. (Will Durant, *História da civilização*, volume 2, pg. 73, 4ª edição, 1957, Companhia Editora Nacional.) (N.M.)

soberano. Mandou apagar a pira e trouxe Creso com sua família para Ecbátana. Posteriormente, ao confirmar-lhe os dotes de espírito, fez dele um dos seus conselheiros mais leais.

Quando completei doze anos, o rei escolheu uma de suas filhas para ser minha esposa. Roxana, minha irmã, contava dez anos nessa época, portanto ainda mais jovem do que eu. Fiquei orgulhoso da escolha de meu pai, pois ela era a mais bela entre todas.

Percebi, porém, que essa decisão de Ciro desgostou e desiludiu a vários irmãos meus que, no fundo, sonhavam com tal esposa, bela entre as belas, o que me deixou intimamente satisfeito. O melhor teria que ser meu, sempre, em tudo, já que estava fadado a suceder o rei. Assim, passeava com ela pelos jardins, de cabeça erguida e peito inflado de orgulho.

Todavia, embora comprometido, minha existência prosseguiu como sempre fora, não sendo modificada pelo fato de ter contratado matrimônio, visto que a cerimônia ainda estava longe da sua realização.

Como éramos duas crianças ainda, brincávamos juntos e nos divertíamos com pureza, sem saber, na verdade, o que significava realmente esse compromisso de matrimônio.

No ano seguinte, quando completei treze anos, minha irmã e eu nos casamos. A cerimônia aconteceu entre grandes festejos, que se estenderam por vários dias. Toda a população festejou conosco o casamento do príncipe herdeiro e sua noiva. Foram feitas fartas distribuições de alimentos e bebida para os súditos, que dançaram nas ruas e nas praças da capital, augurando saúde, felicidade e vida longa ao jovem casal.

Minha esposa e eu nos divertimos bastante com os festejos. Após esse dia, passamos a ocupar aposentos contíguos, divididos apenas por reposteiros, o que nos encantou. Passávamos de um lado para o outro, sem motivo, apenas para brincar, e ríamos muito, achando tudo imensamente engraçado. Como minha esposa sentia medo de ficar sozinha no quarto que lhe fora destinado, uma vez que sempre tivera a companhia das irmãs, e tanto o leito dela quanto o meu fossem extremamente grandes, passamos a dividir o mesmo leito. Especialmente em noites de tempestade, quando os raios e trovões cortavam os céus, ela corria ao meu encontro e abraçava-me com força, gelada e trêmula, e partilhávamos o leito, aquecendo-nos mutuamente, o que nos dava imenso prazer.

Com o passar do tempo, cresci, meu corpo se desenvolveu, a voz se modificou, os músculos se enrijeceram, fiquei mais flexível e destro no manejo das armas, especialmente na machadinha e no arco-e-flecha.

Era respeitado por todos, que me reverenciavam pela condição física e pela posição de futuro Imperador da Pérsia. Contudo, através dos anos eu me modificara sensivelmente. Aquele menino simples e humilde, que passara a primeira parte da vida no deserto, não mais existia. No lugar dele, surgira uma criatura orgulhosa e prepotente, ciente de suas condições físicas e de seu poderio.

Agora já um adolescente, com os hormônios em ebulição, passava as noites em orgias, bebia mais do que o razoável, entregue a todo tipo de depravação.

Quanto a Ciro, mantinha o respeito que lhe era devido apenas por ser o Imperador todo-poderoso da Pérsia. Distanciara-me dele, porém, em relação à maneira de pensar e de agir; não aceitava sua generosidade e complacência para com os povos tributários, ironizando suas atitudes, quando reunido em festas e banquetes com os meus amigos mais leais, e quando a bebida já falava pela minha boca.

Aos poucos, fui-me modificando a ponto de não ser mais reconhecido. Enquanto minha mãe viveu, ainda consegui manter-me mais dentro do equilíbrio, visto que sua influência era profundamente benéfica ao meu espírito, pela evolução moral que já conquistara. Diante dela, eu não conseguia agir de maneira errada, respeitava-a e acatava-lhe os conselhos. Todavia, longe dela, praticava tais desvarios, que a faziam sofrer terrivelmente. Acho até que morreu por ver-me escorregar, inapelavelmente, a caminho do abismo. Foi ficando triste, cada vez mais quieta, sempre entregue às suas orações, e, quando eu ia até seus aposentos, ela evitava falar muito, olhando-me apenas, sem repreender-me a conduta, sem aconselhar-me como tantas vezes fizera. Em determinados momentos, parecia-me até que tinha medo de mim, seu filho!

Ao vê-la tão abatida, eu fazia propósitos de melhorar minhas atitudes, sabendo que a magoava profundamente. Mesmo sem repreender-me, eu sentia em seu olhar uma imensa piedade por mim, tristeza por não ser o filho que ela desejara e dor pela incapacidade de não conseguir modificar-me.

Nessas ocasiões, eu ajoelhava-me diante dela, beijava-lhe as mãos e caía em prantos, compreendendo-lhe os sentimentos.

Um dia, um escravo veio avisar-me de que minha mãe não estava bem. Passara mal à noite e agora desejava ver-me.

Dirigi-me a seus aposentos com o coração nas mãos. Encontrei-a enfraquecida; palidez marmórea cobria-lhe o semblante ainda belo e manchas arroxeadas circundavam-lhe os olhos, sempre fechados, como se estivesse dormindo. Ao vê-la, notei como tinha emagrecido; sua pele, antes cheia de vida, agora se mostrava cor de cera, e os ossos saltavam-lhe sob a roupa; seus bastos cabelos, antes escuros e anelados, estavam grisalhos. Tinha a aparência de uma velha.

Aproximei-me mais do leito, temeroso, e ela pareceu ter-me percebido a presença. Abriu os olhos lentamente e, ao ver-me inclinado sobre ela, ensaiou um leve sorriso.

– Minha mãe! Como estás? O que sentes?

Moa tentou levantar a destra, e entendendo-lhe o desejo, tomei sua mão gelada na minha. Depois, com esforço, ela sussurrou:

– Meu... filho! Meu... querido... filho! É chegada... minha hora. Os deuses... me chamam... e devo ir. Não... chores.

Desesperado, inundei sua mão de lágrimas.

– Não, minha mãe, não me deixes. Que será da minha vida sem ti?

Respirando fundo, ela meneou a cabeça e balbuciou:

– Tem... coragem, meu filho. Não te... esqueças de mim... e de tudo o que... aprendeste. Transforma-te num... homem bom... para seres feliz. Lembra-te... daqueles anos... que passamos no deserto. Foram... os mais felizes... de toda... a minha vida...

Abraçando-a, tentava segurar-lhe o fio da existência, que parecia tão tênue.

– Pois, se assim desejas, minha mãe, eu te levarei até lá para reveres o local onde passei os dias da minha infância e onde eu também era tão feliz.

Ela sorriu, com o olhar perdido ao longe, como se estivesse contemplando aquelas plagas que tanto amava.

– É impossível... meu... filho. Agora... não... posso... mais. Velarei por ti... de onde estiver. Estarei... sempre contigo.

Após essas palavras, Moa cerrou os olhos para não mais abri-los neste mundo. Debrucei-me sobre seu corpo a chorar convulsivamente; logo após, Aziz me retirou de perto do leito.

– Kambujiya, tua mãe se foi. Sê forte.

Olhei para minha mãe e percebi que a chama que a mantinha com vida desaparecera. Ali só estava um corpo inanimado. Enlouquecido, repassei o olhar em torno e deparei-me com Ciro, que acabava de entrar no aposento. Tentou dirigir-me algumas palavras de consolo, conquanto também estivesse abalado, mas não permiti. Roxana, minha esposa, que também chegava, tentou em vão consolar-me. Corri pela porta afora, desatinado, sem saber para onde ir. Desci as escadarias do palácio, onde o povo, que acabara de receber a notícia, aglomerava-se, e procurei o grande jardim, buscando um local deserto onde pudesse estar a sós com minha dor. Não queria ver ninguém.

E agora, o que seria de mim? Como sobreviver ao caos que a falta de minha mãe geraria em minha vida? A quem procurar nos momentos de tristeza, de dúvida, de sofrimento? Para quem pedir conselhos, contar as novidades da corte, falar de coisas triviais, mas tão importantes? A quem recorrer em meus terrores noturnos, em minhas crises? Somente ela conseguia expulsar meus demônios, acalmar-me e fazer-me voltar à tranqüilidade. O que fazer agora?

Por longas horas, ali permaneci, solitário, entregue à minha dor.

Até que a realidade me chamou, na pessoa de Aziz:

– Meu príncipe, dentro de alguns minutos irão se iniciar as primeiras cerimônias fúnebres em honra de nossa rainha, tua querida mãe. Os sacerdotes já chegaram. Tua presença é imprescindível.

Levantei-me com dificuldade, entendendo a importância da observação de Aziz. Sim, eu era o príncipe herdeiro e o protocolo estabelecia que eu precisava estar na cerimônia, marcando presença ao lado do rei e demonstrando fortaleza de ânimo diante do infausto acontecimento.

Limpei as lágrimas e, ajeitando as vestes, respirei fundo e acompanhei Aziz até o salão, onde os restos mortais de minha mãe estavam abertos à visitação pública.

A esposa esperava-me do lado de fora, para entrarmos juntos. Ciro chegou logo após, com seu séqüito. Imediatamente os sacerdotes iniciaram a cerimônia. Embora a aparência estivesse impassível, sentia-me demasiadamente desesperado para prestar atenção nas palavras dos religiosos. Quando dei por mim, tudo tinha acabado e os sacerdotes se afastavam, para voltar mais tarde, quando prosseguiriam as cerimônias religiosas.

Junto da esposa, encaminhei-me para nossos aposentos, onde desejava repousar um pouco. Estava exausto. Minha mulher começou a falar sem parar, comentando o comportamento das pessoas da corte, o que me incomodou. Enquanto ela falava, encaminhei-me para nosso jardim particular. Deixei-me cair num banco e ali permaneci recostado, tentando relaxar a mente. Contudo era difícil. As lembranças assomavam-me em torrente e, na tela da memória, revia as imagens do passado.

12

Mergulho no erro

Recordei-me da existência tranqüila, dos primeiros anos passados no deserto, o momento da partida da região de Anshan para Susa, e que, mesmo quando nos transferimos para Ecbátana, até certo ponto prosseguiu serena e feliz. Quando tudo teria se modificado? O que teria gerado essas transformações? Por meio de uma catarse íntima, rebusquei a memória tentando encontrar as razões ou os fatos que me tivessem levado à atual situação. E lembrei-me, então, dos primeiros tempos em que gozava a nova condição de príncipe herdeiro, das atividades desenvolvidas, dos amigos e companheiros de folguedos. As cenas desfilavam em minha tela mental como se estivessem acontecendo naquele instante. Como um espectador, notei que, com o passar dos anos, aos poucos deixei-me impregnar pelo ambiente do palácio, envolver-me pela bajulação das pessoas, que elogiavam minha destreza nos jogos e no manejo das armas, minha força física, o que desenvolveu dentro de mim imperfeições graves, como o orgulho e o egoísmo, e, como conseqüência das duas primeiras, das quais são irmãs, a vaidade e a ambição. Entrando na puberdade, à medida que o corpo se desenvolvia, com que imenso orgulho notava os primeiros fios de barba a surgir-me na face! Minha aparência parecia modificar-se, ganhando contornos novos, enquanto eu, inflado de soberba e vaidade, desfilava pelos salões do palácio. Pela via intuitiva, percebi que, ao deixar brotar em mim esses sentimentos, imperfeições que já existiam no íntimo, latentes, esperando época propícia para germinar, tornei-me mais frágil moralmente, conquanto mais forte em vigor físico.

Afastei-me dos amigos da infância, aqueles mesmos com quem dividia a vida simples e despojada do exílio em Anshan; companheiros que se ligavam a mim pelos laços do afeto e não do interesse, visto que, tanto quanto eu, também eles ignoravam nossa condição de foragidos.

E foi por essa época que comecei a ter pesadelos, não conseguindo dormir à noite. Sentia-me envolvido por seres maléficos que tentavam perturbar-me, destruindo-me a paz e a tranqüilidade. Vezes sem conta, altas horas da noite, dirigi-me aos aposentos de minha mãe, suplicando-lhe auxílio. Ela agasalhava-me em seus braços, orava a Ahura-Mazda, o senhor da luz, a meu benefício, e logo eu me sentia melhor. As sombras ameaçadoras se afastavam e eu voltava a adormecer.

Por intermédio dessa catarse, comecei a notar que – quanto mais eu me mostrava duro e cruel com as pessoas, áspero no trato e agia com maneiras desagradáveis; quanto mais mergulhava nos vícios, com o despertar da sexualidade, agora passando noites e noites em orgias – mais se acentuava o problema. Os pesadelos tornavam-se mais intensos, e Ahriman e os seres demoníacos tornavam-se mais presentes e mais fortes. Torturavam-me barbaramente, queimavam-me a pele, asfixiavam-me, espancavam-me a ponto de deixar-me fraco, entregue, sem ânimo para nada. Despertava no dia seguinte alquebrado, com o corpo todo dolorido, pálido e desfeito. Somente a presença de minha mãe conseguia acalmar meus íntimos padecimentos.

Com o passar do tempo, ganhando mais força, meus inimigos passaram a dominar-me os dias também. Eu os via chegar e enchiam-me de terror. Eram mulheres de aspecto apavorante, pálidas e com negras roupas esvoaçantes, que surgiam em bando. Com supremo horror, contemplava-lhes os peitos abertos, de onde os corações tinham sido arrancados e de onde o sangue gotejava ainda pelas feridas sangrentas; algumas delas traziam uma rosa rubra nas mãos. Ou eram jovens, meninas mesmo, que me apareciam como se tivessem tido seus corpos totalmente queimados, exalando um cheiro nauseabundo proveniente das carnes que se despegavam dos ossos. Mostravam cabeças nuas e fisionomias horripilantes, queimadas e cheias de bolhas. De outras vezes, eram homens descabelados, de olhos vermelhos e terríficos, que apenas grunhiam, mostrando bocarras abertas de onde as línguas tinham sido barbaramente extirpadas. E, conquanto não falassem, eu "ouvia" as suas vozes. Todos, os demônios masculinos e femininos, ameaçavam-me, torturavam-me, num vozerio infernal, levando-me às raias da loucura.[13] Sem poder resistir mais, eu caía no chão, a tremer e a estrebuchar, enquanto a língua se me enrolava e uma baba grossa e viscosa escorria-me pelos cantos da boca.

---

13. O personagem refere-se a "demônios masculinos e femininos", conforme se acreditava à época. A Doutrina Espírita ensina que não existem demônios, como seres criados para o mal, mas simplesmente espíritos endurecidos, vingativos ainda vinculados ao mal e que, algum dia, serão bons. Trata-se de personagens citados na obra *Romance de uma rainha*, da autoria espiritual de J.W. Rochester, psicografada por Wera Krijanowski e publicada pela Federação Espírita Brasileira. (N.M.)

A princípio, ninguém sabia o que estava acontecendo, qual seria meu problema. Como figura de grande projeção na corte de Ciro, fazendo parte da família imperial, esconderam minhas "crises", de modo que poucas pessoas souberam que eu não estava bem. Eu era o príncipe herdeiro, sucessor de Ciro, e os mais íntimos procuraram evitar que o povo, supersticioso, tomasse conhecimento do meu estado. Somente minha mãe conseguia sempre ajudar-me, fazendo com que eu retornasse à normalidade.

Ao readquirir a consciência, voltando dessas crises, sentia-me exausto e dormia por longas horas, assistido amorosamente por minha mãe e por minha esposa. Ao acordar, não me lembrava de nada.

Consultados vários herboristas, magos, entendidos em moléstias e religiosos do templo de Mitra, que estudavam medicina, nenhum deles conseguiu diagnosticar a enfermidade insidiosa que me consumia as forças e me tornava um ser inseguro. Apenas um deles, sacerdote de Ahura-Mazda, atreveu-se a sugerir que eu sofria da "doença maldita", isto é, era dominado por demônios. Este foi rechaçado pelos demais, e até humilhado pelos adversários, servidores do deus Mitra, por não poderem admitir que um príncipe real, descendente dos deuses, pudesse ser atingido por moléstia tão humilhante.

A par disso, meu coração se encheu de revolta. Por que comigo? Eu, que tinha tudo para ser feliz, que era belo e amado por todos, especialmente pelas mulheres que borboleteavam a meu redor, disputando-me as atenções e as honrarias? Eu, que seria o maior soberano que o mundo já tinha visto?

As idéias megalomaníacas só faziam aumentar a incidência das crises. A cada dia, tornava-me mais áspero, cruel e arrogante; os ataques de cólera faziam-me, não raro, mandar matar aqueles que me serviam, por motivos fúteis ou sem motivo algum, simplesmente por ter-me desagradado, escolhido o traje errado ou servir-me uma iguaria que não julgava boa o suficiente.

A falta de minha mãe, aquela que me fora um anjo tutelar na existência, gerava-me as maiores dificuldades. Agora que ela se fora, não tinha a quem recorrer a não ser aos escravos. Minha esposa, sem o apoio e a presença de minha genitora, que lhe dava forças, afastara-se de mim, temendo minhas crises, supersticiosa e infantil. Contudo, tal reação, natural e comum num povo ignorante e atrasado, decepcionara-me mais do que gostaria de admitir. No fundo, inseguros, não era só minha esposa que fugia, mas todos os que temiam minha presença, por desconhecer qual seria minha atitude diante de alguma situação nova, mesmo a mais corriqueira.

Passei a demonstrar desconfiança e rancor diante daqueles com quem convivia. Notava perigos por todos os lados e tinha reações estranhas.

Certa feita, reunido numa sala a conversar com amigos, ao olhar para um escravo que me trouxera bebida, senti-me envolver por uma intensa onda de ódio. Sem pensar, num impulso agarrei-o, encolerizado, gritando em altos brados:

– Como ousas entrar em meu palácio, traidor infame? Vais arrepender-te do que me fizeste. Guardas, prendei-o!

Meus amigos, e o próprio escravo, ficaram estupefatos.

– Não, meu senhor. Jamais te traí. Por que o faria? Piedade!

Os demais, apesar do medo que tinham de mim, tentaram ajudar o infeliz. Naquele exato momento, Aziz entrou na sala e, notando o ambiente estranho, discretamente indagou a alguém o que estava acontecendo. Informado, rapidamente dirigiu-se a mim, afirmando:

– Meu príncipe, este homem é Botijo, que sempre te foi fiel.

Irritado, como sempre acontecia ao ser contrariado, reagi:

– Pensas que me enganas? Este é o vil Hartatef, que me traiu e me aprisionou no Egito.

Aziz aproximou-se mais de mim e, com olhar terno e cheio de compaixão, murmurou ao meu ouvido:

– Meu senhor, nunca estiveste na terra dos faraós. Deve haver alguma outra explicação. Torna a ti e reage contra essas idéias estranhas.

Assim falando, colocou a mão em meu braço. Naquele momento, notei que algo se desprendeu de sua mão e correu pelo meu corpo como fagulha, envolvendo-me em inusitado bem-estar. Respirei fundo, sentindo-me melhor e tentando expulsar da mente aqueles pensamentos, embora não fosse fácil. Em breve voltei ao normal, continuando a conversar com os companheiros, como se nada tivesse acontecido.

O escravo, mais calmo e profundamente agradecido, olhou para o sábio Aziz e curvou-se diante dele, murmurando palavras de gratidão. O ancião sorriu e, discretamente, fez-lhe leve sinal para sair, ao que ele obedeceu incontinênti.

Fatos como esse passaram a acontecer com certa freqüência. Os mais chegados procuravam uma desculpa para minhas atitudes, e tudo era abafado. Em outras ocasiões, porém, eu ficava de tal modo violento que ninguém me podia impedir os atos de barbárie. Estava sempre a ver inimigos em toda parte, personagens que conhecera em outros tempos, dos quais guardava lembranças desagradáveis e nocivas, transferindo para a vida atual o ódio que ainda sentia deles.

Em relação à figura materna, sentia que era alguém muito querido, que reencontrara nesta existência e que viera para me amparar. Ao pensar nela, agora que não mais habitava o corpo físico, as imagens se misturavam. Ora eu a via com a aparência de minha mãe, ora como uma jovem magra e de olhos grandes e aveludados, que me servia água e comida num tipo de caverna rochosa, cheia de pó, onde havia muitas outras pessoas, que me pareciam escravas. De repente, eu caía no solo, meus olhos se cerravam e eu nunca mais a via, afastamento que me deixava desesperado, entregue a um profundo sofrimento e solidão, os mesmos sentimentos que experimentei ao perder minha mãe.

Assim, em minha mente doente, as imagens desta vida se misturavam com as de vidas anteriores, levando-me pouco a pouco à loucura.[14] No mais, levava vida até certo ponto normal.

Somente fui entender o que aconteceu comigo muito tempo depois, no Além-túmulo. Em virtude dos crimes praticados, gerara extensas e nocivas vibrações de ódio e rancor que se perpetuavam no tempo e no espaço. Na mente doentia, passado e presente se misturavam, pela sintonia com as fontes do mal e os seres que, sendo minhas vítimas, não me perdoaram pelas dores e sofrimentos que lhes causei. Mantivera-me ileso aos ataques das sombras enquanto pautara a vida pela boa conduta, sem causar e nem desejar o mal a outrem. Ao modificar-me para pior, minhas defesas foram por água abaixo, pelas brechas morais que me permitira, ligando-me novamente aos seres vingativos que só desejavam destruir-me.

Enquanto minha mãe esteve junto comigo, era meu refúgio e minha segurança, pela superioridade moral já conquistada, e que me mantinha sob sua tutela. Por isso, ao lado dela não sentia nada, todas as dores eram amenizadas e todas as sombras afastadas.

De outras vezes, deixava-me conduzir docilmente por pessoas que tinham ascendência sobre mim, nas quais confiava e das quais acatava as idéias com singular obediência, para perplexidade de todos os que conviviam comigo, incapazes de entender-me as reações.

---

14. À época, a ciência ainda não existia e as doenças eram desconhecidas. Cambises sofria de convulsões epileptóides e de doença mental catalogada pela medicina terrena como esquizofrenia. (Nota do Autor Espiritual)

13

Em busca de emoções

Certo dia, decidi sair a passeio pelas ruas da nossa capital; no fundo, desejava novas emoções, encontrar mulheres diferentes que me excitassem os sentidos. Já experimentara de tudo a que tinha acesso e sentia-me sedento de prazeres novos.

Tudo começara certa ocasião, numa tarde extraordinariamente quente, quando passava perto de um grupo de pessoas que conversavam, numa das salas do palácio, e ouvi alguém comentar que, em um dos bairros mais pobres da cidade, havia uma jovem de extraordinária beleza e que, não obstante pudesse escolher qualquer homem, jamais se interessara por ninguém. Até então, rejeitara sumariamente a todos os candidatos que haviam tentado aproximar-se dela. Essas informações estimularam-me a curiosidade e despertaram-me o interesse. Ordenei a dois homens da minha guarda pessoal, Rafiti e Malec, que fizessem averiguações e, depois, confiante em meu poder de sedução, para lá me dirigi com eles.

Vagando pelas ruas pobres, acabamos por nos perder. As vias públicas estavam desertas, sem viva alma. As pessoas do povo tinham medo de desconhecidos, especialmente cavaleiros, e se escondiam.

Estava para bater numa das miseráveis taperas e obter a informação que desejava, mesmo que precisasse usar a força, quando vi uma porta aberta, meio escondida entre a vegetação. Parei, desci do cavalo e entrei.

O ambiente era escuro e, num primeiro momento, tive dificuldade de enxergar, uma vez que viera da claridade do dia onde um sol forte e quente resplandecia no céu. Aos poucos, acostumando-me à penumbra, comecei a divisar o ambiente. A princípio, atingiu-me um cheiro forte de ervas, que dominava tudo. As paredes estavam cobertas por prateleiras onde se viam grande quantidade de potes de barro de tamanhos diversos, enfileirados; tufos de ervas amarradas com fibra de vegetal; corpos de animais que haviam passado por algum processo de conservação estavam expostos, secos, como se tivessem vida; no chão de terra batida, havia imensas ânforas de óleos aromáticos e tonéis de substâncias desconhecidas para mim; numa mesa, montes de rolos de papiros se aglomeravam. Muitas outras coisas havia naquele lugar, fazendo-me esquecer o que me levara até ali.

Estava assim, entretido a examinar o local, quando alguém pigarreou às minhas costas. Voltei-me. Contemplei o recém-chegado, surpreso. Ali estava o ser mais repulsivo que já tinha visto em toda a minha vida. Era quase um anão; baixo, corpo rotundo, pernas curtas e tortas e braços semelhantes a garras. A cabeleira, desgrenhada e suja, formava uma moldura condizente com o rosto pálido, o nariz adunco e os lábios finos na boca grande, que mais parecia uma fenda. Os pequenos olhos amarelados e perscrutadores de serpente me encheram de pavor. Parecia-me conhecê-lo, embora nunca o tivesse visto.

Entrara pela porta dos fundos, vindo do interior, e ensaiou um sorriso, tentando ser gentil, enquanto se inclinava numa reverência ligeira, ao mesmo tempo que, com voz rouquenha e sem expressão, dirigiu-se a mim:

– Desejas algo, senhor? Estou aqui para servir-te.

Seu tom de voz soou desagradável aos meus ouvidos. Como eu permanecesse calado, estupefato, ele levantou a cabeça, e, ao fazê-lo, sua expressão mudou de repente. Os pequenos olhos amarelados de serpente se arregalaram ao ver-me, lançando chispas, e a enorme boca em fenda se abriu ainda mais naquilo que pretendia fosse um sorriso, levemente irônico. Notei que estava surpreso, como se me tivesse reconhecido, o que me causou desagradável estranheza. No entanto, isso seria difícil, senão impossível, pois eu tivera o cuidado de vir trajado com vestes simples do povo, o mesmo acontecendo com meus homens. A menos que ele me tivesse visto desfilando junto com o exército, ao retornar de alguma campanha guerreira vitoriosa. Porém, nessa circunstância, eu estaria vestindo uniforme e não seria fácil reconhecer-me.

Percebendo que o silêncio se fizera longo demais e que ele aguardava, fitei o obsequioso herborista que me observava com ar interrogativo, esfregando as mãos nervosas, e expliquei-lhe a razão da minha presença:

– Estou à procura de certo endereço...

Sem deixar-me concluir a frase, ele zombou, sorrindo novamente, um riso que mais parecia uma careta.

– Sei o que desejas, meu senhor. Procuras encontrar certa jovem de peregrina beleza e invulgar encanto.

Fiquei um tanto irritado e, ao mesmo tempo, intrigado com sua atitude. Como ele soubera das minhas intenções?

– Tranqüiliza-te, senhor. Não tenho poderes de adivinho. É que grande parte dos cavaleiros que passam por aqui desejam a mesma coisa: encontrar a linda donzela – respondeu ele, parecendo ler-me o pensamento.

Ainda mais irritado do que já estava com a expressão do homenzinho, retruquei:

– Pois muito bem. Então, se sabes o que desejo, dá-me o que procuro. Pagar-te-ei regiamente.

Sem se preocupar com a pressa que eu demonstrava nem tampouco com minha irritação, ele prosseguiu com a mesma calma:

– Meu senhor, para obteres o que desejas necessitarás muito mais do que um endereço. Tenho aqui, em minha loja, tudo o que te poderá ser útil para conseguires o amor da bela jovem.

Minha exasperação chegava ao auge diante da petulância daquele feiticeiro. Indignado e soberbo, rosnei:

– Nada quero de ti a não ser o endereço solicitado.

Após fitar-me de maneira perscrutadora, ele afivelou novo sorriso na face e inclinou-se delicadamente. Depois, indicou-me o lugar que eu tanto desejava:

– Pois muito bem, senhor. Segue por esta rua. Na segunda travessa, vira à direita. É a terceira casa do lado esquerdo.

Sem agradecer, joguei-lhe com desprezo uma moeda aos pés e saí daquele pardieiro. Todavia, antes que tivesse tempo de montar em meu cavalo, os sons de uma flauta, que vinham de dentro da loja, atingiram-me os ouvidos. A melodia mexeu com minhas fibras mais profundas. Os sons pareciam entrar em minha cabeça, acordando emoções antigas e desconhecidas. Senti-me inebriado, e ligeiro torpor me acometeu. Contudo, lutei para readquirir meu equilíbrio, e, saindo daquele entorpecimento, montei, esporeando o cavalo, e afastamo-nos do lugar estranho e lúgubre.

Chegando ao endereço indicado, a casa estava fechada, vazia. Esperamos algum tempo, mas, como os moradores demorassem a voltar, decepcionado, resolvi retornar ao palácio. Resignei-me pensando que, agora que já sabia como e onde encontrá-la, poderia voltar em outra ocasião, ou mesmo mandar meus guardas buscá-la.

No palácio, demandei meus aposentos, inquieto e angustiado. O que estava acontecendo? Por que aquele homenzinho tivera o poder de me deixar tão desequilibrado e ansioso? E que música era aquela que me entrara pela cabeça e que mexera com meus nervos? Onde já ouvira aquela melodia?

Joguei-me no leito imerso em íntimas cogitações. Não conseguia parar de pensar no estranho anão. Desejava afastar o pensamento, para livrar-me do mal-estar, porém não conseguia. A imagem dele prosseguia em minha mente, e seus olhos de serpente como que me enfeitiçavam.

Acabei por adormecer. Imagens estranhas desfilaram-me na cabeça como lembranças de um outro lugar, de uma outra época. Vi um soberbo palácio, onde muitos escravos andavam de um lado para outro, calados. Um imenso jardim, escuro e cheio de plantas e árvores, circundava-o. De súbito, começou a soar uma melodia, tocada por mãos invisíveis, semelhante à que ouvira na loja, agitando-me o íntimo; ao mesmo tempo, odor delicioso de perfume se espalhava por todos os lugares. Conquanto inebriado, um grande peso atingia-me o peito; penosa sensação de esmagamento causava-me imensa dor. A respiração tornara-se difícil, asfixiando-me. Comecei a ver sangue, muito sangue, tudo estava mergulhado em sangue; no meio desse sangue que cobria tudo, divisei a figura do horrendo anão. Gritei apavorado. Acordei, gelado de medo, trêmulo, coberto por abundante suor, enquanto o coração batia descompassado, parecendo querer saltar do peito.

Relanceei em torno os olhos arregalados, temendo estar no malfadado palácio. Ao perceber o ambiente familiar de meu quarto, ao reconhecer-me em meu leito, respirei mais aliviado. Tinha sido apenas um sonho. Aos poucos, serenei, voltando à normalidade.

Todavia, o sonho fora tão real que eu sentia que já estivera lá. Tinha a convicção de que já vivera naquele belo palácio, onde crimes inauditos haviam ocorrido. Ao mesmo tempo, senti branda aragem refrescar-me a mente cansada, enquanto alguém murmurava em meus ouvidos:

– *Não te comprometas mais. Estás numa posição em que podes fazer muito bem. Evita mergulhar em novos crimes, pois só aumentarás teus sofrimentos. Aproveita a oportunidade que te foi concedida e planta o amor, ajudando aqueles a quem prejudicaste um dia. O momento é crucial em tua existência. Dependerá apenas de ti mesmo a ventura ou a infelicidade que recair sobre tua vida.*

Esfreguei os olhos e balancei a cabeça, expulsando as idéias incômodas que faziam questão de se aboletar em meu cérebro.

– Bah! Foi apenas um sonho. Nada mais do que isso.

Levantei-me de um pulo e deixei meus aposentos. Precisava resolver alguns assuntos que eram da minha competência. Ao mesmo tempo, lembrando-me da jovem que desejava conhecer, dei ordem aos dois guardas que me tinham acompanhado para buscá-la.

– Meu senhor, e se não a encontrarmos? – perguntou Rafiti, um deles.

– Trazei essa mulher. É uma ordem. Podeis gastar o tempo que for preciso, mas não retorneis sem ela, ou respondereis com a própria vida.

Rafiti e Malec saíram imediatamente para cumprir a ordem. Procurei Ciro na sala do trono. Precisava falar com ele. Como estivesse ocupado atendendo delegações de outros países, fiquei aguardando. Mas a paciência nunca foi meu forte. Cansei-me de esperar e fui procurar meus amigos.

Ao passar por um dos jardins do palácio, encontrei minha esposa. Desejava falar-me. Feliz, contou-me que estava grávida. A princípio, também me alegrei. Um novo príncipe ia nascer e era motivo de regozijo.

Conversamos um pouco. Quase não tínhamos oportunidade de ficar juntos, porque eu estava sempre ocupado, ora guerreando em terras distantes, ora na companhia dos amigos, em farras, caçadas e jogos.

Nisso, um de meus irmãos, Esmérdis, aproximou-se. Minha esposa já se levantava do banco para ir embora, quando tropeçou em pequena pedra. Meu irmão, que chegava, segurou-a a tempo, impedindo que caísse. Aquele simples gesto gerou idéias negativas em minha cabeça. Esmérdis pareceu-me gentil demais e delicado em excesso com minha esposa. Roxana levantou a cabeça e agradeceu-lhe, sorridente, uma atitude que seria normal em outras circunstâncias. Essa troca de olhares, no entanto, foi o suficiente para que me pusesse a pensar que havia alguma coisa entre ambos. Certamente seriam amantes e estariam me traindo.

Possessivo, deixei-me dominar pela ira. O ciúme passou a corroer-me as entranhas. Mente em desequilíbrio, daí foi um passo para inventar uma história. Remoendo os pensamentos, criava quadros mentais em que os via juntos no leito, entregues à paixão, trocando olhares lascivos, apaixonados, ou rindo de mim pelas costas. Sim, era isso! Por que, em todos aqueles anos ela nunca ficara grávida, e agora iria dar-me um herdeiro?

Com o coração tumultuado pelo ódio e pelo ciúme, fitei o irmão e perguntei:

– Afinal, a que vieste, irmão?

– Nosso pai te chama.

Demandei o interior do palácio com o peito e a mente em brasas; não me sentia em condições de falar com Ciro, porém um chamado do Imperador era uma ordem e precisava ser cumprida, mesmo que esse soberano fosse meu pai.

Encaminhando-me para a sala do trono, procurei acalmar o íntimo. Entrei. Ciro estava cercado apenas de seus assessores mais diretos, entre eles, Creso. Ao ver-me, fez sinal para que me aproximasse.

– Desejas falar comigo, senhor?

– Sim, meu filho. Viste as várias delegações que aqui se fizeram presentes hoje.

Concordei com um gesto de cabeça. Ele prosseguiu:

– Pois bem. Uma delas, a delegação da Média, trouxe-me inquietantes informações a respeito do que está acontecendo em uma região do seu país, ameaçado de ser invadido por tribos nômades da Ásia Central. É um povo pacato, sem poder e sem exército. Está sob nossa proteção, uma vez que a Média pertence aos nossos domínios. Isto significa que teremos de iniciar uma nova guerra. O que pensas disso?

– Penso que não podemos deixar de agir, socorrendo esse território. Estaremos confirmando nosso poderio, demonstrando que ninguém pode invadir nossos domínios impunemente. Estou à tua disposição, meu rei.

– Pois muito bem. Penso como tu. Aliás, precisamos mesmo colocar ponto final às invasões que desafiam nosso poderio. Fui informado de que uma dessas tribos atacou um povoado na fronteira da Pérsia.

Dirigindo-se a Creso, seu conselheiro mais próximo, ordenou:

– Manda uma convocação aos nossos generais. Teremos uma reunião amanhã, ao nascer do Sol.

– Sim, majestade.

Ciro colocou a mão em meu ombro e deixamos a sala a palestrar sobre o problema que surgia exigindo solução.

14

Nova guerra se anuncia

A Pérsia agora era um imenso império sob o comando do grande Ciro. Muitas vezes acompanhei meu Imperador em suas campanhas guerreiras. Ciro fazia questão de que eu participasse de seu séqüito nas expedições de conquista, para que pudesse praticar tudo o que aprendera na teoria sobre a arte da guerra.

Sentia-me feliz ao lado dele, e mergulhava com paixão nos combates, sentindo verdadeira volúpia à frente do sangue que se derramava aos borbotões, caindo de um peito aberto pela minha machadinha. De tal maneira me ligava às ações guerreiras que não sentia o mal-estar costumeiro, não era atacado pelas crises que tanto me afligiam e nem visitado pelos seres maléficos que temia. Talvez porque, como fosse um período de muita atividade, a mente estivesse ocupada com coisas diferentes.

Conquanto me sentisse satisfeito por um lado, por outro isso não me impedia de discordar de Ciro. Reconhecia-lhe o espírito guerreiro, o tino nas estratégias de combate, o grande líder da diplomacia nos acordos com os povos dominados, o carisma para lidar com todos.

Todavia, analisando as atitudes do Imperador, não concordava com muitas das suas ações. Achava-o extremamente benevolente e generoso para com os povos vencidos; concedia-lhes muito poder de decisão, permitindo que continuassem a gerir sua própria administração, não interferia em suas crenças, quaisquer que fossem, respeitando-as; não admitia saques de guerra, o que sempre fora prática usual entre os povos, após a vitória, segundo eu havia estudado com Aziz, meu mestre, durante nosso exílio em Anshan.

Ao ver-me mal-humorado, descontente, Ciro encontrava sempre uma oportunidade de dialogar comigo após a luta. Acendiam-se as fogueiras, cuidava-se dos feridos, recolhiam-se os mortos colocando-os em uma vala comum. Depois, enquanto eram preparadas as carnes para a comemoração e as bebidas corriam soltas, ele procurava-me. Nesse momento, a respiração mais tranqüila, relaxando as tensões, eu e ele nos sentávamos para descansar recuperando as energias gastas, aproveitando para conversar sobre o combate, as estratégias utilizadas, o que fora positivo ou o que poderia ser modificado, o comportamento dos soldados durante o combate, enfim, o clima que redundara na vitória.

Era o momento que eu utilizava para expor minhas idéias, entendendo ser essa sua intenção; desejava conhecer-me os pensamentos mais íntimos, verificar-me o aproveitamento. Em uma dessas ocasiões, o Imperador deixou-me falar sem interromper, anotando tudo mentalmente. Depois, argumentou à sua maneira:

– Meu filho Kambujiya, louvo tua acuidade e inteligência. Algum dia, tu serás meu sucessor e um grande rei. Todavia, não posso deixar de expor-te meu ponto de vista. Desagrada-te a maneira como me comporto em relação ao povo vencido. Acreditas que deveria permitir aos guerreiros fazer o saque nas cidades, enriquecendo-nos com o espólio de guerra. Entretanto, agindo com generosidade, percebo que ganhamos muito mais. Agradecidos, os povos vencidos nos cobrem de presentes e dádivas. Tornam-se nossos tributários e pagam uma parcela de tudo o que produzem, sentindo-se satisfeitos porque não se sentem humilhados; mantêm sua própria administração, com líderes locais; continuam a ter o direito de viver conforme desejam, sem interferência nossa. Asseguro-te, meu filho, que se sentem mais seguros e estão em melhor situação sob o controle de um governo forte, do que se fossem independentes, obrigados a lutar contra seus inimigos.

Ao que retruquei, impaciente:

– Compreendo-te o pensamento, meu Imperador e pai. Porém, ouso discordar, pois julgo que tanta liberalidade pode ser-nos nociva, se não temerária. Ao mostrar-lhes excessiva condescendência, poderão acreditar-nos fracos, o que acabará por despertar-lhes o desejo de serem livres.

– Ao contrário, Kambujiya. Somos fortes, invencíveis, e eles sabem disso. Não ignoram que podemos esmagá-los com nossas tropas, ao menor indício de levante. Entendem perfeitamente que essa condescendência de nossa parte não representa fraqueza, mas desejo de viver em harmonia com eles, numa relação em que o respeito recíproco é fundamental.

Compreendendo que seria incapaz de alterar-lhe o ponto de vista, procurei modificar o enfoque, prosseguindo em minhas observações:

– E quanto à liberdade de crença, meu senhor? Percebo que a generosidade do teu coração – jamais desmentida! – faz com que ajas com serenidade, acatando-lhes o modo de pensar, em detrimento da nossa fé. Se nossa religião é a melhor, por que não obrigá-los a segui-la? Não te parece que estaríamos sendo mais coerentes com nossas crenças e que Ahura-Mazda ficaria satisfeito conosco, beneficiando-nos de maneira especial, com colheitas mais fartas, mais paz e prosperidade?

Ciro respirou fundo, alisou a barba bem-tratada e respondeu com firmeza e seriedade:

– Julgas realmente que obrigar um povo a modificar suas crenças, abandonando a fé de seus ancestrais para aderir à nossa, seria o melhor, filho meu? Acreditas mesmo que tal atitude iria funcionar e que teríamos novos e fiéis adoradores de nossos deuses?

– Acredito que, pelo menos, eles teriam a oportunidade de conhecê-los!

– Não te enganes, meu querido filho. Poderíamos fazer adoradores de superfície, mas nunca de coração. Obrigados a seguir nossa fé religiosa, sentiriam rancor pelos nossos deuses e por nós, que os submetemos. Nunca, porém, no íntimo e em consciência, de onde origina toda a fé. E, em última análise, não é exatamente desse modo que trato o nosso povo, permitindo que continue a adorar a Mitra, deus do Sol, Anaita, a deusa da terra e da fertilidade, e Haoma, o deus-touro? Impeço que o povo se embriague com a haoma? Não! Porque as pessoas têm que perceber, por si mesmas, a verdadeira fé. Não prega Zaratustra que o dever do homem se resume em "fazer do inimigo, amigo; fazer do iníquo, justo; fazer do ignorante, instruído"? É o que tenho tentado colocar em prática.

Ciro fez uma pausa, analisando minha reação, depois de pensar um pouco, e prosseguiu:

– Kambujiya, filho meu, em minhas andanças pelo mundo, tenho observado que cada povo tem um pensamento próprio, coerente com o progresso alcançado. Percebo que, se os deuses são violentos e sanguinários, assim será o povo que os adora. Quando os deuses são sábios e benevolentes, também o povo é mais pacífico e ponderado.

Eu me calei. Não adiantava tentar expor-lhe minhas idéias, que ele não aceitaria. Respirei fundo, fitando-o, e concordei com ligeiro sorriso.

– Tens razão, meu pai. Além de poderoso, és um homem sábio. Tenho orgulho de ser teu filho. Glória e saúde ao Imperador!

Ele bateu em minhas costas, carinhoso e sorridente, sem imaginar os pensamentos que me passavam pela mente: "Algum dia, tu morrerás, meu pai, e chegará minha hora. Serei Imperador e, então, ninguém poderá impedir-me de agir como desejo".

E nossas conversas se repetiam ano após ano. Ciro raramente ficava na cidade, concedendo-se alguns períodos de descanso entre uma campanha e outra. Algumas vezes eu o acompanhava, outras, não. Sempre que nos reuníamos, porém, nossas conversas versavam sobre os mesmos assuntos, modificando-se apenas o enfoque dos temas.

Nesse mesmo dia, em que o Imperador recebera as delegações estrangeiras, dialogava com meu pai, assim como sempre fazíamos, sem conseguir convencê-lo das minhas idéias, quando um assessor veio avisá-lo de que tudo estava pronto para o banquete. Levantamo-nos e Ciro sorriu bem-humorado.

– Vem, meu filho. Vamos comer e beber, que bem o merecemos.

Entramos no imenso salão onde seria realizado o banquete. À luz das tochas, colocadas a espaços regulares em nichos nas paredes, podíamos abarcar com os olhos a decoração do salão, as pinturas no teto e nas paredes, os convidados que se espalhavam pelo amplo recinto. Os membros das delegações já estavam presentes e acomodados. Quando Ciro entrou, todos se ergueram, como mandava o protocolo. Dirigimo-nos para o lugar que nos estava reservado, e, com um sinal, o Imperador deu por iniciada a festa.

Os escravos entraram trazendo ânforas de bebida e rapidamente enchiam os copos dos convivas. Quantidade enorme de iguarias fora colocada em bandejas em imensa mesa baixa, em torno da qual se acomodaram os convidados, recostados em macias almofadas. Eram carnes de caça e aves, assadas no braseiro; cereais preparados ao gosto persa; cozidos de legumes e frutas variadas.

Ao centro, um grupo de belas bailarinas executava uma dança ao som de melodia tocada por escravos em seus instrumentos musicais.

Após o repasto, Ciro apresentou-me os membros das delegações ali presentes. Conversamos cordialmente, trocando idéias sobre assuntos de interesse dos países ali representados e estudando as possibilidades de comércio.

Dediquei atenção especial ao grupo dos medos, que solicitava nossa ajuda, procurando mais informações sobre a situação existente.

Jeovus, o chefe da delegação, mostrou sua inquietude quanto à segurança do seu país e dos seus habitantes, visto que havia perigo real de um ataque de tribos vizinhas, conforme mostravam as notícias colhidas por informantes leais, que ouviram comentários a esse respeito, misturados no anonimato da multidão.

– Como nosso povo ocupa uma faixa de fronteira nas montanhas, que interessa a essas tribos, facilmente nos destruirão. Por tradição, nosso povo é pacífico e ordeiro, ligado ao cultivo da terra e à criação de cabras – explicou Jeovus.

Outro membro da delegação comentou assustado:

– Exatamente porque nossos costumes e tradições são de um povo fraterno e hospitaleiro, observadores dos massagetas[15] têm sido vistos em nosso território; entram na cidade, anotam tudo o que vêem e tecem comentários não raro sob os vapores da bebida.

---

15. Massagetas, povo nômade de origem iraniana, que ameaçava a fronteira nordeste do Império Persa, entre o mar Cáspio e os Urais. (N.M.)

– Em razão disso – prosseguiu Jeovus –, nossa preocupação com a segurança do povo. Não temos exércitos nem armas em quantidade para reprimir um ataque. Confiamos que Ciro, o Imperador persa, sempre magnânimo e abençoado pelos deuses, possa nos proteger, uma vez que fazemos parte do seu império.

Alisando minha barba, ouvia suas palavras com atenção, ao mesmo tempo que, intimamente, tentava descobrir as vantagens da operação. Afinal, externei meu pensamento:

– Serenai vossos corações, valentes varões. Está marcada uma reunião para amanhã cedo com o alto-comando das forças persas. Somente depois poderemos ajuizar a melhor atitude a ser tomada. Estai certos, porém, de que Ciro tudo fará para proteger-vos.

Alegando cansaço, levantei-me, apresentando-lhes minhas despedidas e encaminhando-me para meus aposentos particulares.

O dia seguinte prenunciava grandes expectativas e eu precisava estar presente à reunião. Recolhi-me. Confesso que me ative mais em pensar na donzela que centralizava meus desejos na ocasião. Chamei Míria, a escrava que aguardava meu retorno.

– Rafiti e Malec já voltaram?

– Ainda não, meu senhor – respondeu delicadamente com uma reverência.

– Quando voltarem, eu quero ser informado. Seja a hora que for. Ouviste?

– Sim, meu senhor.

Após ajudar-me nos preparativos para dormir, ela saiu. Deitei-me. Nessa noite tive sonhos agitados, despertando perturbado e exausto.

Ao chegar ao local da reunião, todos ali já estavam. Acomodei-me e me pus a acompanhar as opiniões dos diversos chefes guerreiros e conselheiros do rei. Afinal, decidiram-se pela guerra contra as tribos que ameaçavam a Pérsia e a Média, especialmente os massagetas.

Em seguida, passaram a estudar o melhor trajeto a ser utilizado e tudo o mais que fosse necessário para o empreendimento. Eu, porém, não estava preocupado com a operação guerreira. Relanceando os olhos pela sala, em dado momento vi, atrás de uma colunata, um homem que me fazia sinais. Reconheci Rafiti. Disfarçadamente, aproximei-me dele, que me confidenciou:

– Senhor, trago-te novidades. Ela está aqui no palácio.

– Onde?

– Presa, senhor. Naquele lugar que sabes. Recusou-se terminantemente a nos acompanhar e não tivemos opção a não ser trazê-la amarrada.

– Ótimo. Mantende-a sob vigilância. Não quero que ninguém se aproxime dela. Assim que puder, irei vê-la.

Meu coração batia descompassado. Como um adolescente que tem seu primeiro amor, eu tremia de ansiedade. Mal acabou a reunião, os presentes se dispersaram e Ciro me chamou.

– Kambujiya, irás comigo.

Senti como se um tremendo golpe me atingisse a cabeça. Não, eu não poderia deixar a cidade naquele momento. O Imperador percebeu minha hesitação.

– O que houve? Parece-me que não ficaste contente por acompanhar-me nessa campanha, filho meu.

Coloquei meu melhor sorriso no rosto, ao mesmo tempo que, febrilmente, procurava pensar numa desculpa, e afinal respondi:

– Senhor meu rei! Louvo-te e agradeço-te a glória e a honra de te acompanhar em mais essa campanha que está para se iniciar. Sabes quanto me apraz seguir-te e aprender contigo. Todavia... Não sei se seria o momento de nos afastarmos ambos da capital, deixando-a em outras mãos. Sinto algo no ar, como que um perigo que se aproxima. Talvez seja uma premonição, não sei.

Ciro, que sempre fora um tanto supersticioso, indagou preocupado:

– Mas... O que sentes de concreto? Tiveste um aviso dos nossos deuses?

Intimamente, sorri satisfeito. Ele mordera a isca.

– Não chega a tanto, meu pai. É apenas uma estranha sensação de inquietude que me domina o coração. Além disso, minha esposa Roxana está prenhe e logo nosso filho irá nascer. Gostaria de permanecer aqui, se concordares e puderes dispensar-me.

Ciro respirou fundo, batendo em minhas costas cordialmente:

– Tens razão, meu filho. Bem pensado. Permanecerás na capital, enquanto comando nossos exércitos. Fico mais tranqüilo contigo aqui no trono, que será teu um dia. De qualquer modo, sanado o problema aqui ou numa eventualidade que surja, sempre poderás te reunir a mim, onde estivermos. De resto, é também uma bela oportunidade de exercício administrativo, como aquela em que foste governador da Babilônia, e na qual te saíste muito bem, provando que és realmente meu filho!

– Além disso, senhor meu pai, as obras da nova capital não prescindem de olhares atentos e de alguém que verifique os progressos realizados. Sabes bem como são indolentes esses trabalhadores.

– Muito bem lembrado, meu filho. As obras de Pasárgada[16] precisam de alguém que lhes imprima maior rapidez. Desejo que nossa futura capital seja concluída quanto antes. Mais uma razão

16. Pasárgada foi uma das capitais da antiga Pérsia. Atualmente é um sítio arqueológico na província de Fars, no Irã, e considerado Patrimônio Cultural da Humanidade pela Unesco. (N.M.)

para permaneceres aqui. Ah! Certifica-te de que os construtores tenham acrescentado, em meu mausoléu, as modificações sobre as quais já conversamos.

– Sim, meu pai. Podes ficar descansado. Ficarei atento.

Ciro colocou a mão em meu ombro com expressão séria:

– Confio em ti, meu filho.

Depois, como meu pai me dispensasse para cuidar de outros assuntos, agradecido beijei-lhe a mão direita, afastando-me. Respirava mais aliviado. A verdade é que, em hipótese nenhuma, sairia de Ecbátana nesse momento.

* * *

Desse dia em diante, iniciaram-se os preparativos para a partida. Verificavam-se os materiais bélicos, afiavam-se as armas, providenciavam-se os equipamentos de campanha, as tendas, os víveres, a água, que seria transportada em barricas, aprestavam-se os animais e tudo o mais necessário para um trajeto de longo curso.

15

Ligeiros dados históricos

Para entender os fatos em curso, faz-se necessário deslocarmo-nos, no tempo e no espaço, à época em que tudo começou.

Ciro 2º, o Grande, da Pérsia, fundador da Dinastia Aquemênida, era um príncipe com ascendência na casa real dos medos, povo que dominava o planalto iraniano. Astíages, seu avô, herdou do pai, Ciaxares (625-550 a.C.), o maior rei da Média, um extenso território, que compreendia a Pérsia, a Assíria e a Média.

Os povos medos e persas, habitantes do planalto iraniano, pertenciam ao grupo dos indo-europeus, que viviam nas estepes orientais do mar Cáspio e denominavam-se ários (isto é, nobres). Os povos medos estabeleceram-se na parte setentrional dos montes Zagros, próximo da Assíria, por volta do século 9º a.C. Eram de estatura elevada, valentes e bons cavaleiros. Dedicavam-se à agricultura e ao pastoreio. Trabalhavam vários metais, entre eles o ouro, o cobre, a prata, o bronze.

Astíages, sucessor de Ciaxares, recebendo a herança, resolveu gozar a vida. Diante do exemplo do Imperador, o povo abandonou a moral severa e a vida simples que levavam. A riqueza, conquistada muito rapidamente, subiu-lhes à cabeça, fazendo com que não a usassem com sabedoria e parcimônia. As classes altas passaram a ter gastos desmedidos com luxo, festas, roupas, e as mulheres não dispensavam cremes e jóias. Com a decadência dos valores morais, a justiça passou a ser desprezada.

Astíages, conforme relata o historiador Heródoto, desentendendo-se com seu mordomo, mandou matar-lhe o filho. Harpago, cheio de dor e revolta, manteve seu ódio pelo tirano através dos anos e vingou-se, muitos anos depois, ajudando Ciro, o brilhante rei da dependência meda de Anshan, na Pérsia, a depor Astíages, seu avô, déspota de Ecbátana, derrotando-o. Levado Astíages para julgamento, Ciro, generosamente, poupou-lhe a vida. Marchando para a capital da Média, Ecbátana, entrou como conquistador, e os próprios medos festejaram sua vitória, e sem maiores problemas receberam-no como o novo soberano. Por acordo, a posição entre os reinos se inverteu, e a Pérsia, que era submetida à Média, passou a ser senhora, preparando-se para dominar também todo o Oriente Próximo.

A parte ocidental da Anatólia era ocupada pelo reino da Lídia, ao qual estavam submetidas as colônias gregas da costa da Anatólia, cujo rei Creso (570-546 a.C.) conspirava contra a Pérsia. Sabendo disso, Ciro, com uma hábil estratégia, dominou a situação em virtude da maior resistência dos seus camelos, contra os quais a cavalaria adversária não podia lutar. As tropas lídias debandaram e o rei persa ocupou Sárdis, sua capital, depondo Creso, seu rei, em 546 a.C.

Humilhado, o rei lídio mandou erguer uma grande pira funerária, na qual subiu com a família, sua esposa e os filhos, e com os mais nobres sobreviventes do combate, ordenando aos servos que a acendessem. Não queria sobreviver à terrível derrota. Nos últimos momentos, arrependeu-se de tudo o que havia feito. Ciro, que era generoso, apiedou-se da tragédia de Creso e mandou apagar o fogo, levando o antigo rei lídio para a Pérsia e fazendo dele um de seus melhores e mais leais conselheiros.

Tendo conquistado a Lídia, não lhe foi difícil, mais tarde, dominar as cidades gregas, que resistiram durante vários anos, desde Cnido até o Helesponto, exceção feita a Mileto, que preservou sua independência por ter-se recusado a ajudar os outros estados gregos, seus irmãos.

Ambicioso e incontentável, Ciro lançou seus olhos sobre a Mesopotâmia, partindo para a conquista da Babilônia, a poderosa cidade que dominava toda a região entre os rios Tigre e Eufrates. Para isso, aproveitou-se da impopularidade de Nabonido, rei babilônio, que não se ocupava da administração do reino, deixando o governo e dedicando-se à arqueologia e à escavação das antiguidades da Suméria, enquanto seu reino se desfazia. O povo, mergulhado nos prazeres, abandonou as artes da guerra, e a desordem invadiu o exército; os homens de negócios partiram para atividades financistas com outros povos, esquecendo-se da pátria. Os sacerdotes usurparam todo o poder real, acumulando imensas riquezas nos templos, a tal ponto que o povo passou a rejeitá-los.

Era essa a situação que Ciro encontrou ao investir contra a Babilônia. Quando o rei persa aproximou-se da grande cidade com seu disciplinado e invencível exército, em fileiras intermináveis, causou viva impressão em seus habitantes. Aqueles que eram contra os sacerdotes coligaram-se e abriram-lhe as portas da cidade, recebendo-o como libertador.

Ciro, magnânimo por natureza, tinha uma postura diferente dos outros soberanos de sua época. Não saqueava as cidades, não destruía seus templos e, ao contrário, mostrava respeito pelos vencidos e por suas crenças. Os babilônios, que haviam resistido por tanto tempo, acalmaram-se quando lhe viram as nobres atitudes para preservar os templos babilônicos e honrar seus deuses. Após dominar a cidade (539 a.C.), o rei persa mandou preparar uma cerimônia em que ofereceu sacrifícios às divindades locais, e consagrou-se rei no templo de Marduk, o que o tornou simpático e confiável aos vencidos.

Líder carismático, destacava-se invariavelmente por sua generosidade perante os vencidos, gerando gratidão e lealdade dos povos. Foi o que aconteceu também com os judeus. Conforme registram os textos bíblicos, Isaías profetiza afirmando que a Pérsia será o instrumento da libertação dos judeus. Ciro é invencível; tomará a Babilônia e os libertará. Teria o rei persa recebido uma mensagem de origem divina que o ordenava a enviar de volta à Palestina todos os judeus cativos que viviam na Babilônia, o que se confirmou por meio de uma famosa declaração de Ciro que, em 537 a.C., autorizava os judeus a regressarem à Judéia, terminando com o período do Cativeiro Babilônico, iniciado quando Nabucodonosor tomou Jerusalém, queimou toda a cidade, destruiu o Templo de Salomão e levou para a Babilônia, como escravos, toda a população da cidade.

Ciro restituiu aos judeus o que restara dos tesouros públicos que Nabucodonosor saqueara do Templo de Salomão e ordenou que as comunidades em que viviam os judeus lhes fornecessem recursos para a grande viagem de retorno à pátria distante.

Apesar de seu gesto generoso, certamente Ciro decepcionou os judeus com sua maneira diferente de ser. Os cativos, incontentáveis, desejavam mais. Esperavam que o conquistador destruísse a cidade que os mantivera escravos, mas, ao contrário, ele havia respeitado os babilônios e suas crenças, deixando os judeus indignados, embora agradecidos.

Ciro só teve a ganhar com sua magnanimidade. A Palestina, situada em posição estratégica nas rotas comerciais do Egito, ficou guarnecida por um povo agradecido ao soberano persa e disposto a defendê-lo.

Esse episódio da tomada da Babilônia ainda lhe rendeu a lealdade dos fenícios, povo hábil na arte da navegação, respeitado e admirado por todo o mundo conhecido e que viria a se constituir na base da marinha persa, anos depois, tornando-se fator decisivo na ação pelas conquistas na Trácia e nas guerras contra os gregos.

Era essa a situação política no momento em que transcorre a nossa história.

16

Reencontro

Aliviado por convencer o Imperador a deixar-me permanecer em Ecbátana, seguido por Rafiti caminhei pelo palácio atravessando salas e galerias, corredores e terraços, até descer uma escadaria que conduzia a um pátio. Dentre as inúmeras portas que davam para esse pátio, parei diante de uma maior e mais pesada. Rafiti retirou da algibeira uma chave e a colocou na fechadura, destravando-a. A porta se abriu rangendo nos gonzos. Em seguida, entramos, e ela se fechou novamente, após o que Rafiti guardou cuidadosamente a chave. Respirei fundo e caminhei pelo corredor que se me deparava. Cerca de duzentos passos adiante, descemos uma escadaria em caracol, chegando a outro corredor com portas de ambos os lados.

Diante de uma delas, aguardava-nos Malec.

– Como está ela? – indaguei.

– Mais calma, senhor.

– Muito bem. Abre a porta, Malec. Ambos deverão aguardar-me aqui.

Peguei uma tocha que ele me entregou e, com o coração disparado, entrei. Era uma cela limpa; como mobiliário, havia apenas um leito, uma pequena mesa sobre a qual fora colocada uma candeia de azeite e um banco tosco de madeira. No ar, um cheiro de umidade e mofo, pela falta de sol. Num canto, espremida contra a parede, de cócoras, eu a vi tremendo de medo.

Dirigi-me a ela com voz mansa, tentando tranqüilizá-la:

– Nada temas, linda donzela. Não te farei mal algum. Ansiava apenas conhecer-te e, como te recusaste a vir, meus homens foram obrigados a trazer-te contra tua vontade. Peço-te desculpas pela grosseria deles.

Puxei o banco e sentei-me, desejando parecer descontraído, enquanto a observava disfarçadamente.

– Como te chamas?

– Neila – respondeu em voz baixa depois de alguns segundos.

– Aproxima-te, Neila. Não tenhas receio. Vamos conversar.

A jovem pareceu pensar por alguns segundos, depois, decidindo-se, ergueu-se lentamente e deu dois passos em minha direção.

Ergui os olhos e só então, à luz do archote, vi seu rosto. Ela estava toda desarrumada, as roupas em frangalhos, a cabeleira em desalinho; seu porte, porém, era elegante e os braços, roliços e bem torneados, terminavam em delicadas mãos. Seu peito arfava, de medo e raiva com certeza, e o colo que surgia sob o decote da blusa mostrava uma pele lisa e veludosa. Cheio de emoção, fitei o pescoço fino e longo que se abria qual uma flor, numa cabeça soberba, cujo semblante era lindo. Na pele perfeita e delicada, branca como leite, a boca surgia rosada, carnuda e bem-feita; o nariz era pequeno, e os olhos dois lagos de um verde profundo, que longos cílios tentavam esconder; tudo isso cercado por uma moldura de cabelos vermelhos e sedosos, cujos cachos caíam-lhe pelos ombros.

Prendi a respiração. A emoção era tanta que eu não conseguia falar. Naquele momento, difícil definir as sensações que me tomavam de assalto. Um sentimento de vitória por tê-la ali, um imenso prazer pela sua presença, mas também um misto de repulsa e desejo de fazê-la sofrer, agora que a tinha sob meu poder.

Mas, por quê?... Parecia-me que semelhantes sentimentos eram muito antigos e longamente acalentados, como se eu a houvesse conhecido antes. No entanto, jamais a tinha visto! Como conciliar essas sensações?

De repente, notei que a jovem caía a meus pés, súplice:

– Senhor, pelos deuses, liberta-me. Sou apenas uma donzela do povo, de família paupérrima, e que só deseja sua liberdade. Piedade, meu senhor!

Sua voz, que eu ouvia pela primeira vez, agitou-me as fibras mais profundas. Coisa estranha! Vê-la a meus pés, suplicante, enquanto lágrimas corriam de seus lindos olhos, causava-me incontida satisfação. Tomando de sua mão, eu falei, afinal:

– Levanta-te, minha bela. Comigo terás tudo o que nunca tiveste: presentes, roupas luxuosas, jóias, tudo. Viverás cercada de escravos cuja única obrigação será satisfazer todas as tuas vontades. Vem comigo. Esta cela é indigna de ti. A partir deste instante viverás na opulência.

– Senhor, misericórdia! Não sou só. Meu pai, velho e doente, precisa de mim. Deixa-me cuidar dele. Não temos nada. Ser livre é nosso único bem! Piedade, senhor!

– Jamais! A única coisa que não poderei conceder-te é a liberdade. Mas não te preocupes, minha bela. Teu pai será bem tratado e terá tudo o que precisa. Acompanha-me.

De repente, notei em seus olhos um brilho rancoroso e vingativo, conquanto fugaz. Era como se os verdes lagos tivessem sido agitados por uma tempestade. No momento seguinte, a expressão havia mudado, voltando à calmaria.

Por certo me enganei, pensei, enquanto batia na porta, que logo se abriu.

– Leva-a para as acomodações que conheces. Mais tarde irei vê-la – ordenei a Rafiti.

Saímos. Chegando ao pátio, tomei o caminho de meus próprios aposentos, enquanto meus guardas a acompanhavam rumo a uma nova vida.

Depois de algumas horas – dando o tempo necessário para que a preparassem devidamente –, encaminhei-me para as régias instalações que mandara preparar especialmente para ela. Levantei a cortina e Neila surgiu mais bela do que nunca. As escravas a haviam banhado e perfumado; vestia um magnífico traje verde-água que lhe realçava a cor dos olhos; a bela cabeleira de fogo fora penteada e trançada com mimosas flores. Jóias e adereços contornavam-lhe o alvo pescoço e os braços, tornando-a ainda mais linda.

Ordenei que ela se sentasse em macios coxins, no que a acompanhei. Bati palmas e, com um gesto, ordenei que nos servissem. A prisioneira mantinha-se calada e melancólica.

A um ligeiro sinal, duas bailarinas puseram-se a dançar ao som de instrumentos tocados por eunucos. Em seguida, escravas aproximaram-se trazendo bandejas com carnes frias, frutas diversas, ao natural e açucaradas, e bebida. Ela mal tocou nas iguarias; comeu apenas uma tâmara e bebeu um pouco.

Após algum tempo a seu lado, tentando conversar e ouvindo apenas monossílabos em resposta, percebi que estava cansada. Resolvi deixá-la repousar. Levantei-me e ela me acompanhou.

– Neila, descansa. Foi um dia estafante para ti. Amanhã voltaremos a nos ver. Se desejares alguma coisa, qualquer coisa, não hesita em pedir; os escravos têm ordem para satisfazer-te todas as vontades. Que os deuses te propiciem bons sonhos.

Ela inclinou-se, calada, e eu saí, buscando meus aposentos. Era tarde e sentia-me exausto. Precisava repousar também. Pensar em tudo o que acontecera, colocar meus sentimentos em ordem.

Naquela noite voltei a ter pesadelos terríveis, sonhando com aqueles seres demoníacos que tanto me perturbavam. Despertei no dia seguinte cansado e com o corpo todo dolorido, como se tivesse sido torturado.

Por alguns dias não pude ver Neila. O Imperador requisitava-me a presença a todo instante, em virtude dos preparativos para a partida. Queria saber minha opinião sobre esse ou aquele assunto, dava-me tarefas que ele julgava importantes e que só eu poderia executar. Colocava-me a par de assuntos pendentes, cuja solução ficaria sob minha responsabilidade. Tudo isso me impedia de ver minha bela cativa. Contudo, saber que em poucos dias ficaria livre, sozinho, dono de meus atos e da minha vontade, fazia-me criar ânimo novo e, por isso, obedecia às exigências de meu pai com atenção e devotamento.

* * *

Era sempre um espetáculo digno de nota a partida do exército persa. Um ambiente de euforia e entusiasmo tomava conta do povo. Uma multidão se aglomerava para ver a apresentação pública da imponência e do luxo do Imperador, seguido da guarda imperial, com os pelotões formados pelos descendentes das mais ilustres famílias do reino; os soldados simetricamente postados em fileiras; os artefatos de combate, os animais, as carroças com gêneros alimentícios e tudo o mais que pudessem precisar numa viagem de longo curso. Tudo isso ao som de tambores que marcavam a cadência dos passos da soldadesca. As bandeiras desfraldadas, os símbolos do império persa reluzindo ao sol, produziam verdadeiro frenesi na multidão, que aplaudia aos brados de vitória.

Quando tudo já estava em ordem, cada qual no seu lugar, preparados para a partida, só então surgiu Ciro, no cume das escadarias do palácio imperial, encaminhando-se com passos firmes para seu posto no comando das tropas, sob a ovação frenética do povo, que delirava de entusiasmo. E, então, a imensa caravana pôs-se em marcha.

Por algum tempo ainda, parte do povo os seguiu com entusiasmo depois de deixarem a cidade, talvez com a sensação de que, naquele momento, também fazia parte do exército. Depois, as pessoas retornaram aos poucos, cansadas, mas satisfeitas com o espetáculo que viram e do qual participaram.

Ecbátana voltava à vida normal, tranqüila e morna.

Com imperceptível suspiro de alívio, girei nos calcanhares ao ver o exército desaparecer ao longe. Estufei o peito e caminhei para o interior do palácio.

Agora, eu sou o Imperador, pensava, enquanto o orgulho inundava-me o coração e dominava-me a mente. Reconhecia-me o mais poderoso soberano do mundo. Ninguém poderia contestar-me a vontade e as ordens.

Roxana, minha esposa, aproximou-se desejando falar comigo. Todavia, eu não suportava sua presença. A gravidez, que já aparecia nos contornos do ventre, incomodava-me.

– Impossível. Tenho assuntos urgentes a resolver. Agora, sou o Imperador! – respondi cheio de soberba.

Passei por ela sem ao menos dignar-me lançar-lhe um olhar. O ódio consumia-me por dentro. "Não aceitarei um rebento bastardo", pensei com ódio, enquanto meus passos fortes ressoavam no piso de mármore.

Os ministros e conselheiros cercaram-me, cada um desejando expor seus problemas e dificuldades nas áreas que lhes estavam afetas. Com um gesto enérgico ordenei que se calassem:

– Amanhã resolveremos todas as pendências. Não estou com cabeça para trabalhar. Agora tenho outros assuntos a resolver.

Dei-lhes as costas e caminhei para os meus aposentos, satisfeito comigo mesmo. Eles dispersaram-se frustrados, mas sem contradizer-me, certamente ruminando que assuntos seriam esses que eu precisava solucionar e que eram mais importantes que as pendências de governo.

Com um toque da campainha chamei meus guardas.

– Quero notícias da prisioneira. Como está ela?

– Rebelde como sempre, meu senhor.

– Ótimo! Dobrarei seu orgulho e curvarei sua espinha. Aquela fronte altiva terá que me receber como desejo e mereço.

Caminhei pelas galerias até chegar diante de determinada porta. Tirei a chave das dobras do manto, coloquei-a na fechadura e entrei.

Eu a instalara luxuosamente. Os aposentos que lhe foram destinados eram dignos de uma rainha, alegres e bem decorados. Grande porta aberta dava acesso a um terraço repleto de arbustos, plantas exóticas, flores coloridas e perfumadas. Trepadeiras floridas subiam graciosamente pelas paredes, entranhando-se pelos vãos das janelas e pelo balaústre, enfeitando e colorindo o local. Bancos de mármore postavam-se em lugares reservados, servindo para o descanso e a meditação. Num desses bancos, eu a vi. Recostava-se, escondendo o rosto com o braço. As vestes brancas caíam-lhe molemente pelo corpo, marcando-lhe os contornos voluptuosos; uma abertura na manga permitia ver-lhe o braço roliço de pele alva e cetinosa, que lhe sustentava a cabeça, enquanto a massa de cabelos incandescentes espalhava-se ao redor do seu corpo.

Aproximei-me com o coração aos saltos. Desejei tomá-la em meus braços e aconchegá-la ao peito. No entanto, algo me tolhia. Um misto de amor e ódio, de sedução e repúdio me deixava incapaz de agir.

Ao perceber a presença de alguém, ela se assustou. Ergueu a cabeça rápido. Ao reconhecer-me, expressão de desprezo e desgosto surgiu em seu rosto.

– Oh, senhor! – exclamou com olhos flamejantes.

– Perdoa-me, Neila. Não quis perturbar-te o recolhimento.

Ela levantou-se, erguendo a fronte altiva e bela. O corpo tremia de indignação e raiva. Interrogou-me com voz contida:

– O que desejas? Já não basta me manteres confinada nesta gaiola de luxo? Devo também ser obrigada a suportar-te a presença?

O sangue subiu-me à cabeça, colorindo-me as feições. De olhos injetados, reagi:

– Pois quê! Tu ousas desafiar-me, criatura insolente? Sabes que posso destruir-te com um simples estalar de dedos? Sou o soberano do império persa, imenso e invencível. Se não me respeitares por bem, dobrar-te-ei com o uso da força.

Neila fitou-me com ar irônico:

– Bem típico de ti. A força é o argumento dos fracos. A verdadeira coragem dispensa violência. Convence.

Sua resposta perturbou-me. Incapaz de revidar à altura, virei nos calcanhares e afastei-me bufando.

– Veremos quem é o fraco.

Inacreditável! Verdadeiramente insuportável! Ela era minha prisioneira! No entanto, por que me sentia tão singularmente humilhado perante ela?...

Nesse momento, mais do que nunca, senti-me atraído pela prisioneira, ao mesmo tempo em que a rejeitava. Tinha gana de matá-la com minhas próprias mãos, bem devagarzinho, para vê-la sofrer. Na mesma hora, desejava cobri-la de beijos, vendo-a sem defesa em meus braços.

Rodei nos calcanhares, com o rosto em fogo, voltando para meus aposentos sem saber que atitude tomar. Deixei-me cair sobre as almofadas e ali permaneci, pensativo. Não saberia definir o sentimento que me dominava. Aos poucos, relaxei o corpo e fechei os olhos. De repente, sentei-me, confuso. Do mais fundo do meu ser, uma sensação doentia de medo começou a se apossar de mim.

Medo? Que absurdo! Por que teria medo de uma prisioneira, de alguém incapacitada de me fazer qualquer mal? No entanto, o sentimento lá estava e permanecia crescendo em meu íntimo. Do mais recôndito do meu ser, sentia como se ela já me tivesse prejudicado, traído, levando-me à desonra e à destruição.

Esses pensamentos, liberados pela presença de alguém que conhecera no passado, torturavam-me a mente. Após algumas horas, exausto, acabei adormecendo.

Despertei no dia seguinte sentindo-me diferente. Os receios da noite anterior haviam desaparecido. As servas se aproximaram para ajudar-me a trocar de roupa. Trouxeram-me a refeição matinal e comi com prazer.

Assim alimentado, comecei a ver tudo com outros olhos.

Bobagem! Que receio deveria sentir de uma reles prisioneira, que eu poderia destruir no momento que quisesse?

Após vestir-me convenientemente, como exigia o protocolo, caminhei até a sala do trono. Precisava resolver as questões da administração, que seriam levantadas pelos ministros e conselheiros do reino.

Mais tarde, decidiria minha pendência com Neila. Ela que me aguardasse.

17
Consciência culpada

Enquanto o exército persa avançava, aclamado e homenageado em todos os lugares por onde passava, eu cumpria com dificuldades o meu papel de Imperador. A administração do reino não era o meu forte. Achava tais atividades medíocres e monótonas.

Portanto, era sempre com má vontade e tédio, dificilmente disfarçados, que me reunia na sala do trono para resolver os problemas de governo, fazer justiça, decidir as questões mais graves trazidas pelos ministros e conselheiros, receber as delegações de países estrangeiros, e tudo o mais que fazia parte de minhas obrigações como soberano. Demonstrando compreender meu estado de espírito, os assessores evitavam incomodar-me com problemas de pequena monta, temendo-me o mau humor e as reações intempestivas.

Sempre gostei de ação, das estratégias de guerra, de participar dos combates. Agradava-me matar e sentia verdadeira volúpia ao ver o sangue quente escorrendo de uma ferida aberta. Agora, contudo, só pensava na prisioneira. Desejava estar com ela o maior tempo possível. Para minha frustração, no entanto, diante dela sentia-me tolhido. Queria submetê-la aos meus desejos, mas um estranho respeito continha-me os arroubos de homem no vigor da masculinidade. Então, inseguro, acabava por afastar-me de Neila, deixando-a em paz.

Intimamente, não compreendia minhas atitudes e, à distância dela, recriminava minha conduta. Os sentimentos de orgulho ferido, de dignidade espezinhada, de singular humilhação perante a própria consciência, levavam-me a querer machucá-la, torturá-la, vê-la sofrer e chorar a meus pés. Vencida. Entregue. Mentalmente, via-me, não raro, enterrando o punhal em seu peito, antegozando o prazer de contemplá-la a sangrar até a morte.

Tais pensamentos causavam-me verdadeiro horror e procurava afugentá-los, sem entender as razões de semelhantes idéias que me brotavam do íntimo. No dia seguinte, retornava a seus aposentos como se nada tivesse acontecido, e tudo continuava do mesmo jeito.

Certo dia, cheguei sem avisar, em horário não habitual. Levantei o reposteiro da sala cheio de ansiedade por vê-la, e estranhei sua aparência pálida, triste; percebi vestígios de lágrimas em sua bela face. Esperei que ela reclamasse ou fizesse uma de suas cenas, mas Neila conservou-se calada. Tomava a sua primeira refeição e sentei-me num coxim a participar com satisfação daquele momento. Naquela manhã não me desafiou nem se dirigiu a mim com arrogância, provocando-me. O que teria acontecido? Observei-a por alguns minutos, mordiscando pequeno cacho de uvas, depois indaguei, sem conter por mais tempo a curiosidade:

– Estás diferente hoje. Algo te aflige, bela Neila?

Preparei-me para vê-la jogar-me no rosto sua situação de escrava, cobrir-me de insultos, como habitualmente fazia. Porém, ela suspirou e seus belos olhos verdes se encheram de lágrimas que não chegaram a cair. Depois, confessou:

– Tive um sonho esta noite, meu senhor, que me deixou deveras preocupada.

– Pois me conta o que sonhaste, a ponto de deixar-te tão aflita. Se puder ajudar-te, tudo farei que esteja ao meu alcance. Menos conceder-te a liberdade, por certo.

Julguei que iria se rebelar contra essas palavras que lhe lembravam a condição de cativa, tema proibido em nossas conversações. Contudo, com a expressão mais dócil e humilde que eu jamais vira em seu rosto, relatou-me:

– Meu senhor, sonhei que chegava a minha casa e tudo estava escuro e triste. Abri a porta, feliz por estar de volta e ansiosa por rever meu velho e querido pai. Chamei-o por várias vezes, no entanto ele não respondeu ao meu chamado. Inquieta, procurei-o pela casa e o encontrei caído no chão do quarto que eu ocupara desde a meninice. Estava emagrecido, pálido e extremamente fraco. Então eu lhe disse: meu pai! O que aconteceu contigo? Por que estás tão fraco? Acaso adoeceste? Ele abriu os olhos e, ao me ver, encheu-se de alegria. Depois respondeu: Estou doente, filha, pela tua ausência, ralado de dor pela tua falta e pela solidão à qual fui relegado. Tu me abandonaste e morro à míngua, enfermo e sem coragem de pedir ajuda a quem quer que seja.

Ao relembrar o sonho, as imagens surgiram em sua tela mental como se fossem reais, e Neila, emocionada, pôs-se a chorar sentidamente.

Só então me lembrei! Ao trazê-la para o palácio, tinha prometido cuidar de seu pai velho e doente. Esquecera-me por completo desse detalhe, que, aliás, não pretendia cumprir. Ela levantou a fronte e pude ver o desespero nos olhos que me fitavam.

– Meu senhor, tu prometeste que meu pai não ficaria desamparado. Por piedade, senhor, socorre-o. Temo pela vida do pai a quem tanto amo. Da nossa família, só restamos nós dois. Não temos mais ninguém a quem recorrer. Por piedade, senhor!

Não desejando mostrar indiferença ante sua situação familiar, procurei serenar-lhe o ânimo, afirmando:

– Por certo estás equivocada, minha bela Neila. Foi apenas um sonho e nada mais. Acalma-te. Dei ordens expressas para que teu pai fosse amparado. Se minhas ordens não estiverem sendo cumpridas, o responsável pagará caro pela desobediência.

Mais tranqüila, Neila enxugou as lágrimas, lançando-me olhar meigo e agradecido.

– Obrigada, senhor.

Enlevado por seu olhar, naquele instante percebi que estava tentando conquistá-la por métodos errados. Deveria mudar de tática. Imediatamente, assegurei-lhe:

– Vou verificar pessoalmente o que está acontecendo e se teu sonho tem procedência. Asserena teu coração, minha deusa, e aguarda notícias minhas.

Ela ajoelhou-se e tomando-me a mão depositou ali um beijo de gratidão. Senti-me cheio de alegria com este simples gesto.

Saindo de seus aposentos, já havia arquitetado um plano para convencer a prisioneira de minhas boas intenções. Reuni os dois fiéis componentes da minha guarda pessoal, Malec e Rafiti, e ordenei:

– Ao entardecer, Ramendi deverá ser levado aos aposentos da prisioneira. Depois, como de hábito, serão tomadas as providências necessárias. Entendestes?

Após assegurar-me de que haviam compreendido minhas ordens, prossegui satisfeito pelos corredores do palácio até a sala do trono, onde era aguardado para a reunião de costume. Pelo resto da manhã julguei alguns processos, condenei à morte dois comerciantes pelo crime de terem lesado outras pessoas, resolvi uma pendência de partilha de bens, entre outras coisas. Depois, dirigi-me à minha sala de trabalho, onde me esperavam Ciaxares e outro conselheiro com diversos documentos de urgência, que eu deveria assinar. Reconheci-me exausto por tantas atividades a que não estava habituado e que ocuparam toda a manhã, mas satisfeito, especialmente quando me lembrava do olhar doce e humilde com que a prisioneira me brindara.

Após a refeição, chamei meus leais guardas e, entregando-lhes uma pequena bolsa com moedas, ordenei que procurassem o pai de Neila e cuidassem dele, verificando se estava tudo em ordem e suprindo-o do que fosse necessário. Que levassem uma escrava e a deixassem a serviço do velho, com ordem de mandar notícias a cada sete dias.

Mais satisfeito ainda comigo mesmo, sentindo-me verdadeiramente generoso, desfrutei uma boa parte da tarde. Quando o sol descia no horizonte, encaminhei-me para os aposentos da prisioneira. Neila não me aguardava senão no dia seguinte. Ao ver-me, porém, seus olhos brilharam e recebeu-me cheia de júbilo.

"Ó dia abençoado pelos deuses! Que as dádivas do eterno continuem a cair sobre mim!", pensei.

Mal nos acomodamos nos coxins, as escravas nos circundaram, procurando tornar nossos momentos especialmente agradáveis. A música ecoou no ambiente, suave e ao mesmo tempo envolvente, enquanto outras servas nos ofereciam bebidas, frutas e guloseimas.

Neila continha com dificuldade a impaciência, e eu agia como se nada percebesse. Conversamos, comemos tâmaras e uvas e bebemos. Às primeiras sombras da noite, quando os eunucos acenderam as tochas, ouviu-se um rumor vindo de fora. Logo, um escravo anunciou a chegada dos meus guardas, que pediam para falar com o Imperador. Com um gesto, ordenei que entrassem.

Rafiti e Malec, acompanhados por Ramendi, levantaram o reposteiro da sala onde estávamos, e, após entrar, permaneceram a uma distância protocolar, em pé, aguardando. Acabei de mordiscar um bago de uva, levei a caneca aos lábios, tomei um gole, depois coloquei a caneca na mesinha ao lado. Limpei a boca e, somente então, dignei-me olhar para o trio parado à nossa frente.

Ramendi, também membro da minha guarda pessoal, aguardava tranqüilo, julgando que os três fossem ser encarregados de alguma missão importante.

– Tinhas razão, minha bela, em estar preocupada. Os deuses, em sonho, revelaram-te a verdade – considerei, dirigindo-me a Neila.

Em seguida, voltei o olhar novamente para meus guardas:

– Com que então, Ramendi era o encarregado de atender ao pobre homem?

Assustado, percebendo ameaça em minha voz, ele gaguejou:

– Senhor, não sei a quem te referes. Deve haver algum engano.

– Cala-te, miserável! Como ousas contestar minhas palavras? – bradei, enérgico.

– Mas, senhor...

– Por tua displicência o pobre homem quase morreu. És culpado, sim! Mas teu crime não ficará impune. Pagarás pela tua falta de responsabilidade. Recebeste ordens que não cumpriste e para ti não há perdão.

Apavorado, Ramendi transpirava e tremia, ao mesmo tempo que seus olhos injetados fitavam-me, compreendendo sua sina.

– Piedade, senhor! Piedade! Não sei a que te referes! Poupa-me a vida! Tenho mulher e filhos que dependem de mim. Misericórdia, senhor!

Ajoelhara-se, inclinando a cabeça até o chão, em lágrimas.

Nesse momento, fiz leve gesto com a mão e Rafiti cravou a faca que trazia presa à cintura nas costas do acusado. Ao sentir a lâmina rasgando suas carnes, o infeliz ergueu-se automaticamente, deu um urro de dor, depois lançou um olhar de ódio sobre mim; em seguida caiu pesadamente no tapete.

Com presteza, os guardas o retiraram do recinto, enrolando-o no tapete sujo de sangue, que, todavia, respingara por todo lado: nos coxins, em nossas roupas, nas iguarias, em tudo.

Durante a cena, não olhei para Neila. Quando tudo acabou e o silêncio invadiu a sala, eu me virei para ela, com um sorriso nos lábios, certo de que estaria satisfeita comigo, visto que o irresponsável fora punido. Todavia, uma surpresa me aguardava.

Neila tinha o olhar esgazeado e uma expressão de inaudito horror, enquanto suas mãos levantadas agarravam os cabelos, procurando arrancá-los no desespero que a invadiu. Com a respiração ofegante, tremia toda, presa de grave crise nervosa.

Sem entender o que acontecia, assustado com sua reação, procurei tranqüilizá-la:

– Acalma-te, Neila. Tudo já acabou. O criminoso foi punido.

Ela, porém, bradava incapaz de conter o ódio:

– O que fizeste, miserável? Foi horrível!

– Ele desobedeceu às minhas ordens, Neila. Nossa lei ordena que seja executado. Ninguém pode desobedecer às determinações do Imperador.

– Desgraçado! Miserável! Continuas o mesmo animal! Tiras do caminho todos aqueles que se opõem a ti. Conheço-te muito bem. Não me enganas. Quanta gente morreu por tua culpa! Desfilam diante de mim as tuas vítimas, incapazes de encontrar a paz enquanto não te destruírem. Vê a procissão das mulheres que tu seduziste, e de cujo peito aberto foi retirado o coração. Vê as fileiras intermináveis de homens, de bocas abertas, sem língua, outros sem cabeça, outros sem as mãos e os pés. Ah, maldito! Os deuses farão justiça a todos eles. Acautela-te, infeliz criminoso, porque a vingança está próxima!

E Neila falava e falava, sem parar. Sua expressão era de uma louca; os olhos fixos pareciam perdidos no vazio, a divisar imagens que ninguém mais percebia. As escravas, apavoradas, tentaram fazê-la calar-se, mas ela continuava gritando. Elas compreendiam o perigo que representava para Neila e para todos os presentes tais acusações, dirigidas a mim, o Imperador.

Contudo, ela prosseguia, a delirar.

De todas as pessoas que ali estavam eu era o único que entendia perfeitamente o que ela dizia, porque eram as mesmas imagens que eu também via em meus momentos de crise, ou em sonhos.

Apavorado, não sabia o que fazer para que ela se calasse, para que parasse de vomitar tantas barbaridades. Não suportava mais ouvi-la, queria desaparecer, esconder-me. Encolhido num canto, acocorado, tremia e chorava, em pânico, temendo as legiões de seres fantasmagóricos que eu tão bem conhecia e que tanto me torturavam havia anos.

Mas Neila continuava:

– Vejo um belo e imenso jardim. Todavia, as sombras tomam conta de tudo. Uma melodia soa, atraindo a todos. Ah!... A música fatídica e envolvente transforma-se em dança frenética, enquanto a procissão se dirige para uma grande estátua. E tu, miserável, como um deus, és transportado numa espécie de trono. Vede! Do seio dela saem labaredas que engolem uma vítima. Pelos deuses! Que horror! Não suporto mais, quero fugir deste lugar de loucuras e de maldades. Preciso pedir socorro! Mas a quem? Socorro! Socorro!

Nessa hora, a voz de Neila tornou-se baixa, como se temerosa de ser ouvida, embora continuasse falando.

Incapaz de suportar mais, acovardado diante do tribunal da própria consciência, desabei no chão, em terrível crise. Tremia e revirava os olhos, enquanto de minha boca a baba escorria, viscosa.

Um eunuco, que já havia presenciado uma crise semelhante, ocorrida comigo em outra ocasião, pegou um guardanapo de linho e o colocou em minha boca, prendendo a língua para não enrolar. Em seguida, ordenou às escravas que cuidassem para que eu não sufocasse. Depois, correu a buscar socorro.

Quando o sacerdote-médico chegou, o pior havia passado.

Eu dormia profundamente.

18

Um velho conhecido

A uma ordem do sacerdote-médico, aproveitando o sono profundo em que eu tinha mergulhado, transportaram-me com cuidado para meus aposentos. Queria o religioso evitar que minha crise redundasse num escândalo para a corte, servindo de comentários maledicentes entre os súditos.

Despertei no dia seguinte com o corpo todo dolorido, sem vontade de levantar-me do leito. Sentia-me incapaz até de pensar; a cabeça latejava horrivelmente. A um gemido meu, o escravo que dormira numa esteira a um canto do aposento, velando-me o sono, também despertou. Imediatamente chamou o médico, que permanecera de plantão no aposento contíguo para qualquer eventualidade. Temia que algo mais grave pudesse ocorrer durante a noite; sua responsabilidade era imensa, considerando-se minha condição de príncipe herdeiro, naquele momento representante do soberano persa. Se o pior me acontecesse, Ciro não lhe perdoaria, e certamente o condenaria a pagar com a vida pela irresponsabilidade.

Entrando no aposento, o sacerdote caminhou com passos leves até o leito. Inclinou-se como mandava o protocolo.

– Como te sentes, senhor?

– Muito mal. Péssimo.

– Dormiste bem?

– Sim. Acho que apaguei. Todavia, acordei com o corpo todo dolorido, a cabeça a latejar e sem forças para nada. Sinto-me fraco e desanimado. Não consigo nem mesmo levantar-me – expliquei.

O médico balançou a cabeça, concordando:

– Senhor, tudo isso era previsto, em virtude da crise que te acometeu. Fica tranqüilo que a dor logo passará. Vou ministrar-te algumas gotas de efeito calmante.

Assim dizendo, o sacerdote abriu uma caixa de madeira e tirou de lá um pequeno vidro com líquido esverdeado. Pingou algumas gotas em minha língua, depois recomendou:

– Meu senhor, deves permanecer no leito. O repouso é absolutamente necessário. Quanto mais tempo repousares, melhor.

Depois, dirigindo-se aos auxiliares que ali estavam, preocupados com minha saúde, considerou:

– Nosso soberano deve descansar durante todo o dia. Deveis manter a penumbra ambiente de modo que a claridade não o incomode. Além disso, imprescindível colocar um punhado destas ervas no tripé, para expulsar as más influências e os seres maléficos, as quais deverão ser renovadas a cada três horas. Aqui está um saco com as ervas. Tende cuidado com ele, pois essas ervas são raras e extremamente valiosas.

Após essas recomendações, pegou sua maleta e, inclinando-se novamente diante do leito, despediu-se:

– Meu senhor, devo ausentar-me agora. Tenho atividades no templo, onde rezarei pela saúde do nosso Imperador. Retornarei mais tarde.

Após a saída do sacerdote-médico, os criados de quarto certificaram-se de que tudo estava em ordem e deixaram o aposento, permanecendo apenas os mais íntimos para caso de necessidade.

Mantive os olhos fechados e procurei repousar. Logo a dor de cabeça desapareceu, concedendo-me alguma trégua, e o corpo também relaxou, parando de incomodar.

No entanto, logo percebi que isso não era o pior. As dores físicas podiam ser facilmente sanadas com ervas, tisanas, gotas calmantes, ungüentos. A dificuldade maior eram os problemas do ser imortal, cujos sofrimentos prosseguiram cada vez mais fortes e duros de suportar. Não saberia explicar a aflição e a angústia que me dominavam, e, como conseqüência, o peito opresso e um mal-estar constante. Para esses males não havia remédio.

Incapaz de dormir, meu pensamento vagava, inquieto e amedrontado: como Neila pôde inteirar-se dos meus sonhos? Ter conhecimento dos seres infernais que me acompanham e que me torturam as noites? Se tudo estava apenas em minha cabeça, como ela conseguiu penetrar em minha mente e ver as mulheres sem coração e os homens sem língua que me perseguem? Pelos deuses! Como?

Ao lembrar-me de Neila e rever mentalmente as cenas ocorridas nos seus aposentos, um calafrio percorreu-me o corpo. Ela parecia completamente diferente: olhos fixos, voz soturna, peito arfante e mãos que se agarravam aos cabelos, arrancando-os, enlouquecida pelo desespero.

A imagem da prisioneira aparecia-me agora sem a atração costumeira, livre dos desejos ardentes que ela despertava em mim, do incontrolável impulso de beijá-la, de enlaçá-la em meus braços. Nesse momento, a lembrança dela causava-me infinito horror e inaudito medo. A beleza de Neila, que eu sempre admirara e que agora surgia sob uma ótica diferente, mas que continuava sendo a mesma, não me falava mais aos sentidos.

O que farei? Não posso livrar-me dela, pois talvez venha a representar um perigo para mim. Mantê-la ao meu lado, não desejo mais. Será que Neila foi enfeitiçada, com o intuito de me destruir? Se isso for realmente verdade, quem estará por trás desse feitiço? – continuava eu a pensar, sem conseguir o repouso necessário.

Com a mente num turbilhão, passei em revista todos os que tinham algo contra mim – e eram muitos –, sem conseguir encontrar alguém que pudesse atingir-me.

De súbito, lembrei-me daquele velho anão herborista, que atendia num bairro distante, em local próximo à moradia de Neila. Até onde me lembrava, era criatura muito estranha. Seria ele o responsável pelo feitiço que me fora lançado?

A esse pensamento, julguei ter encontrado a resposta a meus questionamentos. Certamente, se fosse ele o mago, eu ficaria sabendo. De qualquer forma, por uma boa recompensa, o anão poderia me ajudar a resolver o problema que me atormentava.

Decidi que, no dia seguinte, assim que estivesse mais forte, iria procurá-lo. Se ainda mantivesse esse estranho estado de fraqueza e de incapacidade física, mandaria Rafiti e Malec com ordem de trazê-lo à minha presença, a qualquer custo.

Após tomar essa resolução, relaxei um pouco e deixei-me levar pela medicação que já fazia efeito, induzindo-me ao sono.

Dormi o dia todo e a noite inteira.

Ao acordar, na manhã seguinte, estava refeito. Sentia-me pronto para as atividades cotidianas. O servo preparou-me um banho e aproveitei aqueles momentos de descontração. Em seguida, vestiu-me, enquanto me colocava a par dos últimos acontecimentos.

– Meu senhor, várias pessoas vieram saber da tua saúde, desejando-te vida longa e paz.

– Algo mais?

– Sim, senhor. Ministros e conselheiros já passaram por aqui. Têm assuntos urgentes a resolver.

– Falarei com eles. Só isso?

– Não, senhor. Tua esposa Roxana também aqui esteve.

– Roxana? O que deseja ela?

– Não disse, senhor. Ficou de retornar mais tarde.

– Bem. Provavelmente é algo sem importância. Rafiti e Malec estão de guarda?

– Sim, meu senhor.

– Serve-me a refeição. Depois, faze-os entrar e deixa-nos a sós.

Estava faminto e enfraquecido, visto que no dia anterior não me havia alimentado. Enquanto comia com satisfação, entraram meus leais guardas. Após as cerimônias de praxe, permaneceram de pé, imóveis, aguardando lhes dirigisse a palavra.

– E então? Desfizestes-vos do corpo de Ramendi?

– Sim, senhor. Enterramos o corpo em local bem distante. Nunca será encontrado.

– E a prisioneira?

– Recuperou a calma, senhor. Está dócil e parece bem, o que poderás comprovar por ocasião de tua visita habitual.

Só de pensar em vê-la, meu corpo se revoltou. Um arrepio percorreu-me dos pés à cabeça. A simples idéia de me encontrar com Neila deixava-me trêmulo e inseguro.

– Não pretendo vê-la hoje. Tenho coisas mais urgentes a fazer. E quanto ao seu velho pai?

Rafiti trocou um olhar com Malec, depois informou:

– Cumprimos tuas ordens, senhor. No entanto, o velho estava realmente muito mal e não resistiu. Não foi por culpa nossa.

Balancei os ombros, indiferente.

– Não tem importância. Advirto-vos, porém, que a prisioneira não pode saber desse detalhe. Receberá notícias do pai normalmente, como se tudo estivesse bem. Depois decidirei como informá-la do que aconteceu. E o corpo?

– Enterramos junto com Ramendi. Não tínhamos como falar-te, pois estavas enfermo. Então, tomamos a providência que nos pareceu melhor. Fizemos mal, senhor?

– Não. Agistes bem. Não correremos o risco de alguém os encontrar. É só por enquanto. Ficai alerta. Sobre qualquer novidade, desejo ser comunicado.

Dispensei-os com ligeiro sinal. Após a saída dos guardas, encaminhei-me até a sala do trono, onde iria despachar com os ministros e conselheiros.

No corredor, deparei-me com Roxana, que voltava a me procurar. A seu lado, conversando com ela, meu irmão Esmérdis. Vê-los juntos voltou a despertar em mim os piores sentimentos. Novamente recrudesceram as dúvidas de que eles traíam minha confiança.

Roxana veio a meu encontro, satisfeita.

– Sinto-me feliz, senhor, por ver-te recuperado.

– O que desejas, Roxana?

– Pedir-te que me acompanhes ao templo. Orar e fazer oferendas aos deuses pode ser muito bom, tanto para tua saúde quanto para a minha e a de nosso filho. Tomei a liberdade de marcar com o sumo sacerdote uma visita nossa ao templo sagrado. Tudo está preparado para receber-nos ao entardecer.

Exasperado com sua ousadia, contive a custo a irritação. Como se atrevera a marcar algo sem me consultar? Esquecera-se, porventura, de que era eu o Imperador da Pérsia?

Diante do meu silêncio, Roxana completou:

– Vamos, querido? Teu irmão Esmérdis, a quem acabei de noticiar nossa saída, aprovou a idéia e também se propôs a nos acompanhar. Não é excelente?

Não suportando mais tanta desfaçatez, reagi:

– Pois fizeste mal, Roxana. Não posso acompanhar-te. Mas não seja isso um empecilho. Meu irmão Esmérdis, com certeza, terá imenso prazer em fazer-te companhia.

Parei de falar, observando a reação de ambos. Trocaram um olhar admirado, estranhando a proposta. Em seguida, completei:

– Agora, devo retirar-me. Tenho providências urgentes a tomar.

Sem esperar que se recobrassem, dei-lhes as costas e caminhei apressado pelo corredor, afastando-me. Felizmente não me viram o semblante, onde a cólera se espalhava. Continha-me com esforço, cerrando os dentes; não desejava que alguém me notasse a perturbação e o mal-estar.

Naquela manhã minhas decisões foram duras e desumanas, refletindo-me o estado de espírito.

Roxana não perdia por esperar! Pretendia fazer-me de tolo perante toda a corte, mas receberia o castigo merecido, assim como Esmérdis, o irmão traidor – ruminava eu, acalentando desejos de vingança.

Deixei a sala do trono, cansado. No meio do dia, após a refeição, repousei um pouco. Acordei mais refeito e resolvi sair a cavalo, como se fosse passear. Rafiti e Malec me acompanharam. Tomamos o rumo do bairro onde estava localizada a pequena loja do anão.

Ao me aproximar do endereço, um estranho mal-estar me dominou. Sentia-me tenso, ansioso, aflito. Paramos junto de uma árvore perto da entrada, onde amarramos os animais. Caminhamos alguns passos até a porta. Após ligeiro sinal para que me aguardassem, entrei.

Novamente, vindo do Sol forte, a claridade ofuscou-me, impedindo-me de enxergar de imediato. Depois, lentamente tomei consciência do ambiente, que me envolveu. Como da outra vez, atingiu-me um cheiro forte de ervas. Reconheci as prateleiras com potes de barro de diversos tamanhos, os tufos de ervas amarrados com fibra vegetal; os corpos de animais que pareciam vivos, e que certamente haviam passado por um processo de conservação. No solo, grandes ânforas com óleos aromáticos e tonéis de substâncias que me eram desconhecidas, e muito mais.

Enquanto a visão se acostumava à penumbra existente, relanceei o olhar por todo o recinto, até que me deparei com o anão, postado atrás do balcão, e que me fitava aparentemente se divertindo com minha falta de acuidade visual.

Ao vê-lo, levei um susto. Pareceu-me que surgira de repente das entranhas da terra, o que certamente não era verdade.

Era o mesmo ser repulsivo que tanto me despertara a atenção da primeira vez que nos encontramos. Um misto de atração e de repulsão dominou-me. Seu corpo baixo, rotundo, sustentado por pernas curtas e finas; os braços delgados que terminavam em mãos semelhantes a garras. Ao ver-me, levantou-se num gesto de boas-vindas, enquanto os pequenos olhos de ofídio estreitaram-se ainda mais.

– Tua presença honra minha humilde moradia. Sê bem-vindo, meu senhor. Eu te aguardava – disse, e sua boca em forma de fenda se abriu num esgar que pretendia fosse um sorriso.

Estranhei a petulância.

– Como? Ousas dizer que me aguardavas, quando nem mesmo eu sabia que viria?

– Ah, senhor! Lembra-te de que afirmei ter o de que precisas para atrair a bela jovem que está em teu poder? Sem minha ajuda, jamais conseguirás seu amor.

Estupefato, deixei-me cair num banco que ele depositara a meus pés. Por alguns segundos não consegui reagir. Depois bradei, incapaz de controlar-me:

– Como descobriste um segredo tão bem guardado, e que bem poucos conhecem?

– Acalma-te, meu senhor. Teu segredo está em segurança comigo. Asseguro-te que ninguém me contou. Possuo meios próprios de saber tudo o que se passa.

– És um oráculo, porventura? – indaguei irônico.

– Digamos que possuo a ciência do bem e do mal – respondeu-me com leve sorriso, levantando a cabeça com empáfia.

– Pois muito bem. Já que és um sábio, responde-me: como a prisioneira pôde saber o que se passa dentro de mim, desvendando meus sonhos?

O anão sorriu novamente, meneando a cabeça.

– Tudo isso é simples e, ao mesmo tempo, complicado. Esses acontecimentos regem-se por leis que estão acima do entendimento dos pobres mortais. E tu também sabes disso, senhor, uma vez que a lembrança de fatos ocorridos em outras eras, em terras estranhas, apoquenta-te a mente.

– Explica-te melhor – ordenei preocupado.

– Pois bem. Todos nós já vivemos outras vidas e não apenas a existência atual. Somos uma fagulha divina que existia antes e continuará a existir após a morte do corpo de carne que ora vestimos. Em determinadas circunstâncias, as lembranças de vivências do passado retornam, porque deixamos situações não resolvidas para trás.

Perplexo e apavorado, indaguei:

– O que dizes? Então é verdade que já vivemos antes?

– Sem dúvida. A prova é a procissão de mulheres sem coração e de homens sem língua que te acompanham, e que vês em teus sonhos.

De boca aberta, eu fitava o anão à minha frente. Depois, murmurei com voz rouca:

– Como sabes disso?

– Da mesma forma que a jovem cativa também sabe. Algumas pessoas têm um verdadeiro dom para ver os mortos e conversar com eles. Foi o que aconteceu com a bela Neila no dia em que mandaste matar Ramendi, da tua guarda pessoal. As almas penadas ali estavam também, e ela as viu, tomando-se de infinito horror.

Dei um salto para trás, quase despencando do banco.

– Pois quê! Sabes sobre esse fato também?

– Sem dúvida.

– Mas por que tudo isso? – indaguei apavorado e perplexo.

– Terás que descobrir por ti mesmo. Nada posso te revelar. Asseguro-te, contudo, que Neila agora está normal e é possível até que não se recorde de tudo o que viu ou falou naquela noite.

– Tens certeza? Causou-me verdadeiro pavor vê-la naquele estado. Podes evitar que aconteça de novo?

– Não. Contudo, posso controlá-la com substâncias calmantes.

Calei-me por alguns momentos, entregue aos meus pensamentos. Afinal, impossível esconder alguma coisa desse estranho homem. Conformara-me em dividir meus segredos com ele, uma vez que não havia outro jeito. O melhor, nessa circunstância, era tê-lo ao meu lado. Calculei rapidamente as vantagens e desvantagens do que lhe iria propor. Depois, decidido, indaguei:

– Bom homem, aceitarias minha proteção em troca de alguns favores?

Ele sorriu ironicamente diante da minha proposta – dando-me a impressão de que já a esperava –, depois respondeu:

– Por certo, meu senhor. Serei teu fiel servidor. Asseguro-te que posso ser de muita utilidade para teus planos.

– Muito bem. Então, mune-te do necessário e muda para meu palácio. Providenciarei acomodações para ti, discretas e confortáveis, de modo a não atrair as atenções da corte e ainda para te preservar a liberdade de ação.

O anão inclinou-se respeitoso e agradecido.

– Não te arrependerás, meu senhor, de colocar-me novamente a teu serviço.

Incomodou-me aquela frase, que me ficou repercutindo nos ouvidos, bem como a fugaz expressão de vitória que surpreendi em seu rosto. O que significavam aquelas palavras? Como o anão havia falado em voz baixa, concluí que talvez eu não tivesse entendido direito. Mas... qual o motivo da vitoriosa satisfação que ele demonstrou?

Preparava-me para inquiri-lo, enquanto dávamos alguns passos em direção da saída, já cruzando a porta. Como meus guardas se aproximassem, resolvi deixar para outro momento a explicação necessária, visto que teríamos bastante tempo para isso.

Caminhando ao encontro dos meus homens de confiança, ordenei-lhes em voz baixa:

– Tomai providências para instalar o anão no palácio. As acomodações devem ser discretas e, ao mesmo tempo, fáceis de alcançar. Após encontrar o local adequado, providenciareis uma carroça para transportar-lhe a mudança. Desejo informações detalhadas de tudo. Entendido?

– Sim, meu senhor.

Depois, voltando à entrada da loja, despedi-me do anão.

– Mandarei buscar-te assim que tudo estiver pronto para receber-te.

– Estarei à espera, meu senhor – disse, inclinando-se.

Antes de me afastar, parei, pensei um pouco e voltei-me:

– A propósito, ainda não sei teu nome.

– Chamo-me Ratan.

– Ratan, também não me apresentei. Eu sou...

– Sei quem tu és, meu senhor. Kambujiya, filho e sucessor de Ciro, Imperador da Pérsia.

O anão pronunciou essas palavras num tom de contida satisfação, que me impressionou. Naquele momento, um arrepio gelado percorreu-me o corpo.

Teria acertado ligando-me definitivamente a tal criatura? O interesse dizia-me que sim, mas a razão afirmava-me que não. Agora, porém, não mais poderia voltar atrás. Ele sabia muito sobre minha vida.

Senti um aperto no coração. Novo e doloroso mal-estar envolveu-me. Tentando libertar-me de semelhantes sensações, disse para mim mesmo: "Que importa? Se me incomodar, sei como livrar-me dele".

Esporeei o animal, deixando que o vento morno me afagasse o rosto e agitasse as vestes. Eu era todo-poderoso e nenhum mal poderia me atingir. Olhei para o alto, onde o Sol já declinava, e as derradeiras tintas do crepúsculo tingiam o céu com cores róseas e alaranjadas.

19
Ratan no palácio

Ratan se transferiu para o palácio imperial no terceiro dia após nosso acordo. Meus fiéis guardas haviam encontrado um alojamento que atendia às minhas especificações. Localizado numa ala do palácio sem grande trânsito, que fazia fundo com um dos jardins, próximo de pequeno portão que dava para a rua, saída raramente utilizada e sempre fechada, atenderia perfeitamente às necessidades do novo hóspede.

Fui visitá-lo na tarde seguinte à sua chegada. Ratan recebeu-me com um sorriso, inclinando-se como mandava o protocolo.

Passei a vista analisando com olhos críticos as acomodações. Gostei do que vi. Logo à entrada, uma sala aconchegante e agradável. Após, dois aposentos: o primeiro fora transformado em quarto de dormir; o segundo guardava suas coisas, isto é, uma parcela pequena dos materiais necessários aos seus trabalhos (visto ser impossível trazer tudo), como ervas, ungüentos, ânforas de óleo perfumado e tudo o mais; a maior parte do seu tesouro permanecera na loja, aos cuidados de seu criado de confiança. Após um corredor, havia a cozinha e um cômodo que poderia ser usado como despensa. Nada era supérfluo; tudo tinha seu valor e utilidade.

O anão acompanhou-me, enquanto eu examinava as dependências. Depois, com um gesto fez a vez do anfitrião:

– Senhor, é uma honra receber-te em meus aposentos. Acomoda-te.

Sentei-me em macias almofadas e perguntei:

– E então?

– Sinto-me satisfeito, meu senhor. Obrigado. Que os deuses te concedam força e saúde!

– Talvez o local seja um pouco pequeno.

– Não, senhor. As acomodações são perfeitas, especialmente para quem, como eu, não está habituado ao luxo. Preciso de pouco para viver e sentir-me feliz.

– Ótimo. Estás de posse da chave do portãozinho?

– Sim, senhor. Rafiti fez-me a gentileza de entregar. Assim, poderei ausentar-me quando for necessário, sem problemas.

– Exato. E eu poderei visitar-te sem a presença de olhares indiscretos. Tudo o que precisares, avisa Rafiti ou Malec. São homens de minha inteira confiança.

Fiz um gesto para levantar-me, que ele impediu delicadamente, dizendo obsequioso:

– Senhor, perdoa-me o atrevimento, porém desde que aqui chegaste noto que estás preocupado, pareces descontente. Se algo te aflige, fico muito honrado em poder ajudar-te.

– Não é importante. Apenas um verme que se antepõe no meu caminho – respondi com enfado.

– Vermes esmagam-se com os pés, senhor – considerou ardilosamente.

– Não esses, amigo Ratan. Não essa classe de vermes.

Ele pareceu pensar por momentos, depois sugeriu com voz suave:

– Na minha humilde concepção, senhor, existem vermes e vermes. Depende da importância que cada um tem em nossa existência. Existem os que se podem destruir e os que somos obrigados a aceitar e a conviver com eles. Às vezes, quando impossível esmagar um verme, quem sabe possa ele desaparecer de modo a não mais causar incômodos?

Examinei-o. Olhava-me fixamente e pareceu-me imbuído de real desejo de ajudar-me. Naquele momento, sua presença inspirou-me confiança, como se o conhecesse de longa data.

– Talvez tenhas razão. Vou refletir no que me disseste.

Levantei-me e ele inclinou-se diante de mim, servil:

– Senhor, sou teu criado. Se algo necessitares, estarei pronto a agir.

Prometi voltar no dia seguinte. Tínhamos muito o que conversar. Após uma última passada de olhos em redor, despedi-me.

Por que aquela sensação estranha de estar sendo observado? Sentira nitidamente, no final do nosso diálogo, que não estávamos a sós. Impossível, porém, que alguém entrasse sem ser percebido, visto que eu me posicionara de frente para a porta de acesso. Ora, que bobagem! Não havia ninguém no ambiente.

Caminhando de volta para o palácio, sentei-me num banco de jardim pensando nas palavras de Ratan. Ele tinha razão. Não poderia matar Esmérdis, membro da família real e intocável. No entanto, poderia fazê-lo desaparecer. Ninguém poderia culpar-me, já que não havia motivo para querer livrar-me de meu irmão. Todavia, teria de estudar bem a ação para não gerar suspeita. Esse era apenas um dos meus problemas. O outro – que eu fazia questão de manter absoluto segredo – dizia respeito à minha irmã e esposa Roxana. Não poderia desvencilhar-me dela. O orgulho ferido exigia vingança, uma reparação. No entanto, eu precisava de um herdeiro e ela estava para dar à luz. Isso era mais importante do que acreditar que o filho fosse meu ou não, desde que ninguém viesse a conhecer a verdade. Todas as pessoas teriam que receber essa criança como meu filho.

Após refletir bastante no assunto, tomei uma decisão. Voltei ao palácio e mandei chamar meus leais guardas, que prontamente atenderam.

– Preciso cavalgar. Mandai preparar meu cavalo.

Saímos da cidade e, num local deserto, paramos à sombra de uma rocha à beira da estrada. Descemos dos cavalos e sentamo-nos na areia.

– Tenho um trabalho para ambos. Escolhi este lugar por ser isolado e podermos conversar à vontade, sem interferência. No palácio, as paredes têm ouvidos.

– Estamos às tuas ordens, senhor.

Respirei fundo, compreendendo a gravidade do que ia dizer.

– Preciso que arrumem um jeito de "desaparecer" com Esmérdis. Ninguém poderá saber. Fazei de modo que pareça um acidente. Mas que meu irmão nunca mais volte para trair-me e atormentar-me os dias e as noites.

Os guardas baixaram a cabeça, sentindo a responsabilidade que era depositada em seus ombros. Se ao retornar Ciro descobrisse, estariam perdidos. No entanto, a fidelidade que sempre me demonstraram superou o medo. Mesmo porque eles jamais poderiam se escusar de cumprir uma ordem do Imperador. Aguardei a resposta, sabendo exatamente o que lhes passava pela cabeça. Afinal, inclinaram-se, concordando:

– Sim, meu senhor. Quando devemos agir? – indagou Rafiti, o mais afoito.

– O mais rápido possível. Não sem antes analisarem bem como será executado o serviço. Advirto-vos: tenho pressa de ver resolvido o assunto. Tendes idéia de como poderia ser feito?

Rafiti olhou para Malec, como se pedindo ajuda, pensou um pouco, depois sugeriu:

– Senhor, permite-me dizer-te que, se realmente desejas que o "desaparecido" não volte, não podemos contar com a sorte. Uma atitude mais drástica faz-se necessária. Conheço um lugar entre as montanhas, deserto e seguro, onde raramente passa alguma caravana. É distante daqui. Malec e eu podemos levar o príncipe Esmérdis até lá, dar-lhe um golpe na cabeça e jogá-lo pela ribanceira. Se for encontrado por alguém – o que julgo praticamente impossível –, já terá sido devorado pelos abutres e estará irreconhecível. De qualquer forma, parecerá um acidente, pois, mesmo que vejam a pancada na cabeça, julgarão que foi proveniente da queda.

– A sugestão é boa, Rafiti. Mas, como justificar a ida de meu irmão até o alto daquela montanha?

Nisso, Malec interferiu dizendo:

– Se me permites, senhor, a julgar pela vida desregrada que vosso irmão leva, podemos semear a notícia de que o príncipe Esmérdis estava com um problema amoroso. Apaixonara-se perdidamente por uma jovem desconhecida – o que não será difícil de acreditar – e, tentando ganhar-lhe o coração, fez um acordo com os deuses: os imortais lhe concederiam o amor da donzela e ele, em troca, faria o sacrifício de subir àquela montanha, arriscando-se a morrer.

Refleti um pouco sobre a sugestão. Pareceu-me viável, mas seria crível? Dependeria de como fosse plantada a idéia da nova e devastadora paixão de meu querido irmão Esmérdis.

– Creio que pode funcionar. Importante cuidar de todos os detalhes. Nenhum pode ser esquecido. Além do mais, se porventura ele for encontrado por alguém em condições de ser reconhecido, sempre se pode pensar na hipótese de ter sido morto por algum marido traído – completei, dando uma gargalhada, no que fui imitado por meus companheiros.

Satisfeito com o planejamento do crime, retornamos ao palácio. Resolvi que começaria imediatamente a agir.

Na hora da ceia, Roxana e Esmérdis já haviam retornado. Reunidos no grande salão, conversávamos descontraídos. Os grupos se formavam, falando sobre negócios, política, guerra, questões do cotidiano. A maledicência também era assunto, como tudo o mais que fazia parte da sociedade persa.

De repente, virando-me para meu irmão, indaguei:

– É verdade, Esmérdis, que estás loucamente apaixonado por uma jovem belíssima?

Ele voltou-se surpreso e bem-humorado:

– Quem te disse tal coisa, Cambises? Não me lembro de nenhuma mulher que tenha visto ultimamente e que possa ser assim tão bela como afirmas. Mas se a conheces, suplico-te que me apresentes essa jóia, e, assim, quem sabe, poderei deveras ficar enamorado dela?

Nas imediações, todos caíram na risada, não ignorando a reputação do príncipe.

– Infelizmente não a conheço, meu irmão. Alguém me contou sobre essa tua paixão avassaladora. E disse mais: que a referida donzela não morre de amores por ti, negou-se a cair em teus braços, e, por isso, estás desesperado – concluí.

Não achando mais graça, irritado, o sangue subiu-lhe no rosto, enquanto eu intimamente me divertia com a cena.

– Quem anda semeando calúnias a meu respeito? – perguntou-me.

Alguém interferiu:

– A que calúnias te referes, Esmérdis? A de que estás apaixonado ou a de que a jovem não quer saber de ti?

– Estás rindo às minhas custas, Cambises. Posso garantir que sou irresistível entre as mulheres. Afianço-te que jamais me interessei por uma mulher sem ser aceito por ela. Afinal, irmão, eu preciso saber: quem anda falando sobre minha vida e espalhando infâmias a meu respeito? E quem é essa jovem que ninguém conhece? Responde-me!

– Acalma-te, querido irmão Esmérdis. Nem me recordo de quem fez o comentário, que também não tem importância alguma. Com certeza quiseram apenas te provocar. Esquece! Quanto à aludida jovem, não sei quem é; disseram-me que se tratava de uma desconhecida em nossos meios. E, se estás realmente apaixonado, meu conselho de irmão é que deves lutar por teu amor. Tu és um rapaz atraente, tens uma bela reputação entre as mulheres, que, diga-se de passagem, fazes o possível para conservar. Mas se é verdade que essa dama não te ama, esquece-a e parte para outra – considerei irônico.

Esmérdis mostrava-se sumamente encolerizado; mais ainda ao ver que todos se divertiam às suas custas, rindo a valer. Quanto mais ele tentava se justificar, mais os presentes riam, e isso o deixava mais nervoso. Quando julguei que tinha feito o suficiente para lançar a idéia na cabeça de todos e que os comentários correriam como rastilho de fogo em capim seco, coloquei panos quentes:

– Basta, pessoal. Não falemos mais sobre esse assunto. Conversemos sobre outras coisas. Aliás, aproveitemos nossa ceia e o belo espetáculo que algumas dançarinas novas nos apresentarão nesta noite.

Virando-me para Esmérdis, tranqüilizei-o:

– Asserena tua alma, meu irmão. Tudo não passou de uma brincadeira. Não pretendia aborrecer-te. Agora, delicia-te com a visão das lindas moças que darão início às danças.

A música começara a soar, rítmica e convidativa, envolvente e sensual, e todos se voltaram para a porta de acesso, curiosos para ver as dançarinas.

E eu, discretamente, fiquei a observar meu irmão, que se esforçava para voltar ao normal, exultante com o resultado da minha investida. Tudo isso me causava infinito prazer. Na verdade, eu sempre tivera dificuldade em atrair as jovens, o que me levava a sentir inveja e ciúme de Esmérdis pelo seu sucesso com as mulheres.

Sim, meu irmão teria o que merecia. Dali para frente, os dias dele estariam contados.

20

A queda de Ciro 2º, o Grande

Bem distante dali, Ciro encontrava muitas dificuldades rumo ao objetivo que estabelecera com seu Estado Maior. Para cumprir sua meta, de subjugar os povos nômades da Ásia Central, teria que fazer longo trajeto. Em parte, sua passagem era facilitada pelos povos que admiravam o grande conquistador e seu exército invencível. Supriam-no de gêneros alimentícios e de água, davam-lhe informações preciosas sobre a topografia do terreno, alertavam-no dos perigos da região, e, não raro, engrossavam-lhe as fileiras. Quando da passagem do exército persa, muitos homens se entusiasmavam e seguiam juntos, seduzidos pelo carismático Imperador.

Eles guerreavam havia longos meses e éramos sempre informados das batalhas e conflitos por mensageiros, encarregados de nos colocar a par dos acontecimentos.

* * *

Na Pérsia, a situação mudara bastante. Aos poucos, eu tinha me deixado envolver por Ratan, que sutilmente me dominava com suas idéias.

O desaparecimento de meu irmão Esmérdis causou espanto na população. Em palácio, não se falava de outra coisa. Procurei demonstrar meu sofrimento e preocupação com o sumiço de meu irmão, mais novo que eu, mostrando uma tristeza que estava longe de sentir.

Dei ordens para que os seguranças saíssem à procura dele; expedi homens buscando informações; estabeleci vultosa recompensa para quem trouxesse alguma notícia do desaparecido, por menor que fosse. Todavia, nada. Esmérdis parecia ter sido tragado pela terra.

Roxana chorava pelos cantos, o que me fortalecia a presunção de que fossem amantes. Jamais passou pela minha cabeça que, gentil e carinhosa, minha esposa gostasse realmente de Esmérdis de forma fraternal, uma vez que eram também irmãos, tal qual ela e eu, e muito ligados um ao outro.

Inúmeras teorias e suposições surgiram tentando explicar o fato: afirmavam alguns que meu irmão fora morto por algum marido traído; uma outra parte achava que fora alcançado pela vingança de alguma mulher abandonada, inconformada por perder seu amor; outros ainda supunham que fora levado por um bando de desconhecidos, cuja passagem naqueles dias pela cidade causara preocupação; outros mais imaginavam que Esmérdis, profundamente apaixonado, acompanhara certa donzela que havia deixado a Pérsia em busca de outras regiões; os demais membros da população acreditavam até que, em virtude da beleza e encanto de Esmérdis, alguma deusa tivesse se apaixonado por ele, levando-o para a Morada dos Deuses. Dessa forma, as opiniões se dividiam, e comentários os mais bizarros, engraçados e estranhos surgiram no meio do povo. A verdade, porém, é que só três pessoas conheciam o destino de Esmérdis: Rafiti, Malec e eu.

Ratan, em conversa comigo, sugerira delicadamente que eu sabia o segredo que se escondia por detrás do sumiço do príncipe. Neguei veementemente, ordenando-lhe que jamais repetisse tal infâmia a quem quer que fosse. Com leve sorriso, ele inclinou-se, reverente, pediu-me desculpas, e nunca mais falamos sobre isso.

Intimamente, regozijava-me com o sumiço do irmão, respirando mais aliviado e tranqüilo. Com o passar do tempo, à medida que outras notícias surgiam e novos fatos vinham a despertar interesse do povo, as pessoas acabaram por esquecer o desaparecimento de Esmérdis. Em poucos meses ninguém mais tocava no assunto.

Durante esse período, não deixei de notar olhares estranhos, enviesados, de dúvida, dirigidos à minha pessoa. Ninguém, porém, jamais se atreveu a acusar-me abertamente, até porque eu não dava oportunidade. Sempre me mostrei extremamente pesaroso pela perda do irmão, ordenei atividades religiosas nos templos, tanto de Mitra quanto de Ahura-Mazda, por intenção de sua alma, às quais comparecia choroso e desolado.

Preocupava-me o momento em que a notícia do desaparecimento do filho Esmérdis chegasse ao conhecimento de Ciro, e eu fosse obrigado a enfrentar sua ira.

* * *

Estava eu entretido a ver brincar as crianças do palácio, num jardim próximo ao harém, quando um servo veio avisar-me de que chegara um mensageiro real. Dirigi-me para meu gabinete particular, e ordenei que o mandassem entrar.

O portador vinha empoeirado, vestes em frangalhos e acusava extremo cansaço. Com certeza teria viajado durante muitos dias para apresentar-se naquele estado.

Ao ver-me, jogou-se no chão de joelhos.

– Fala! – ordenei.

– Trago uma mensagem da parte de Creso, meu senhor.

Fiz um gesto para que prosseguisse, antevendo alguma má notícia, ao saber que a mensagem provinha de Creso e não de Ciro. Emocionado e trêmulo, ele prosseguiu:

– O Imperador foi ferido em batalha contra os massagetas. Sua majestade está sendo trazido de volta para Ecbátana, no estrito cumprimento de sua vontade.

Sumamente surpreso, fiquei parado sem saber o que fazer. Exclamações de horror surgiram dentre os ministros e conselheiros, que, avisados da chegada de um portador, ali se faziam presentes. Com um gesto pedindo silêncio, interroguei o mensageiro:

– É grave o estado do nosso Imperador?

– Ignoro, senhor.

– O que pensa o Estado Maior que o cerca?

– Seus generais e assessores mais diretos mostram-se preocupados, meu senhor – respondeu humildemente.

– Como Ciro está sendo transportado? O exército o acompanha?

– Com relação ao Imperador, ficou resolvido que, apesar de ferido, iniciaria a viagem em seu próprio cavalo, apenas com seu séqüito, a guarda imperial e a equipagem indispensável, para maior agilidade e mais rápido retorno a Ecbátana. Quanto ao exército, ignoro. Todavia, se me permites, senhor...

Com um gesto de complacência, dei-lhe liberdade para externar sua opinião.

– O exército, que se movimenta de maneira mais lenta, embora deva estar a caminho, provavelmente ficará para trás. Quando parti, o acampamento já estava sendo desmontado para a viagem.

– Mais alguma coisa?

– Não, meu senhor.

– Pareces muito cansado.

– Sim, meu senhor. Sinto-me exausto.

– Muito bem. Cumpriste bem tua missão – disse ao mensageiro. Depois me dirigi ao meu secretário: – Cuida deste homem. Leva-o para que seja tratado como merece. Quando estiver mais refeito, quero vê-lo. Preciso que me dê todas as informações possíveis.

– Sim, meu senhor.

O secretário saiu acompanhado do portador, e nós ficamos ali a fazer mil conjecturas sobre o estado de saúde do rei.

Calado, eu refletia sobre a trágica notícia. Em parte, a informação não me desagradou. Se Ciro morresse, eu seria o todo-poderoso Imperador da Pérsia, e iria governar um imenso território. Por outro lado, não deixava de sentir-me algo pesaroso, pois o relacionamento com meu pai sempre fora bom. Lembrava-me dele em nossos diálogos, quando me educava, orientando-me, esclarecendo-me, sempre com a intenção de fazer de mim alguém capaz de assumir sua posição e bem administrar o imenso Império que havia conquistado.

De vez em quando chegavam novos mensageiros, trazendo notícias das condições do Imperador. Assim, fomos informados de que seu estado de saúde se agravara, e que já não conseguia cavalgar em virtude da dor. Estava sendo transportado em uma carroça, com o conforto possível nessas circunstâncias. Permanecia febril, e, muitas vezes, delirava. Em virtude do agravamento de sua saúde, viajavam mais lentamente, não raro sendo obrigados a parar para que os médicos o atendessem.

Em palácio, os súditos mantinham-se em suspenso; não se falava de outra coisa. Preocupavam-me, no entanto, esses comentários, e até dera ordens explícitas para que cessassem de todo, temendo que os países tributários da Pérsia, ao saberem das condições de Ciro, se rebelassem acreditando-nos mais enfraquecidos.

Certo dia, os soldados que vigiavam das torres, nos limites da cidade, avistaram uma grande nuvem de poeira que se levantava ao longe. Era um cavaleiro que vinha a todo galope.

Tratava-se de um correio avisando que a saúde do Imperador era crítica. Fomos informados de que estavam acampados em território conhecido, depois de vencerem grande parte do trajeto, estando próximos da fronteira da Pérsia.

Os ministros e conselheiros ali presentes foram unânimes em que um grupo deveria partir o mais rápido possível ao encontro do Imperador. Pela localização, com cavalos velozes e sem parar, em dois dias estariam com Ciro.

Ciaxares ficaria na capital com alguns ministros e conselheiros, enquanto eu seguiria com um pequeno grupo de assessores e a minha guarda pessoal. Rapidamente nos preparamos para a viagem e, levando apenas o indispensável, partimos duas horas depois.

Viajamos a todo galope o dia inteiro, parando apenas para cuidar dos cavalos e descansar um pouco; anoiteceu e continuamos durante a noite, à luz da lua, e no dia seguinte a jornada desesperada para encontrar Ciro com vida. Até que, com alívio, vimos, já ao anoitecer, as luzes do acampamento persa. Estávamos extremamente cansados, mas satisfeitos por ter conseguido chegar.

Na penumbra que invadia a Terra, ao perceber cavaleiros se aproximando, a princípio os soldados se posicionaram para combate, temendo um ataque. Identificando-nos, porém, fomos saudados com euforia e imediatamente levados à tenda do Imperador.

Entrei. O ambiente era de consternação. Aproximei-me do seu leito e contemplei-o. Aquele homem forte, decidido, enérgico, era apenas uma sombra do que fora. Bastante emagrecido, pálido, não dava sinal de vida. Ciro perdera a consciência no último trecho do caminho e permanecia inconsciente.

As horas se passavam e ele não reagia.

Creso aproximou-se, fez uma reverência, e pude notar como estava abalado. Levei-o para um canto da grande tenda. Precisava conversar com ele, obter todas as informações sobre a viagem e o que tinha realmente acontecido.

O fiel conselheiro explicou-me:

– Cambises, nosso amado Imperador foi atingido por uma fatalidade.

– Como assim? Onde estavam os homens da guarda imperial que não o protegeram?

– Conheces Ciro, teu pai, melhor do que ninguém. Na hora da batalha, é o mais valente e audaz dos soldados. Não admite interferência em suas ações. E, naquele dia, nada poderia fazer prever o que sucedeu. Estávamos no término de uma batalha. Os massagetas eram inferiores em número e não representavam páreo para nós. Tudo já estava tranqüilo, os inimigos haviam-se retirado, e Ciro sentara-se numa pedra, ao lado de uma árvore, para repousar. Nossos homens também, mais relaxados, descansavam após o combate falando sobre as peripécias do dia. Em determinado momento, surgiu um massageta que estava escondido ali perto. Ciro ouviu ruído de folhas secas, e levantou-se, virando-se para ver a razão do ruído. Também nós, que estávamos não muito longe, vimos quando ele se ergueu e corremos para perto dele. Não deu tempo, porém.

Creso fez uma pausa, passou a mão pelos cabelos brancos, como se quisesse expulsar de sua vista aquela cena.

– Continua – ordenei, impaciente.

– O inimigo, ao notar que era o grande Imperador que estava ali tão perto, e que tinha a oportunidade de acabar com ele, não hesitou. Arrancou sua adaga e cravou-a no peito de Ciro. Nosso Imperador se moveu, e o ferimento, felizmente, não atingiu o coração. Num instante, os soldados mataram o inimigo, enquanto eu e mais dois persas nos apressamos em socorrer Ciro. Ao mesmo tempo, um massageta, provavelmente companheiro daquele que feriu Ciro, tendo ficado para trás, vira o Imperador ser atingido e cair, e afastou-se a gritar de alegria: Ciro está morto! Ciro está morto! Vencemos!... Vencemos!...

– Então, os inimigos pensaram que Ciro tinha morrido.

– Sem dúvida. E nosso exército bateu em retirada o mais rápido possível para prestar socorro a Ciro.

– Entendo. Mas, se o ferimento não foi grave...

– Compreendo tua dúvida. Mas poderás informar-te melhor com o sacerdote-médico – afirmou Creso, fazendo um sinal para um religioso ali presente, que se aproximou.

Solicitei explicações a respeito do ferimento de Ciro e ele disse:

– Meu senhor, a ferida era grave, mas não mortal, e talvez, se nosso Imperador tivesse concordado em permanecer por lá, em algum esconderijo, sob tratamento médico, quem sabe poderia ter sido diferente? Todavia, Ciro exigiu que o trouxéssemos para a Pérsia. Disse que não queria morrer longe do seu palácio, de sua gente.

– E seu estado agravou-se no trajeto.

– Exato. As condições não eram as melhores: a poeira, o Sol inclemente, o calor, as dificuldades normais de uma viagem, tudo contribuiu para que seu estado de saúde piorasse.

– E agora? – indaguei, aflito, fitando Creso.

– Confiemos nos deuses. Ciro é dotado de grande resistência. É forte e nunca foi dado a doenças. Sempre teve saúde de ferro. Além disso, é valente e lutador. Jamais se entrega. Aguardemos a vontade dos deuses.

Creso tinha razão. Nunca vira meu pai doente ou sem forças. Estava sempre de pé, enérgico, animado, mente ágil a planejar novas ações.

– Tens razão, Creso. Os sacerdotes-médicos sabem o que fazem e estão cuidando do Imperador. Vamos aguardar.

Voltamos nossas atenções para o leito, onde meu pai permanecia no mesmo estado.

Nesse momento, lembrei-me de Ratan, que viera conosco. Fiz um gesto para meu fiel segurança Rafiti, e ele entendeu, acompanhando-me até um canto do aposento, mais discreto.

– Viste Ratan?

– Está lá fora, senhor – afirmou Rafiti.

– Traze-o aqui.

Rafiti saiu discretamente e voltou acompanhado de Ratan. Assim que chegou, o anão dirigiu-se a mim, fazendo uma reverência.

Naquele exato momento, os sacerdotes-médicos haviam saído para conferenciar. A hora era propícia.

Conduzi Ratan até o leito, onde Ciro mantinha-se do mesmo jeito, como se dormisse. Os oficiais do exército e súditos que ali estavam, estranharam a presença do anão, mas nada disseram.

– Examina-o, Ratan. Dize-me qual o estado do Imperador.

O anão fitou-me demoradamente. Depois, virando-se para o doente, examinou-o com cuidado, da cabeça aos pés, sem tocá-lo. Em seguida, colocou as mãos sobre o corpo dele e, fechando os olhos, permaneceu alguns minutos concentrado. Após isso, abriu os olhos, parecendo voltar ao normal.

– E então? – indaguei.

– O Imperador – que os deuses lhe concedam glória e saúde! – está sendo bem cuidado pelos médicos da corte. Seu estado é grave e inspira cuidados, mas poderá ser revertido.

– Sim? E o que pode ser feito para reverter a situação?

– Meu senhor, não depende de nenhum de nós. A decisão está nas mãos dos deuses.

Inclinei a cabeça, mais animado.

– Desejas algo mais, senhor? – disse ele, humilde.

– Não. Podes ir agora, Ratan. Depois conversaremos.

Logo após a saída do anão, também deixei os aposentos de Ciro. Precisava me refrescar, trocar de roupas e comer alguma coisa.

21

Morre o grande Imperador

As palavras do anão ficaram martelando em minha cabeça. Inquieto, na manhã seguinte procurei-o na tenda em que se abrigara; precisava certificar-me de que nosso diálogo não teria ouvidos indiscretos.

Surpreso ao ver-me entrar, Ratan inclinou-se, reverente. Fui direto ao assunto:

– Dize-me, Ratan. O que significam as palavras que disseste junto ao leito do Imperador, isto é, que o estado dele poderia ser revertido?

Ratan respirou fundo, depois considerou:

– Meu senhor, o que percebi é que a alma de nosso Imperador continua ali. Sofre por não poder se expressar. Quer pedir ajuda, e não consegue.

Dei um pulo para trás, assustado:

– O que dizes? Será crível?

– Ciro luta bravamente para sobreviver. Apesar de forte, resoluto, imbatível, ele sente que o corpo não responde mais às suas ordens.

Sentei-me. Minhas pernas estavam trêmulas e fracas. Num sopro de voz indaguei perplexo:

– Tu o viste?!...

– Sim. Como te vejo agora.

Levantei os braços, meneando a cabeça num gesto de incredulidade. Em seguida ponderei:

– Suponhamos que tenhas razão. Apesar disso, tu disseste que o estado do Imperador poderia ser revertido!

– Exato, se a fortaleza interior de Ciro prevalecer, se seu ânimo for mais forte e suplantar o mal que se apossa dele. Não te esqueças, Cambises, que o Imperador tem a proteção dos deuses. Ou...

– Ou... Existe alguma alternativa?

– Sempre existe, meu senhor. Depende daquilo que se deseja – sussurrou com uma voz suave, de maneira intencional.

– Estás sugerindo...

– Não, meu senhor. Não sugiro nada. Deixemos aos deuses a decisão: se nosso Imperador deve morrer ou se ainda viverá muitos anos, para alegria e glória de todo o Império Persa!...

Afastei-me pensativo. No dia seguinte, a situação permaneceu estável. Não houve mudanças no estado do Imperador.

No outro dia, logo cedo, comunicaram-me que a saúde de Ciro sofrera alteração.

– Que tipo de alteração? – indaguei temeroso.

– Ignoro, senhor – informou o servo. – Mandaram-me avisar-te, apenas, que te aguardam na tenda real.

Apressando os passos, dirigi-me até a tenda de meu pai. Ministros, conselheiros, oficiais do exército, sacerdotes-médicos, súditos mais chegados, todos ali se congregavam. Rompendo o cerco, aproximei-me do leito. E o que vi me encheu de estupor: Ciro estava de olhos abertos, consciente!

Acerquei-me do leito com o coração batendo forte. Fitei-o. Sua aparência pareceu-me ainda pior, a magreza era extrema e uma palidez marmórea cobria-lhe o semblante. Ciro olhou para mim, e pareceu-me que queria falar. De súbito, cerrou os olhos num semblante carregado, gemendo dolorosamente.

Coloquei a mão em seu braço e ele abriu as pálpebras, fitando-me. Seus olhos pareciam ainda maiores no rosto esquálido; ele esboçou leve sorriso e tentou conversar, com dificuldade:

– Filho... meu. O... que... acon... teceu... com... Esmérdis?

Suas primeiras palavras dirigidas a mim causaram-me estupefação. Não me dirigiu um cumprimento, como de hábito, nem permitiu que eu o fizesse. Ante o impacto da pergunta direta, que eu não esperava, procurei ganhar tempo. Como? Então ele sabia do desaparecimento de meu irmão?

– Meu Imperador e pai amantíssimo! Não deves falar. Poupa tuas forças. Depois, quando estiveres melhor, conversaremos.

Mostrando a força da sua personalidade, conquanto enfermo e debilitado, ele prosseguiu, resoluto:

– Nada... me... escondas. Preciso... saber. Durante esse tempo em que... estou enfermo... eu vi teu irmão e ele sofre.

Fiquei mais surpreso ainda. No fundo, eu temia esse momento. Mesmo doente, revelava sagacidade, o olhar que a tudo devassava. Tentei manter o equilíbrio, não demonstrando nenhum tipo de fraqueza ou sintoma que pudessem gerar suspeitas no desgostoso pai. No íntimo, procurava febrilmente uma solução. De súbito, disse:

– Meu Imperador e pai magnânimo! Somente diante de ti, soberano senhor, abrirei meu coração. Esta conversa interessa somente a mim e a ti.

Entendendo esse pedido, feito em voz baixa, com um gesto Ciro ordenou que todos se afastassem. Depois, voltou-se para mim:

– Ninguém... poderá nos ouvir. Fala... meu filho.

Fugindo do seu olhar, respondi-lhe à indagação de modo que somente ele pudesse ouvir-me, mostrando-me verdadeiramente compungido ante a situação. Falei-lhe do desaparecimento de Esmérdis, que nos surpreendera a todos, e dos esforços que empreendera para obter notícias de meu irmão, sem resultado.

Ciro manteve-se de olhos fechados, calado por alguns instantes; depois, pensativo, interrogou-me. Com espanto, notei que à medida que falava, parecia se fortalecer, como se readquirisse suas condições normais:

– Meu... filho... Kambujiya. Existe algo que... não possas ou... não queiras me dizer? Estás hesitante... reticente. Não me olhas de frente... e isso me... angustia. Fala... quero a... verdade.

Meu coração disparou ante esse ataque direto. Febrilmente, procurei uma justificativa para meu comportamento.

Ciro aguardava pacientemente. Eu não poderia evitar uma resposta. Sabia dos comentários que corriam pelos corredores do palácio. Julgavam-me culpado, embora não tivessem a coragem de me acusar frontalmente. Por isso tinha que me defender perante Ciro, para que toda a corte pudesse ver-me com olhos diferentes. Precisava convencer meu pai, para que todos também se convencessem. Se o Imperador sobrevivesse, estaria a salvo. Se não, iria precisar ainda mais do apoio de todos, ministros, conselheiros, juizes, súditos, para permanecer no poder. Então, finalmente, respirando fundo disse pesaroso:

– Meu rei e pai! Sinto-me tocado pela tua complacência para comigo, que não mereço. A vergonha cobre-me de lama. Só a mim cabe a culpa pelo desaparecimento de teu filho e meu irmão Esmérdis. Essa a razão de não poder suportar o teu olhar. Ao partir, entregaste-me toda a responsabilidade pelo bem-estar da tua família e dos teus súditos. E eu falhei. Retornas e não encontras um filho: nosso querido Esmérdis. Eu deveria ter cuidado melhor de meu irmão, sabendo-o jovem e amante de escapadelas noturnas. Considero-me fracassado perante meu soberano. Por isso repito: não mereço tua complacência.

No auge da encenação, lancei-me no chão em lágrimas, ajoelhando-me aos pés do leito. Num primeiro momento, ele ficou surpreso ante minha atitude. Depois ordenou categórico, lançando um olhar de relance para a corte que observava tudo à distância:

– Levanta-te, Kambujiya. Jamais te ajoelhes aos pés de pessoa alguma. És um príncipe persa, herdeiro de todo um Império e deves sempre manter a fronte erguida.

Levantei-me, enxugando as lágrimas forçadas. Em seguida, ele, mais brando, como se suas forças estivessem se esvaindo, considerou:

– O desaparecimento... de Esmérdis é doloroso... sem dúvida, mas... não te cabe a responsabilidade... diretamente. Os problemas ocorridos... durante minha ausência fazem parte... da vida e... aconteceriam de qualquer maneira. Um soberano, filho meu, tem que saber enfrentar... igualmente os fatos bons e os maus, como naturais da existência. Assim, asserena teu coração, pois... ninguém pode afirmar que Esmérdis esteja morto... uma vez que seu corpo não foi encontrado.

Calou-se por alguns momentos, recobrando forças, e concluiu:

– Mas, prepara-te, Kambujiya. Irás enfrentar... inimigos ferrenhos que querem assumir... o poder... após minha morte.

Fez outra pausa e, com novo gesto, ordenou que os demais se aproximassem. Agradeci sua generosidade, osculando-lhe a mão direita. De fronte erguida, altivo, fitei os súditos que ali aguardavam.

Os presentes maravilharam-se ante a súbita mudança de meu pai, após nosso diálogo. Ciro era muito amado por seus súditos e colheu, com essa recuperação espantosa, a justa satisfação de todos.

O Imperador pediu que se acercassem, e começou a falar:

– Não sei quanto tempo mais... os deuses me... concederão para viver. Sinto que a vida se me esvai. Desse modo... diante de todos os que me... são mais chegados, ministros, conselheiros, oficiais do exército, parentes e amigos... quero expressar minha vontade soberana. A ti, meu filho Kambujiya, príncipe de sangue e meu primogênito, entrego-te minha coroa. Serás o futuro Imperador da Pérsia.

Ouviu-se leve rumor de indignação entre alguns dos presentes, que se calaram ante a vontade do rei.

Ciro prosseguiu:

– Meu filho Kambujiya... tem mostrado competência na direção de nosso reino... e é digno de toda a confiança.

Os presentes inclinaram-se numa reverência, mostrando assim a concordância ante a vontade real.

Conquanto o Imperador houvesse acusado grande melhora, demonstrava fraqueza, além de cansaço pela longa conversa e precisava repousar. Saíram quase todos, permanecendo no aposento apenas os sacerdotes-médicos responsáveis, os criados e um conselheiro.

Aproveitei também o momento para sair, dirigindo-me à minha tenda, satisfeito com minha representação e com a solução do problema.

Sentia-me contente com o rumo dos acontecimentos. O dia, que se prenunciava aziago, rendia seus frutos. Ciro ficara convencido da minha inocência. Mesmo se os presentes tivessem dúvidas e suspeitassem da minha participação no desaparecimento de Esmérdis – o que seria impossível por não existirem pistas – nada diriam ao Imperador, vendo como eu fora tratado por ele.

* * *

Durante o resto daquele dia e uma parte da noite tudo correu bem. O estado de Ciro se mantinha sob as melhoras verificadas e todos relaxaram um pouco, certos de que o velho leão conseguiria vencer mais aquele desafio, recuperando-se, para alegria e satisfação de todo o Império.

Na madrugada, porém, a situação se agravou. Como se Ciro houvesse se esvaído naquele contato com seu herdeiro e com seus súditos mais chegados, lá pelas cinco horas da manhã seu estado de saúde piorou bastante.

Às sete horas já havia uma multidão em torno da tenda do querido soberano. Como a quantidade de pessoas aumentava sempre, uma vez que os soldados também desejavam vê-lo, o médico chefe resolveu mandar evacuar a tenda para que o Imperador pudesse ficar mais tranqüilo e gozar de alguma paz. Somente os mais chegados recebiam permissão para entrar na tenda real.

Em certo momento, Ciro respirou mais fundo, agitando-se no leito, como se lhe faltasse o ar. Parecia querer dizer algo. O médico correu para junto dele, tentou ouvi-lo, colocou algumas gotas na sua língua, porém em vão; o soberano inteiriçou-se, e parou de respirar. Cheio de dor, o médico verificou que nada mais poderia fazer.

Ciro 2º, o Grande, Imperador da Pérsia, estava morto.

* * *

Apesar da comoção daquela hora, era preciso decidir o que fazer com o corpo. Ciro desejava sentir-se em casa, na capital do seu Império. Reuni rapidamente os assessores mais diretos e os médicos da corte, e os questionei:

– Há como levar o corpo do Imperador para Ecbátana?

O médico chefe trocou algumas palavras com os outros e respondeu:

– Se submetermos o corpo do Imperador a determinadas substâncias, tratando-o com processos especiais, que aprendi com os egípcios, podemos conseguir que chegue à capital em razoáveis condições, apesar da temperatura e do tempo, que é nosso inimigo.

– Muito bem. Fazei o que for necessário, o mais rápido possível. O tempo urge.

Mandei um mensageiro para a capital com a notícia da morte do Imperador, e a informação de que seu cadáver seria transportado até lá, além de algumas recomendações quanto à cerimônia.

Preocupava-me o fato de que meu pai tinha pressa de ver concluída a futura capital, Pasárgada, assim como a construção do seu mausoléu, a exemplo de soberanos de outras terras que deixaram as marcas de sua passagem e de suas conquistas, para que no futuro outros povos pudessem conhecê-los. Todavia, isso não fora possível. Ainda assim, eu pretendia atender-lhe o desejo, colocando seu corpo em lugar provisório, para, posteriormente, exumá-lo e leva-lo para o lugar onde deveria permanecer para sempre.[17]

Assim, após concluída a tarefa de preservação do cadáver, iniciamos a viagem de retorno em clima de imensa tristeza.

17. Em Pasárgada, cidade cuja construção foi iniciada por Ciro 2º, localizada no sul do atual Irã, província de Fars (situada a 87 quilômetros a nordeste de Persépolis), o monumento mais importante é aquele que os arqueólogos julgam ser a provável tumba do Grande Imperador, conquanto não tenham sido encontrados vestígios de que seu corpo tenha sido enterrado ali. As ruínas são Patrimônio Cultural da Humanidade (N.M.)

22

O desafio egípcio

A notícia da morte de Ciro abalou profundamente a Pérsia e todo o Império que ele com tanto esforço construíra.

Julgado invencível, a notícia causou perplexidade e assombro. Ciro, que tanto havia guerreado, que participara de combates sangrentos, dos quais sempre conseguira sair ileso, o que o envolvia numa aura de imortalidade, fazendo com que todos o considerassem um verdadeiro deus, caíra ferido, atingido por um obscuro povo nômade da Ásia Central. E agora, estava morto. Não se levantaria mais para brandir a machadinha, para lançar seu grito de guerra, incentivando os soldados à luta e levando-os à vitória.

Foi enterrado em Pasárgada, em terreno reservado para seu mausoléu. Todos queriam vê-lo, prestar suas últimas homenagens ao grande Imperador.

Ciro era muito amado. Fundador da Dinastia Aquemênida, soube, com seu carisma, durante os trinta anos do seu reinado, congregar as pessoas em torno de si. Tratava todos os povos com consideração e respeito, o que gerava um sentimento de confiança. Não permitia o saque das cidades conquistadas e nem a destruição de seus templos. Assim, os vencidos, conquanto se tornassem tributários, sentiam-se satisfeitos de estar sob seu Império, uma vez que ele acatava todas as crenças, mantinha a administração com líderes locais, o que gerava admiração e respeito, além de garantir-lhes a segurança contra outros povos inimigos.

Ciro, porém, não era perfeito. Dentre as criaturas que viveram naquela época aqui na Terra, certamente era um espírito que conquistara maior dose de progresso. Todavia, entre os seus defeitos, talvez o mais grave, contam-se os acessos de crueldade que vez por outra o acometiam. Em geral brando e conciliador, às vezes deixava-se dominar pela ira, notadamente quando a justiça era lesada, quando alguém desejava sobrepor-se a outra pessoa, por ambição, provocando cenas terríveis de selvageria. Como herdeiro desse grande soberano, talvez eu tenha assimilado essas crises que se apossavam dele, sem ser beneficiado pelo que ele tinha de bom, que era a maior parte.

Não pretendo com isso isentar-me da responsabilidade pelo mal que pratiquei. Ao contrário, reconheço que a maldade faz parte da inferioridade do meu ser espiritual, ainda bastante atrasado.

O que sei é que tenho orgulho de dizer que recebi como herança um imenso Império, o maior que já existira no mundo, que ia da Anatólia ao Afeganistão, e do Cáucaso à Arábia, numa mistura extraordinária de povos diferentes, algo que a humanidade jamais vira.

* * *

Após as cerimônias fúnebres, dirigi-me a meus aposentos para repousar um pouco. A viagem fora desgastante e, desde que saíra de Ecbátana para ir ao encontro de meu pai, ainda não descansara.

Minha esposa seguiu-me, mostrando que desejava me falar. Todavia, percebi, com desagrado, que Roxana me fitava de maneira estranha e vi uma réstia de dúvida no fundo de seus olhos. Irritado, necessitando ficar a sós, indaguei:

– O que desejas, Roxana?

Ela caminhou lentamente pelo aposento, como se não tivesse pressa e nem se preocupasse com meu mau humor. Brincou com uma bela ave canora, suspensa por uma gaiola de ouro, e depois, virando-se disse com ironia:

– Com certeza convenceste Ciro de tua inocência, na conversa que tiveste com ele após ter voltado do longo sono, conforme fui informada. Gostaria de saber o que lhe disseste para que se tornasse teu aliado, inocentando-te pelo desaparecimento de Esmérdis, quando grande parte da corte pensa diferente.

A traidora acusava-me de frente, coisa que nunca se atrevera a fazer. Arrogante e orgulhoso, redargüi:

– E em que isso te diz respeito, Roxana? Certamente tens motivos muito maiores para lamentar o destino de meu irmão.

– O que queres insinuar, Cambises? – perguntou-me ela, surpresa.

– Ora, minha querida, aquilo que toda a corte sabe e comenta: teu relacionamento espúrio com Esmérdis, teu amante!

Roxana levantou a cabeça altiva, mostrando toda sua indignação:

– Certamente divagas. De onde surgiu tão infame idéia? Provavelmente da tua cabeça desequilibrada.

Levantei-me, agressivo. Tinha gana de matá-la naquele instante por sua ofensa. Ergui o braço para agredi-la, mas pensando melhor, detive-me a tempo. Não desejava demonstrar-lhe atitude de desequilíbrio, o que provaria sua razão. Limitei-me a dizer:

– Respeita teu esposo, insolente. Não te refiras a mim dessa forma.

– Então, Cambises, poupa-me de teus comentários maledicentes e mentirosos.

Havia tal arrogância em sua atitude que caí numa gargalhada.

– Por que estás tão irritada? Provavelmente, porque carregas culpa dentro de ti. Pensando bem, quem sabe conheces o paradeiro de "nosso" irmão Esmérdis? Talvez enterrado em algum lugar secreto...

– O que dizes, infame? – ela gritou no auge da indignação.

– Sim, por que não? Talvez teu amante houvesse te desagradado, interessando-se por outra, e resolveste matá-lo, por ciúme.

Ouvindo o comentário maldoso, que me aflorara à mente num impulso, Roxana titubeou. Primeiro, tornou-se rubra como o sangue que corria em suas veias; depois, branca como o mármore. As forças pareceram faltar-lhe e cambaleou, caindo no tapete.

Nem assim me movi de compaixão pela esposa, que atingira no mais profundo do ser com palavras torpes e injuriosas, produto de uma mente doentia. Passei por ela sem mover um músculo da face. Saí do quarto ordenando aos criados que a levassem para seus aposentos.

Depois, feliz da vida, deitei-me para repousar. Agradava-me poder atingir Roxana, a mulher adúltera, com agudos estiletes dirigidos diretamente ao seu coração. Ela sofria – isso era visível – e, quanto mais sofresse, mais meu ódio aumentava.

Após dormir algumas horas, levantei-me, refeito e animado, para a cerimônia que iria realizar-se na sala do trono e da qual participaria toda a corte.

Creso, o conselheiro mais respeitado e o mais ligado a Ciro, ainda sob a comoção do falecimento do seu grande amigo, adiantou-se tendo nas mãos a coroa e, sob a atenção da assistência, deu alguns passos, postando-se diante de mim. Depois, em voz solene e audível, disse:

– Em nome de Ciro 2º, o Grande Imperador Persa, e dos deuses, recebes nesta hora o poder soberano e ficas investido como Cambises 2º, rei da Pérsia e de todo o Império Persa.

Em seguida, colocou a coroa sobre minha cabeça, entregou-me o cetro e as insígnias que representavam o poder de mando que, a partir daquele momento, eram-me conferidos, conforme decisão de meu pai. Todos se curvaram até ao chão, em sinal de fidelidade e subserviência.

Tentei conter a emoção naquele momento. Eu amava àquele pai. Do meu jeito, mas amava. Aprendera muito com ele e, hoje, tudo o que eu era devia a Ciro. Naquele momento, meu peito se inflou de orgulho, conquanto mantivesse a fisionomia contrita, em respeito ao querido morto.

Ao meu lado, Roxana apertou-me a mão, dando-me forças, certamente compreendendo que – não obstante nossas divergências – ela não deveria fazer oposição ao novo soberano.

Agora, nem ela nem ninguém mais se atreveria a menosprezar-me. "Eu" era o novo Imperador da Pérsia! Um a um, todos os presentes vieram prestar-me obediência, assegurando-me fidelidade e respeito.

* * *

A informação de que a Pérsia tinha um novo rei correu como tempestade de areia no deserto que ninguém consegue deter.

Delegações começaram a chegar dos mais diversos povos e países, prestando-me obediência e fidelidade. Presentes e mais presentes se acumulavam numa demonstração de subserviência: tesouros em ouro, prata, pedras preciosas, jóias, objetos riquíssimos de decoração, cavalos raros e de estirpe, elefantes, camelos, ânforas de óleos aromáticos, armas habilmente lavradas, ervas raras de alto valor, acondicionadas em primorosas caixas de alabastro, entre outras coisas.

Passado o período de luto oficial que eu decretara tudo retornou à normalidade.

Aos poucos, o poder subia-me à cabeça.

Casara-me com outra irmã, Atossa, procurando assegurar minha linhagem, já que o filho de Roxana morrera com dois anos, vitimado por febre insidiosa.

Ciro deixara-me por herança um Império imenso, jamais visto. Sua habilidade em organizar os territórios conquistados, entregando a administração a líderes locais, dava-me tranqüilidade para governar sem demasiados problemas, deixando a cabeça livre para sonhar com grandes conquistas, a exemplo de meu pai.

Voltei a procurar Neila, a bela cativa, que agora se comportava de maneira mais cordata, evitando enfrentar-me. Observava suas reações com certa ironia e prazer, pois me sabia agora respeitado e temido pelo poder do qual fora investido.

Ratan, cada vez mais, fazia-se indispensável para mim. Instruía-me diante de uma situação difícil, orientava-me nas decisões e, acima de tudo, despertava-me o desejo de poder sempre maior, instilando-me pensamentos de dominação e grandeza.

Em nossas conversas, falava-me de terras riquíssimas, de tesouros desconhecidos, que poderíamos conquistar. Referia-se ao território do Egito, que possuía uma civilização antiga e cheia de esplendor jamais igualado.

Desde que Ratan começou a falar sobre as terras egípcias, eu não conseguia parar de pensar nelas, como idéia fixa. As imagens da beleza dos palácios, dos monumentos e templos, passaram a encher-me os olhos. Por intermédio da sua narrativa brilhante e detalhada, ficava a imaginar jardins maravilhosos, o luxo dos palácios, os templos suntuosos, a maneira de ser e de viver desse povo que cultuava a morte, construindo pirâmides e túmulos riquíssimos.

Tudo isso me encantava. Interessante é que as coisas que o anão contava me pareciam familiares. Como o rio Nilo, com suas águas mansas que, na época das cheias, inundavam as terras ribeirinhas, fertilizando-as e gerando fartura para o povo. Descrevia-me as barcas que singravam o grande rio, como estrada líquida que ligava as cidades, transportando gêneros alimentícios, material de construção, animais e tudo o mais que fosse necessário, facilitando o entrosamento e o comércio entre os habitantes.

Aos poucos, deixei-me fascinar pelas imagens que vislumbrava, e um intenso desejo de conhecer pessoalmente o Egito invadiu-me.

Sim! Por que não conquistá-lo?

Na Pérsia estava tudo em ordem, e eu trazia no sangue o gosto pela guerra de conquista, que herdara de meu pai. Assim, resolvi atacar o Egito. Ao tomar essa decisão, um frêmito de prazer agitou-me.

Consultei Ciaxares e Creso sobre minha decisão, e eles concordaram, afirmando-me que a conquista do Egito seria uma vitória importante, fortalecendo ainda mais o poderio persa.

Como desde a morte de Ciro estávamos afastados dos combates, para executar esse empreendimento era necessário aumentar o número de soldados. Com esse objetivo, expedi servidores fiéis para recrutar homens dentre todos os povos do Império para nosso contingente, homens esses que, devidamente treinados, iriam ser incorporados ao invencível exército de Ciro.

Por meio de um mapa grosseiro, que Ratan fizera mostrando habilidade de excelente desenhista e conhecedor de muitas terras, inclusive do Egito, foi possível estabelecer o traçado, escolhendo meus generais o melhor caminho para atingir esse país.

Assim, além de um imenso exército que passamos a treinar, criamos uma esquadra aproveitando as habilidades dos povos navegadores do meu Império, que eram os gregos da Jônia e os fenícios do Levante. Dessa forma, navegaríamos até a desembocadura do Rio Nilo.

Tudo preparado, certo dia nos pusemos a caminho de Gaza, considerada a última cidade de importância antes de entrarmos no deserto que separa o território da Palestina do continente africano.

A viagem foi longa e exaustiva, mas promissora. Roxana seguiu comigo; queria tê-la perto de mim para vigiar-lhe os passos. Vários conselheiros de confiança estavam em nossa companhia e, dentre eles, Creso, já idoso, porém sempre importante por suas observações judiciosas e sensatas, motivo que me fazia recorrer a ele em última instância, no caso de dúvida.

Rafiti e Malec, meus seguranças, também faziam parte da minha comitiva, além de homens importantes pelos conhecimentos bélicos, inclusive Ratan que passava despercebido por todos, julgado pelos demais como apenas um escravo que ganhara minha condescendência por sua aparência grotesca.

Eu procurava evitar maiores ligações com ele, preservando-lhe a identidade, pois, a distância, o anão representava "os olhos e ouvidos do rei", relatando-me tudo o que diziam às minhas costas. Entre as mulheres que seguiam com a tropa, estava Neila. A princípio, não pensara em trazê-la conosco, todavia, a jovem prisioneira, ao saber que iríamos para as terras do Nilo, jogou-se a meus pés suplicando que a levasse junto. Estranhei esse seu desejo, mas ela disse-me que sentia uma especial predileção pelo Egito e imensa vontade de conhecê-lo, sem saber a razão. Então, decidi-me. Tê-la na viagem seria útil e bom. Certamente, meus guardas a vigiariam de perto, para evitar uma fuga, como talvez fosse sua intenção.

Outra figura importante era Dario, que fora recrutado e que, aos poucos, demonstrava seu valor. Era corajoso, hábil no manejo das armas, dotado de grande habilidade tática, raciocínio prático e lúcido.

Suas sugestões, quando solicitadas, eram sempre corretas, aliando-se a isso uma finura de trato para com todos, o que lhe permitia resolver diplomaticamente os casos mais intrincados com os soldados. Por suas qualidades, cativara meu interesse, minha admiração e, por fim, minha amizade. Além do que, era filho de Histaspes, governador (ou sátrapa) de uma das províncias do Império Persa, e descendia de ramo colateral da família real, o que lhe conferia uma aura de mais valor e respeito.

Dario, a exemplo de Ratan, assegurava-me que a época era propícia para a conquista do Egito, cuja situação era bem incômoda. Governado pelo velho faraó Ahmés 2º, da 26ª dinastia, encontrava-se enfraquecido pelas lutas empreendidas contra Nabucodonosor, que há menos de um século dominara o exército egípcio. Nesse período, o Egito não conseguira aumentar seu poderio, reparando os estragos propiciados pela guerra. O Império Persa, ao contrário, aumentava continuamente, o que gerava expectativa e tensão para os governantes egípcios, visto que o Egito era o último grande reino independente do mundo conhecido.

O próprio Ciro sonhara em anexar as terras egípcias ao seu Império; só não o fez por não ter tido tempo suficiente, colhido pela morte e obrigado a apresentar-se diante dos deuses.

E agora, sabedor de que o exército persa se movimentava para invadir seu território, Ahmés 2º tentava fazer acordos, obter ajuda com os povos amigos, sem nada conseguir. Os gregos, em quem confiava, recusaram-se a tomar-lhe o partido, temerosos do poderio persa. Fizeram mais: os gregos de Samos juraram-me fidelidade e colocaram sua frota à nossa disposição.

Ahmés, porém, era um homem idoso e experiente, e, conquanto a situação não lhe fosse propícia, ainda tinha a esperança de conseguir vencer, rechaçando os invasores persas. Eles tinham um grande trunfo. Ahmés sabia que o deserto era um aliado poderoso, e confiava no deserto existente entre Gaza e o território egípcio, uma faixa que não era grande, mas se mostrava um terrível adversário para os que não estivessem habituados às suas peculiaridades: a temperatura extremamente elevada, o que tornava as areias tórridas e difíceis de suportar; suas tempestades de areia que impediam toda a visão, desnorteando os viajores; além disso, era região árida em excesso, que provocava a morte com rapidez.

O exército persa teria que enfrentar esse inimigo implacável por muitos dias, desgastando-se na travessia – se conseguisse sobreviver – para enfrentar o contingente egípcio, que o aguardaria no final do trecho, descansado e resoluto.

Como o destino trabalha dando a cada um aquilo que merece, o exército persa foi favorecido "milagrosamente" pela deserção de um oficial egípcio.

Certo dia chegou ao nosso acampamento um grupo de nômades do deserto, liderados por um mercenário, que se apresentou como oficial do exército egípcio. Sua finalidade, afirmava o chefe do bando, era oferecer seus préstimos ao Imperador persa.

Encontrava-me nesse momento entretido em minha tenda com generais, conselheiros e oficiais mais graduados. Recostados em macias almofadas, comíamos e bebíamos, conversando descontraídos. No fundo, temíamos a faixa de deserto que iríamos enfrentar, mas nos tranqüilizávamos jactando-nos de estarmos acostumados ao deserto.

Um dos guardas de plantão avisou Malec, que, imediatamente, comunicou-me a presença de estranhos no acampamento.

– O que fizeste? – inquiri.

– Estão presos, senhor, aguardando tuas ordens. Já os teria matado, contudo insistem em falar contigo, alegando importante contribuição para o exército persa. O que faremos, majestade?

Pensei por momentos, depois ordenei:

– Traze-me o chefe. Cuida, porém, para não caíres em alguma cilada.

– Não te cause isso preocupação, meu senhor. Rafiti está atento para qualquer eventualidade.

Dispensei-o com um gesto. Alguns minutos depois retornou com um desconhecido alto, magro, com as mãos amarradas, ladeado por dois soldados.

Fiz um sinal para que se aproximassem. Todos os presentes se calaram. O egípcio rojou-se ao solo, curvando a cabeça até o chão. No entanto, apesar da atitude humilde, havia nele um ar de orgulho que me incomodou.

– Fala, infeliz. O que desejas? Como te atreves a entrar no acampamento persa, desafiando nosso poderio?

– Filho dos deuses! Só pretendo ajudar.

Estupefato, sorri com ironia diante da sua pretensão.

– Ajudar Cambises, o Imperador da Pérsia? Por que farias isso? – indaguei.

– Tenho minhas diferenças com o faraó Ahmés, e desejo a vitória do teu exército.

– Petulante! O que me garante que não me trairás, como fazes agora com teu soberano?

– Nenhuma garantia. Precisas confiar em mim, majestade.

– Reconheço que, no mínimo, és corajoso, para teres ousado estar sozinho entre teus inimigos.

– Permite que eu fale, majestade, e não te arrependerás.

– Muito bem. Considerando-se que eu resolva confiar em ti, o que tens a nos oferecer?

O egípcio respirou mais aliviado. Depois, pôs-se a falar:

– Majestade, não ignoro tua familiaridade com as areias do deserto. Todavia, esse trecho que terás que atravessar com todo o exército, embora relativamente pequeno, é insidioso e tem causado a morte a pessoas bastante experientes. Assim, ofereço-te a ajuda de meus homens, criaturas nômades do deserto, e profundos conhecedores da região.

Relanceei o olhar pela tenda, abarcando a todos os meus homens que ouviam perplexos. Depois, voltei a fitá-lo com sarcasmo.

– E o que tem esse pequeno deserto de tão especial? – perguntei, caindo na risada e sendo acompanhado pelos demais.

Sem deixar-se influenciar, ele respondeu com tranqüilidade, mostrando grande segurança e conhecimento de causa:

– Majestade, as temperaturas são elevadíssimas, as areias tórridas e não existe água. As tempestades de areia ofuscam a visão e os menos experientes perdem o rumo. Não farás a travessia em menos de dez dias e, até lá, todo o exército persa terá sido exterminado.

Deixando de rir, fiquei sério. Um silêncio estranho se fizera na tenda. Se esse egípcio falasse a verdade, teríamos um problema grave a resolver. Então, lenta e sutilmente, indaguei:

– Como esperas nos conduzir para que cheguemos sãos e salvos ao final do percurso?

Mais animado, percebendo que conseguira finalmente despertar meu interesse, o egípcio explicou:

– Senhor, já pensei em tudo. Meu plano é montar um comboio de camelos, que, em esquema de revezamento, transporte água até onde o exército persa estiver localizado, sem impedir, naturalmente, que as tropas continuem avançando. Os soldados chegarão com condições muito melhores e com moral elevado para enfrentar no final do deserto o faraó, que o estará esperando para defender com ardor e coragem o seu território, e não deve ser subestimado. Todavia, se o exército persa conseguir atravessar mais rapidamente o fatídico deserto, levará grande vantagem, pois Ahmés não conta com isso.

Fiquei maravilhado com a solução encontrada pelo oficial egípcio. Então, Ahmés 2º contava com o extermínio do nosso exército? Pois iria se surpreender! Com decisão, ordenei:

– Como te chamas?

– Hartef, majestade, para servir-te! – respondeu, inclinando-se.

– Faça-se como o planejado. Aprovo a idéia. Soltai-o! – ordenei aos guardas.

Depois, dirigi-me ao egípcio:

– Pois bem, Hartef. Terás a oportunidade de provar que estás com a razão, mas cuidado! Não tentes me enganar ou fugir, porque meus homens estarão atentos aos teus menores movimentos.

Ele sorriu pela primeira vez, abrindo os braços, agora livres das correntes:

– Majestade! Como poderei fugir, cercado pelo invencível exército persa de Cambises?

Também sorri diante do seu bom humor.

Com um gesto dispensei-o, ordenando a um de meus oficiais que lhe fornecesse tudo o que fosse necessário para dar seqüência ao seu plano.

Aquela noite encerrou-se em meio a muita alegria. Já considerávamos ganha a batalha contra o Egito.

23
Senhores do Egito

Orgulhosos e confiantes, após os preparativos necessários para dar seqüência ao plano do oficial egípcio, o exército persa prosseguiu no trajeto rumo ao seu destino.

As dificuldades eram imensas, os obstáculos quase intransponíveis e os problemas com o contingente surgiam vez por outra, obrigando-nos a uma parada de modo a resolvê-los.

Fomos beneficiados, porém, por um fato inesperado. O velho faraó Ahmés 2º, no dia anterior ao ataque, subitamente ficou doente e morreu, deixando o exército egípcio desarvorado. O sucessor de Ahmés 2º, seu filho Psamético, era jovem e inexperiente.

Assim, o novo faraó e comandante do exército egípcio, Psamético 3º, foi obrigado a enfrentar, como primeira ação do seu governo, um grande desafio: a ameaça persa. Para ser justo, devo dizer que, apesar da sua falta de experiência e de conhecimento de estratégias bélicas, agiu corretamente. Quando nosso exército emergiu do deserto, eles nos esperavam desafiadores, prontos para o ataque.

Os carros de combate enfileirados brilhavam ao Sol; essas bigas, puxadas por dois cavalos, estavam ocupadas pelo condutor, portando armadura e capacete, que segurava as rédeas; um arqueiro e um lanceiro, além de um ajudante para suprir as necessidades dos demais em combate; o faraó vinha num desses carros, incentivando os soldados à luta; depois, os pelotões da infantaria.

Avançamos lutando bravamente e com inaudita coragem. A verdade é que não podíamos retroceder. Dentro de nós estava esculpida em imagens ardentes a travessia do deserto que acabáramos de fazer. Sabíamos que não poderíamos voltar, no caso de uma fuga, pois nosso único caminho seria retornar para o terrível deserto, o que era absolutamente impraticável. Assim, era preciso avançar sempre, sem medo e com determinação.

Os egípcios, por outro lado, lutavam com bravura, apaixonadamente, defendendo seu território, propriedades, negócios, famílias, a liberdade enfim. Tudo o que o Egito representava para eles estaria perdido se nós conseguíssemos a vitória. No ardor do combate, víamos os indícios desse medo nos olhos febris, nas respirações ofegantes; sabíamos que seus corações batiam forte, que seus reflexos trabalhavam com rapidez para frustrar um golpe certeiro, ao mesmo tempo que brandiam a machadinha com firmeza sobre o inimigo.

No entanto, após horas de um combate sangrento, estávamos vencendo. O chão se encontrava juncado de cadáveres e feridos, cujo sangue era absorvido pela areia, grande parte deles de egípcios. O faraó Psamético, também se dando conta desse fato, percebeu que a quantidade de seus soldados diminuía atingida pelos invasores persas, e, reconhecendo que perdia a batalha, tomou uma decisão que lhe pareceu a mais adequada no momento: deu ordem aos seus generais para a retirada das tropas.

Assim, a legião egípcia fez meia-volta e iniciou a fuga, enquanto nossos guerreiros soltavam gritos de júbilo comemorando a vitória. Sim, ali, na região de Pelusa, no Delta do Nilo, derrotamos os egípcios!

Satisfeito, dei ordem aos nossos generais para prosseguirmos no encalço deles. Agora, mais do que nunca, precisávamos aproveitar a fragilidade do inimigo. Com ânimo novo e entusiasmo redobrado saímos em perseguição do exército de Psamético, que buscou a segurança na capital, Mênfis, onde se trancou, preparando-se para resistir ao cerco persa.

Quando vimos o que ele pretendia, exultamos. Sua desesperada ação seria a nossa vitória. O exército persa estava acostumado a vencer pelo cerco, o que já tinha provado sobejamente em outras oportunidades. Sabíamos como fazê-lo. Além disso, como estratégia de guerra, era regra básica que, acuar-se numa fortaleza, só fazia sentido em duas hipóteses: a primeira, na falta de outra opção mais apropriada, preparando-se de antemão para essa eventualidade por meio do estoque de larga provisão de víveres, de água, de armamentos e tudo o mais que fosse necessário para resistir a um cerco, cuja duração era imprevisível; a segunda, se houvesse a esperança de socorro vindo de fora, caso em que os sitiados procurariam resistir até a chegada de reforços.

Diante da atitude do faraó, porém, nós nos alegramos e comemoramos. Sabíamos perfeitamente que Psamético não poderia contar com reforços de fora; nenhum povo se arvoraria em prestar-lhe ajuda contra a legião do todo-poderoso Império persa. Quanto ao resto do país, as outras cidades, não tinham como mobilizar um socorro, visto que todo o exército estava ao lado de Psamético, sitiado em Mênfis, e o povo egípcio não possuía armas nem condição para enfrentar os persas. Dessa forma, só lhe restava entregar-se ou morrer com toda a cidade. Não teriam comida nem água por muito tempo, por não terem se preparado para essa eventualidade, e certamente não deixaríamos que nada nem ninguém entrasse ou saísse da cidade.

Por outro lado, nossa situação no exterior era bastante confortável, pois nada nos faltava. Como gatos a brincar com ratos, montamos acampamento a uma distância que nos permitisse ficar fora do alcance de suas armas, mas próximo o suficiente dos muros para controlar o isolamento da grande cidade. E nos dispusemos a esperar. À noite, acendíamos fogueiras e conversávamos ao redor delas, sem pressa. Cantávamos e dançávamos, bebíamos e nos regozijávamos, aguardando a capitulação egípcia. Aos poucos, começaram a se aproximar de nós comerciantes, malabaristas, malfeitores perseguidos pela justiça, e, como não poderia deixar de ser, também mulheres em busca de diversão. Ofereciam-nos tudo o que o dinheiro pode comprar. Essa parcela do povo egípcio não estava preocupada com a guerra em curso; vinha em busca de defender seus próprios interesses, seus negócios e suas vidas. Passaram a conviver conosco, brindávamos juntos, davam-nos presentes em troca de proteção, vendiam seus serviços a peso de ouro, prestando-nos favores.

Mênfis, contudo, resistia bravamente. Diante da fome, da sede, das doenças e das mortes dentro da cidade, a multidão se aglomerava defronte do palácio de Psamético, suplicando ao faraó que abrisse suas portas. Indignavam-se diante das notícias de que, dentro do palácio real, havia fartura e ninguém se privava de nada, enquanto eles morriam à míngua. Ao mesmo tempo, as informações que corriam sobre o inimigo tranqüilizavam o povo; as notícias divulgadas era que os persas costumavam ser generosos com os vencidos, não lhes impondo restrições humilhantes; que os povos que se submeteram ao Império persa viviam em paz e segurança; que os templos eram respeitados e que continuavam a manter sua fé e a cultuar seus deuses.

Diante do clamor da multidão cada vez maior que acampava à frente do palácio, gritando e suplicando por ajuda, embora a guarda real procurasse expulsar os manifestantes mais afoitos; diante da devastação do povo, que morria aos milhares, de fome, de sede e de doenças, o faraó não teve mais como suportar a pressão.

Atendendo ao clamor dos súditos, Psamético 3º acabou se rendendo diante da nossa persistência.

A entrada triunfal do exército vencedor na cidade de Mênfis foi um acontecimento retumbante. Quando os grandes portões se abriram, o desfile persa encheu os olhos dos egípcios, maravilhados. As fileiras disciplinadas e simétricas dos soldados, a quantidade de homens e de artefatos de guerra, mostrando nosso poderio, fizeram o povo curvar-se de admiração e respeito à nossa passagem.

De nossa parte, estávamos perplexos. A grandeza, a magnificência e o luxo das construções, dos templos e dos palácios egípcios era algo jamais visto. Aquilo que na Pérsia considerávamos como belo e luxuoso ali era tosco e grosseiro. E eu, o grande conquistador Cambises 2º, Imperador da Pérsia, apesar da vitória, senti-me humilhado diante de tamanha riqueza. Naquele momento lembrei-me de Ratan. Nas descrições que me fizera do esplendor egípcio nada havia de exagerado; ao contrário, o que tinha sob meus olhos era superior a tudo o que imaginara. Não ignorava que o Egito era um país antigo, cuja história era soberba, mas a visão da realidade deixou-me tomado de verdadeiro assombro.

Não é preciso dizer que, a partir daquele momento, dominamos o Egito. A queda de Mênfis, no Baixo Egito, determinou a derrocada do país. Também não é preciso dizer que o povo iria se surpreender, pois tudo o que conheciam sobre os persas dizia respeito a Ciro, Imperador persa, mas quem governava agora era eu, Cambises 2º, que pensava e agia de maneira diferente.

Diante do palácio faraônico, joguei a cabeça para trás e soltei uma gargalhada. Sentia-me jubiloso por ter os egípcios sob meus pés. Um prazer demoníaco me dominou, como se aquele momento representasse uma vingança ardentemente aguardada por fatos acontecidos no passado. Como se eu já tivesse sido espezinhado por eles e agora tivesse a oportunidade da revanche.

Olhei para os lados e notei Ratan, que, no meio da minha guarda pessoal, fitava-me sorridente, de cabeça erguida. Curioso é que percebi, em seu olhar, a mesma satisfação e o mesmo orgulho que eu sentia diante dessa conquista, que representava a queda do último dos reinos antigos independentes.

Corria o ano de 525 a.C.

Subindo as escadarias do palácio real, meu peito se inflava de orgulho, considerando-me onipotente. Submeti o faraó, que depusera as armas, aos maiores vexames; aprisionei-o, humilhei-o publicamente, e depois o deportei para Susa. Mandei passar no fio da lâmina seus assessores mais diretos, procurando preservar a lealdade à minha volta.

Desde que coloquei os pés naquele palácio, tudo o que havia de pior dentro de mim pareceu aflorar com mais intensidade. Sob a assistência de Ratan, que me denunciava o menor deslize cometido pelos egípcios, eu punia os traidores com a morte.

O Egito todo se rendeu, dobrando-se à minha vontade.

As festividades prosseguiam no palácio em honra à nossa vitória. Vestido com o traje real e o manto, eu trazia a barba postiça; na cabeça a dupla coroa, branca e vermelha, símbolo do Alto e do Baixo Egito, além do cetro e da chibata nas mãos. Os nobres egípcios vinham prestar-me obediência e lealdade, trazendo presentes em ouro e magníficos ornamentos; jóias belíssimas e valiosas como broches, colares, peitorais, brincos e braceletes; vasos riquíssimos, ânforas de óleos aromáticos, estojos de alabastro finamente lavrados, caixas em lápis-lazúli portando armas incrustadas de pedras preciosas, presas de elefante e tudo o que tivesse valor. Meu coração fervia de entusiasmo, julgando-me um deus. Afinal, além de meus muitos títulos, acumulava agora também o de faraó do Alto e Baixo Egito. Adotei como nome de trono Mesut-i-re, que significava "Descendente de Rá".

Nesse período, comecei a notar entre Roxana e Dario, agora meu amigo, indícios de uma relação mais íntima. Interceptava olhares trocados entre eles, sorrisos e gentilezas que me faziam ferver o sangue. O ciúme aplacado com o desaparecimento de Esmérdis voltou com todo o seu peso. Mantendo-os sob vigilância cerrada, cheguei à conclusão que nada havia da parte de Dario, que parecia verdadeiro amigo. O mesmo não poderia dizer de Roxana, cujos olhares o perseguiam onde estivesse.

Deixei-me dominar por um ódio feroz. Certo dia, estando em meus aposentos, o guarda anunciou minha esposa Roxana. Mandei que entrasse. Nesse momento estava mordiscando algumas tâmaras e tomando uma bebida feita de cevada, confortavelmente instalado sobre um leito, recostado em almofadas.

Roxana levantou o reposteiro e entrou sorridente. Sentou-se ao meu lado, e apanhou com delicadeza uma fruta, com sua mão longa e fina. Acompanhei seu gesto, não deixando de admirar-lhe a mão, que sempre me fascinara.

Começamos a conversar. De repente, ela disse-me:

– Meu esposo e rei! Trago-te uma notícia auspiciosa que, espero, irá proporcionar-te muita alegria.

– Pois fala, Roxana!

– Estou esperando um outro filho teu – respondeu, sem rebuços.

Abracei-a, feliz, congratulando-me com ela.

– Sim, querida Roxana, a notícia que me trouxeste é verdadeiramente digna de comemoração. Vamos anunciar à corte a chegada do meu herdeiro. Faremos festas por três dias para homenagear o novo rebento. Para quando aguardas a chegada do nosso filho?

Ela respirou fundo, sorriu, e informou-me:

– Não fiques tão ansioso, Cambises. Minha gestação deve estar por volta do quarto mês ainda. O bebê demorará a nascer!

Sentia-me orgulhoso pela vinda de um herdeiro, mas estranhei a demora de Roxana em me comunicar o fato, e a inquiri, severo:

– Por que não me anunciaste antes o evento, deixando correr tantos meses?

O sorriso desapareceu de seu belo rosto, enquanto me dizia:

– Conheço tua vontade de ter um herdeiro, e queria evitar que te frustrasses diante de um alarme falso. Agora, tenho a certeza. Sinto a vida pulsar dentro de mim!

– Ah! Não importa, Roxana. Desde que venha com saúde e cresça para ser o futuro Imperador persa, já estou satisfeito.

– E se for mulher, meu querido?

– Não. Será homem, tenho certeza.

Notei que Roxana ficou um pouco pensativa, mas continuamos a conversar trocando idéias sobre nossa vida ali no Egito.

No entanto, algo aconteceu naquele momento que me tirou a paz daquela hora. Logo em seguida, Roxana contou-me que cruzara com Dario no corredor e que este, ao saber que ela se dirigia aos meus aposentos, mandara-me votos de uma vida feliz e cheia de saúde.

Estranhei esse fato, que era absolutamente normal em nossos relacionamentos, mas que, no momento, suscitou-me dúvidas, despertando-me o ciúme doentio. De repente, um ódio insano apoderou-se de mim, e acusei-a abertamente. Ela negou, mas não com a veemência que eu desejava e esperava. Discutimos. Levantei-me e comecei a andar pelo aposento, dizendo-lhe palavras duras, incapaz de me conter. Roxana igualmente me atingiu fundo, assegurando-me no auge da exasperação:

– Não te amo, Cambises, nunca te amei. Casei-me contigo por imposição de Ciro, nosso pai, e obrigada por minha mãe, que me desejava um futuro brilhante ao lado do herdeiro do trono da Pérsia. Com o tempo, nosso relacionamento piorou porque passei a ver em ti alguém doente, um monstro de maldade e insânia. Nunca te traí. Porém, já que pensas que sou uma traidora, este filho que espero não será teu. A partir de agora será só meu. Só meu! Eu te odeio, eu te odeio!

Naquele instante, o sangue subiu-me à cabeça. Petulante! Imaginar que poderia tirar-me os direitos de pai! Ou, então, tudo o que eu imaginava era verdade. Aquele deveria ser o rebento de um outro homem. De Dario, certamente.

Puxei a espada, que se encontrava apoiada num móvel, para atingi-la. Não tive coragem, porém, e, com um grito exaltado, apliquei-lhe um terrível ponta-pé na barriga.

Ouvindo meus gritos, os guardas acorreram e viram a tragédia. Roxana, caída no tapete, curvada sobre si mesma, mantinha as mãos sobre o ventre, denotando grande sofrimento, enquanto o tapete se tingia de sangue.

Creso, meu fiel conselheiro – que aguardava na antecâmara para ser recebido – entrou também, e, ao ver o estado dela, mandou chamar o sacerdote-médico, que atendeu com presteza.

O médico examinou-a com cuidado e não teve dificuldade em perceber que Roxana estava tendo uma hemorragia. Mandou que a levassem rapidamente para seus aposentos.

Ao meu lado, Creso tentava serenar-me:

– Calma, Cambises. Tranqüiliza-te.

Ouvindo-lhe a voz mansa, fui acalmando-me aos poucos. Deixei-me cair num banco, enquanto os servos tomavam todas as providências para limpar o aposento, retirando os vestígios de sangue.

– O que houve, meu rei?

Com o rosto lavado em lágrimas, em estado de choque, respondi num sussurro:

– Ela disse que não me amava. Que o filho era só dela. Roxana me traiu.

Creso, penalizado, pensou um pouco e, conquanto pelas minhas palavras não tivesse entendido direito o que acontecera, julgando até que ele se referisse ao filho falecido, considerou:

– Não, Cambises. Roxana não te trairia. Certamente disse essas palavras num momento de raiva, mas ela sempre te foi fiel. Acredita nisso.

Olhando para a porta, por onde acabara de sair Roxana, como morta, sem apresentar reação, balancei a cabeça.

– Agora pouco importa. Roxana está morta e, com ela, meu filho.

Percebi o espanto no semblante de meu conselheiro e, em seguida, a expressão de piedade estampada em sua face. Todos ignoravam a gravidez de Roxana. Eu mesmo, só ficara sabendo pouco antes.

Tentando conter a emoção, Creso disse:

– Lamento, meu senhor. Todavia, o médico a está examinando e nos trará notícias. Aguardemos. Melhor descansares um pouco. Deita-te. Estás nervoso e desequilibrado. Chamarei um médico real para atender-te.

Aceitei sua sugestão. Não desejava pensar mais. Deitei-me e fiquei quieto no leito. O médico chegou, examinou-me, ministrou algumas gotas calmantes e mergulhei no sono.

* * *

Nos aposentos de minha esposa, o médico lutava para conter o fluxo de sangue, sem resultado. Permaneceu ao lado dela, procurando socorrê-la. Logo, porém, Roxana entrou em estado de inconsciência e, pouco tempo depois, faleceu.

Aquele momento de loucura custou-me a vida do filho que iria nascer, e que seria meu herdeiro. Ao mesmo tempo, perdi a esposa e o filho.

Ao receber a notícia, fechei-me em meus aposentos, alucinado, sem querer ver ninguém.

Gritei e chorei de dor e de ódio. Num acesso de loucura, quebrei tudo o que estava ao meu alcance. Não saberia dizer o que aconteceu comigo naquela hora. A confusão mental era tamanha que passei a desconhecer o local onde me encontrava.

Ao mesmo tempo, ouvia perto de mim risos satânicos; o ambiente parecia-me repleto de sombras ameaçadoras que se divertiam com meu sofrimento. E aí, o pior aconteceu. Passei a ver os seres que me cercavam: semblantes horripilantes que me acusavam; outros gargalhavam, satisfeitos com minha situação.

Dizia-me irônica uma delas, aproximando-se de mim:

– *Agora estás em nossas mãos e não nos escaparás!*

– *Fomos nós, maldito, que te trouxemos aqui, onde tantos males tu plantaste. Agora, não escaparás à nossa vingança. Aqui, nesta terra, onde nos espezinhaste, nos escravizaste aos teus interesses, nos destruíste a honra e a vida receberás o retorno por tudo o que fizeste. Tu e aquele teu mestre infeliz e demoníaco, causador de tantos males* – afirmava outra.

Acuado num canto do aposento, acocorado sobre o tapete, eu tremia de pavor, enquanto um suor gelado me envolvia dos pés à cabeça; cada pêlo do meu corpo estava eriçado.

O médico entrou no aposento e viu-me o estado de desequilíbrio. Imediatamente chamou meu criado de quarto e puseram-me no leito. Aplicou-me medicação calmante, e, em poucos minutos, caí em sono profundo.

* * *

Ao acordar, fui informado de que o corpo de Roxana seria submetido às cerimônias fúnebres, e depois, embalsamado, como de uso pelos egípcios. Não quis vê-la. Ninguém me perguntou o que acontecera, ninguém tocou no assunto. Eu sabia que comentavam a morte de Roxana e de meu filho pelos corredores do palácio, mas ignorei o fato.

Após a morte de minha esposa a vida continuou seu curso.

Cada vez mais eu demonstrava o estado de insanidade que se apossara de mim. Muitas vezes, mais consciente, eu lamentava os atos que praticava, lembrando-me com carinho de minha mãe, que sempre me amou, de Ciro, meu pai, e de Aziz, morto havia anos, cuja personalidade marcante e sábia me era tão importante, mantendo-me equilibrado.

Sentia-me praticamente sozinho, sem escoras e sem direção.

24
Aisha

A vida no Egito não me foi muito favorável. Meu estado de saúde mental piorava cada vez mais, levando-me a cometer as maiores insânias, os maiores crimes, as maiores atrocidades.

Os egípcios, que a princípio me tinha recebido bem, logo perderam suas esperanças ao verificar que minha personalidade era diferente da de Ciro. Assustados, puderam comprovar meu temperamento irascível, vingativo e sujeito às variações de humor, além de uma ambição desmedida.

As riquezas do país me seduziram. Ratan informara-me sobre a existência de tesouros de valor incalculável nos templos e nos túmulos. Assim, passei a sonhar em descobrir esses tesouros. Cheio de volúpia, via-me coberto de riquezas, e não conseguia pensar em outra coisa. Desse modo, comecei a agir com o fim de atingir meus objetivos. A sanidade, porém, fugia-me cada vez mais.

Por outro lado, a ânsia de domínio, de conquistas, entrara-me no sangue. Tendo conquistado o Egito, desejava agora conquistar toda a África. Para atingir essa meta, sonhava em submeter Cartago[18], localizada mais a oeste do estuário do Nilo, porto mercantil importante no Mar Mediterrâneo, e que pela posição estratégica nos seria extremamente útil, que poderia alcançar por mar ou por terra, atravessando o deserto da Líbia. Ao sul, atacaria a Etiópia, atravessando a Núbia.

A ansiedade, porém, em atingir esses objetivos, a pressão que recebia dos nobres e dignitários egípcios, não contentes com a situação, a urgência em definir rumos de governo, tomar decisões importantes, tudo isso redundou em séria crise orgânica. Certo dia, desabei no tapete numa crise sem precedentes, em que as convulsões se repetiam, deixando-me prostrado.

Quando acordei, com a cabeça pesada e o corpo dolorido, levei a mão à boca seca e, de imediato, mãos frescas e delicadas aproximaram de meus lábios um pedaço de linho embebido em água, refrigerando-me.

Senti um perfume leve e envolvente. Abri os olhos e julguei estar diante de uma visão. O belo semblante de uma jovem surgiu à minha frente. Traços perfeitos, pele delicada, boca pequena e carnuda e os olhos castanhos mais belos que eu já vira. Seus cabelos escuros e lisos desciam-lhe sobre os ombros e notei que não vestia o traje dos escravos.

Novamente adormeci; despertei tiritando de frio. Ela agasalhou-me e deitou algumas gotas de uma substância amarga em meus lábios. Voltei a dormir. Por três dias e três noites delirei tomado de uma febre maligna; ao acordar, era atendido sempre pela jovem de mãos

---

18. Cidade da costa da África do Norte, situada numa península próxima da qual se encontra hoje a cidade de Túnis, na Tunísia. Fundada por colonizadores fenícios de Tiro, antes de 814 a.C., Cartago tornou-se, em pouco tempo, uma república marítima muito poderosa, freqüentada por gregos, fenícios e outros. (N.M.)

frescas e delicadas. Certa manhã eu acordei mais bem disposto; a febre tinha desaparecido. Fiz um movimento e ela debruçou-se sobre meu leito. Fitei-a numa interrogação muda, quando surgiu a cabeça do meu médico ao lado dela.

– Majestade, tomei a liberdade de trazer, para cuidar de ti, uma de nossas sacerdotisas, que sabe como tratar doentes. Ela é de inteira confiança, podes ficar descansado. Respondo por ela com a minha vida.

Voltei meu olhar para a jovem desconhecida e murmurei:

– Como te chamas?

– Aisha, meu senhor, para servir-te – respondeu, inclinando levemente a cabeça.

Eu estava encantado. Ela era uma criança ainda, deveria ter uns quinze anos; no entanto, seu porte, suas maneiras mostravam serenidade e segurança. Desejei sentar-me, e ela prontamente trouxe grandes almofadas para apoiar minhas costas. Depois, ficou parada à espera de minhas ordens.

Pedi algo para comer. Imediatamente trouxe-me uma bandeja com algumas tâmaras, uma caneca de chá e um pedaço de pão preto. Fitei espantado o conteúdo da bandeja e ordenei que me fosse servida uma refeição.

– Esta é a refeição mais adequada às tuas condições, majestade. O chá foi preparado com ervas que agirão beneficamente sobre teu corpo. Como estás fraco, deves ingerir coisas leves.

Ela respondera-me com delicada firmeza, sem mostrar medo ou servilismo, o que me agradou.

Resolvi não discutir. Enquanto fazia minha refeição, observava seus menores gestos, discretamente. Ao terminar, chamei-a:

– Aisha! É este teu nome, não é?

– Sim, meu senhor.

– Estou sonolento. Dormirei mais um pouco. Não permitas que ninguém me perturbe.

– Sim, majestade. A sonolência é efeito do chá, que acalma e retempera as forças físicas. Tem bom sono, meu senhor.

Ela afastou-se e fechei os olhos. Sentia-me deslumbrado com a presença da pequena Aisha. Quem seria ela, afinal? Por que sua presença, seus gestos, sua maneira de caminhar me pareciam tão familiar? E seus olhos? Onde já teria visto aqueles lindos olhos amendoados e sedutores, de longas pestanas, e que ao mesmo tempo mostravam a tranqüilidade de um céu sem nuvens ou a doce serenidade de um lago? Pelos deuses! Onde já a encontrara pelos caminhos da vida?

Fechei os olhos e mergulhei em sono profundo. Sentia-me estranhamente seguro e confiante, como se estivesse protegido de todo mal.

Para minha felicidade, o primeiro rosto que vi ao acordar foi o de Aisha. Sorri, satisfeito. Não, não era sonho. Ela era real. Estava ali ao alcance de minhas mãos.

Desejei levantar-me e ela colocou os chinelos ao alcance de meus pés.

– Aisha, já nos conhecemos? – indaguei curioso, completando ao ver seu espanto. – É porque sinto que me és estranhamente conhecida, como se fosses alguém que tivesse privado de minha vida e que eu houvesse esquecido. Dize-me, onde foi que nos encontramos?

Ela sorriu, e seus olhos sorriram também, enquanto uma fieira de dentes alvos surgia. Diante daquele doce sorriso, fiquei ainda mais encantado. Sim! Eu a conhecia! Parecia-me que reencontrara aquele lindo sorriso depois de longo, longo tempo.

– Os caminhos dos deuses são insondáveis, majestade. Talvez já tenhamos nos encontrado antes, em épocas remotas.

– Como assim? O que queres dizer com isso?

– Que não vivemos apenas uma vida, meu senhor. Que construímos elos de amor através do tempo...

As palavras dela me lembraram as informações que eu já tinha recebido, a confirmação dos meus próprios sentimentos diante das visões que me aterrorizavam, e uma sombra de tristeza invadiu-me o coração.

– E também de ódio, de ressentimento...

– Sim, majestade. Mas dependem de cada um de nós os atos bons ou maus da vida. Aprendi no templo que plantamos e colhemos de acordo com nossa vontade.

Naquele momento, lembrei-me de tudo o que estava acontecendo, da grave situação política que atravessava, das atrocidades que praticara, dos atos abomináveis, que, diante deles minha mãe, sempre tão boa, ficaria triste, e meu pai, Ciro, certamente recriminaria. Perto dela, senti desejo de abrir-me e falar do que me ia dentro do peito, como se fosse alguém muito próximo e querido, a quem pudesse fazer confidências.

– Aisha, creio que tenho plantado muitas coisas más.

– Majestade, sempre é tempo de mudar, de recomeçar.

Nesse momento, os criados aproximaram-se para vestir-me, e não pudemos continuar o diálogo. Ela afastou-se discretamente.

Meu secretário aproximou-se, informando:

– Majestade, os ministros e conselheiros aguardam para serem recebidos.

Mergulhei em um novo dia, pleno de situações difíceis para resolver, de decisões a serem tomadas, de graves assuntos de Estado para discutir.

Malec também me aguardava. Após resolver os assuntos mais urgentes, indaguei o que desejava.

– Meu rei, ouso lembrar-te a existência de uma mulher que se mostra impaciente.

– Mulher?!... Quem é?

– Neila, meu senhor.

– Ah!... – exclamei. Esquecera-me completamente dela. – Malec, tranqüiliza-a. Assim que puder irei vê-la. Ou melhor, diga-lhe que irei jantar com ela esta noite.

Assim que tomei essa resolução, já me arrependera. Não tinha a menor vontade de rever Neila, que tanto me interessara antes. Meus pensamentos agora estavam todos voltados para Aisha, minha pequena enfermeira.

Malec afastou-se para cumprir a ordem que lhe dera.

A lembrança dela me fez sorrir. Perguntei por Aisha e ninguém soube me dar notícias. Chamei Rafiti, que estava na antecâmara, e mandei que procurasse saber da jovem por intermédio do sacerdote-médico.

Caminhei para o jardim, detendo-me a observar as plantas e as flores. Não demorou muito, Rafiti veio ter comigo. Encontrou-me sentado num banco de mármore, a pensar. Ao vê-lo, comentei:

– Rafiti, observa que belas flores tem o meu jardim! O jardineiro é muito competente, não achas?

– Sim, meu senhor. É muito competente, e as flores são muito belas.

Depois, ficou calado por alguns instantes como se estivesse a pensar. Em seguida, considerou:

– Todavia... se me permites, majestade, nunca pensei que tivesses interesse por flores.

– É verdade, Rafiti. Todavia, hoje as achei lindas. Talvez porque o dia também esteja tão bonito.

Rafiti arregalou os olhos, ainda mais espantado. Vendo-o parado à minha frente, lembrei-me da incumbência que lhe dera.

– E então, soubeste do paradeiro de minha enfermeira Aisha?

– Sim, meu senhor. O médico disse-me que ela retornou ao templo, uma vez que o rei está recuperado do... do mal-estar súbito.

Irritado, levantei-me colérico:

– E quem deu ordem para que ela retornasse ao templo? Aisha é muito eficiente e pretendo que permaneça a meu lado. Ordeno que seja trazida de volta para o palácio imediatamente!

Bufando de raiva, retornei para o interior do palácio, sem me lembrar mais de que o dia estava lindo e as flores, belas.

25
Complicações políticas

Meus delírios de grandeza não conheciam limites. Ansiava tornar-me imortal. Com esse propósito, ordenei a meus arquitetos que fizessem um projeto de um grande monumento, para servir-me de túmulo após a morte; porém, desagradou-me sobremaneira o projeto que me apresentaram. Achei-o feio, pequeno e insignificante, o que ofendeu meu orgulho desmedido.

Afinal, os faraós do Egito construíam monumentos enormes, belíssimos, repletos de luxo e riqueza, para servir-lhes de sarcófago. Eu também desejava perpetuar meu nome através do tempo, para que as futuras gerações pudessem dizer: "Eis o túmulo de Cambises 2º, Imperador da Pérsia e faraó do Egito! Vede quão grande ele era!"

Assim, sentia-me profundamente irritado diante da incapacidade de meus arquitetos, e, nessa manhã em que eles me apresentavam o projeto de construção, externava-lhes meu descontentamento de maneira assaz veemente e em altos brados, enquanto eles, cabeça baixa, ouviam-me cheios de medo.

Estava no meio dessa discussão que já durava algum tempo, quando Rafiti penetrou na sala, acompanhado por meu médico. Imediatamente esqueci o que dizia, as reclamações que fazia, e dirigi minha atenção para os recém-chegados, para alívio dos pobres construtores que ficaram livres da minha fúria.

– Ah! Eis meu médico que chega! Aproxima-te, sacerdote Zeiu.

– Majestade! Mandaste chamar-me? – cumprimentou-me ele, inclinando-se ligeiramente.

– Sim, Zeiu. Por que razão Aisha deixou o palácio real sem meu consentimento?

Inclinando-se novamente, o sacerdote considerou:

– Majestade, a sacerdotisa Aisha foi levada de volta para o templo, onde exerce suas atribuições e tem importantes serviços a realizar.

– Porventura, seriam mais importantes do que a saúde do teu faraó? – perguntei irônico.

– Certamente que nosso faraó está acima de tudo. Que os deuses te preservem em glória e saúde! Todavia, majestade, estás recuperado e não mais precisas de uma enfermeira a teu lado, o que me levou a supor que poderia reconduzir Aisha para suas atividades normais no templo.

– Enganas-te, meu bom sacerdote. De hoje em diante, requisito os serviços da sacerdotisa Aisha. Ordeno que ela permaneça a meu serviço.

O religioso esforçava-se por conter seu descontentamento, conquanto não tenha conseguido refrear um imperceptível gesto de contrariedade. Porém, precisava evitar que suas palavras desagradassem ao faraó. Então, mordendo os lábios discretamente para esquivar-se de uma contenda, ele prosseguiu tentando se justificar:

– Majestade! Reconheço que permanecer ao teu lado é uma honra a que qualquer dos teus súditos almeja. No entanto, meu soberano, as sacerdotisas devem permanecer no templo, entregues às atividades para as quais foram treinadas... salvo em caso de emergência.

– Pois então, considera que esta é uma emergência, Zeiu. Preciso de Aisha aqui, no palácio real. Ordeno que ela venha o mais rapidamente possível. Se não vier por bem, meus guardas irão buscá-la.

O pobre sacerdote não sabia mais o que fazer. Tentando ganhar tempo, tirou um lenço de dentro da túnica e passava-o na testa e na cabeça rapada enxugando o suor copioso, enquanto febrilmente pensava numa saída honrosa.

– Entendeste, Zeiu?

– Sim, majestade, perfeitamente. Todavia, sou um simples religioso e a decisão não me compete. Quero deixar claro, porém, que a permanência de uma sacerdotisa em palácio é contra as regras do nosso templo. Comunicarei tua ordem ao nosso sumo sacerdote, a quem está afeta a decisão.

– Pois faze como achares melhor, desde que seja feita minha vontade.

O religioso inclinou-se e foi saindo sem dar as costas ao soberano, como o protocolo exigia, até deixar a sala.

Satisfeito, dei uma grande risada, sendo acompanhado por meu fiel Rafiti.

Creso, que entrava naquele instante e ouvira parte do diálogo, ponderou:

– Majestade! Permite-me dizer-te que, com essa decisão atinges muito duramente a casta sacerdotal. Os religiosos não irão se conformar, e eles são vingativos.

– Meu bom Creso. Tens toda razão, eles devem odiar-me. Não te preocupes comigo, porém. Sei como aplacar-lhes a ira. Essa casta é orgulhosa, vingativa, mas ambiciosa.

– E posso saber como farás isso, Cambises?

– Verás. Quero que estejas aqui quando o sumo sacerdote se apresentar para falar com o faraó, o que, segundo meus cálculos, não deve tardar.

Após o almoço, Rafiti veio avisar que a liteira do sumo sacerdote havia parado à entrada do palácio. Logo, ouve-se um burburinho na antecâmara. A autoridade máxima do templo pede uma audiência com o faraó, e é introduzida sem demora.

– Eu te aguardava, Somief. E então?

– Majestade! Fui informado de tua pretensão. Quero dizer-te, meu senhor, que o que exiges é absolutamente contrário à nossa ordem. Asseguro-te, porém, que temos outras jovens, igualmente bem preparadas para atendimento médico, e qualquer uma delas poderia permanecer a teu serviço. Não, porém, Aisha.

Respirei profundamente mostrando meu desagrado, e depois considerei:

– Não sabes quanto lamento, meu caro sumo sacerdote Somief. Para demonstrar minha generosidade e gratidão, havia até reservado um régio presente que pretendia fazer ao Grande Templo. Infelizmente...

A expressão do religioso mudou. Tentando não demonstrar excessivo interesse, inclinou-se ligeiramente, deixando ver a cabeça rapada que brilhava sob a luz do Sol que entrava por uma das janelas, e indagou:

– Ah! E pode-se saber que presente é esse, majestade?

– Lembra-te do nobre Ireret, que, por posicionar-se como inimigo do faraó, foi destituído de seus bens e condenado à morte? Pois bem.

Como sabes, caro sumo sacerdote, Ireret era um homem muito rico, e o faraó pretendia fazer a doação do palácio dele, com todas as suas terras, ao Grande Templo. É uma pena! Infelizmente, terei que repassar esse esplêndido palácio – com todos os seus tesouros! – para outrem.

Com os olhos a brilhar de cobiça, o sumo sacerdote dirigiu-se a mim com expressão mais conciliadora:

– Pensando bem... Sempre se pode dar um jeito, majestade. Tua vontade é uma ordem e, longe de mim, desejar opor-me a teus desígnios. Não tenho autoridade para libertar a sacerdotisa Aisha de seus votos, o que só Rá pode fazer. No entanto, por meio de rezas, abluções e oferendas a Rá, quem sabe poderemos contornar a situação, e sensibilizar o coração do nosso deus? Dá-me o prazo de sete dias.

– Concedo-te apenas um dia.

O sumo sacerdote inclinou-se, concordando:

– Seja. Amanhã à mesma hora voltarei e, segundo espero, com o problema resolvido. Para tanto, pretendo passar a noite em vigília de orações. Quem sabe Rá concederá ao nosso soberano o que tanto almeja?

Fiz um gesto de concordância e o religioso saiu com a fisionomia radiante. Olhei para Creso com ironia e largo sorriso de vitória.

– Não te disse que conseguiria?

– Tens razão, Cambises. Esses sacerdotes fazem tudo por dinheiro.

Ambos caímos numa gargalhada.

* * *

Na tarde do dia seguinte, no mesmo horário, apresentou-se Somief em meu gabinete.

– E então? Qual a decisão de Rá? – perguntei um tanto sarcástico, uma vez que já sabia a resposta.

Ele inclinou-se, reverente, e iniciou um discurso tentando convencer-me das suas supostas ações para abrandar o coração de Amon-Rá em atenção ao meu pedido. Sem paciência para ouvir-lhe as lamúrias, cortei suas explicações asperamente:

–Não quero saber o que fizeste. Poupa-me os ouvidos e vai direto ao fim.

O religioso calou-se, empalidecendo diante da minha grosseria. Depois, com voz sumida, finalizou:

– Amon-Rá aceitou nossas orações e oferendas. Aisha poderá permanecer no palácio real enquanto desejares.

Em seguida, deu dois passos para o lado esquerdo, e fez um sinal com a mão. Imediatamente, vi entrar a sacerdotisa Aisha. Estava soberba. Trajava vestes brancas e esvoaçantes, bordadas em prata e ouro. Na cabeça trazia um véu que lhe cobria o rosto, vedando-lhe o belo semblante. Fascinado, eu a vi caminhar em minha direção, sentindo o coração bater descompassado.

Ao chegar à distância protocolar, parou e inclinou-se. Em seguida, com as mãos delicadas, levantou o leve véu e pude ver seu rosto. Estático, eu não conseguia falar. Com sua voz suave ela disse, quebrando o protocolo:

– Aqui estou, majestade, para servir-te.

Recuperando a voz, agradeci a concessão de Rá, e, com ligeiro gesto, Creso trouxe um rolo de papiro que foi entregue ao sumo sacerdote.

– Pela generosidade de Amon-Rá, faço entrega a Somief, o sumo sacerdote, de uma dádiva real.

Trêmulo de emoção, o religioso pegou o documento que lhe dava todos os direitos sobre a propriedade do infeliz Ireret, que, a partir daquele momento passava a pertencer ao Grande Templo de Amon.

Somief agradeceu ao faraó a oferenda e, inclinando-se, deixou a sala, a um sinal meu que dava por terminada a audiência. Depois, sem a presença do desagradável religioso, dediquei minha atenção à nobre Aisha. Trocamos algumas palavras desejando-lhe boa estadia no palácio, e, em seguida, ordenei a meu secretário que encaminhasse a sacerdotisa até os aposentos que eu mandara providenciar especialmente para ela.

A partir desse dia, sob a benéfica influência de Aisha, importantes mudanças ocorreram em meu comportamento. Sempre que estava para tomar uma atitude mais drástica, pensava duas vezes, consultava-a, e acabava por demonstrar mais tolerância e mais brandura nas decisões.

Cada vez sentia-me mais preso ao seu fascínio. Sua presença passou a ser-me tão necessária quanto o ar que respirava. Não concebia mais a vida sem Aisha ao meu lado.

As esposas e concubinas reclamavam-me as atenções, mas eu não sentia mais vontade de vê-las. Neila, sobretudo, irritava-se com minha ausência. Certo dia, ela mandou recado por Rafiti, exigindo-me a presença, alegando urgência em falar comigo. Curioso, resolvi atender-lhe à solicitação.

Logo ao chegar, cercou-me de atenções e cuidados. Falava do quanto sentia minha falta. Aceitei seus carinhos e gentilezas e depois perguntei:

– Ainda não me disseste o que tens de tão importante a falar comigo, Neila.

Ela, que se preparava para colocar uma tâmara em minha boca, parou e fitou-me, embaraçada.

– Cambises, não me amas mais? Antes, tuas visitas eram freqüentes, e não passava uma lua sem que viesses ver-me! – reclamou com jeitinho tristonho.

– Falta-te alguma coisa, minha bela? Não tenho te cercado de luxo e riquezas, conforme prometi?

– Certamente que sim, majestade. Contudo, continuo cativa. Numa gaiola dourada, sem dúvida...

– De que te queixas, Neila? Teus aposentos são grandes e suntuosos, cercados de belos jardins. Teus trajes e jóias, sem desdouro, poderiam pertencer a uma rainha. As iguarias que te servem são as mesmas da mesa real; tens criadagem pronta a atender teus menores caprichos. Que mais te falta, minha bela?

– Tua presença, Cambises. Sinto-me excluída da tua vida! – fez uma pausa e prosseguiu. – Por que não me tomas por esposa?

Jogando a cabeça para trás, soltei uma gargalhada sarcástica.

– Tu és muito atrevida, minha querida. Pedes-me em casamento? Esqueces que sou o rei? Aqui, sou eu quem decide com quem quero me casar.

– Mas... Após a morte de tua esposa Roxana, tendo em vista os elos que nos unem, pensei...

– Pois pensaste mal. Não pretendo casar-me contigo, senão já o teria feito. E podes crer, Neila, mesmo que resolvesse tornar-te minha esposa, esse fato por si só não mudaria tua vida e nem te daria prerrogativas à minha presença.

Extremamente irritada, ela levantou-se e pôs-se a caminhar medindo o aposento como uma fera enjaulada, esfregando as mãos, nervosa.

– Então... então... por que não me libertas de uma vez? Se não te sirvo para nada, se sou obrigada a ficar sozinha, entregue a mim mesma, por que não me deixas ir embora? Quero poder decidir da minha vida, ir para onde eu quiser... ter liberdade, enfim!

Impaciente com seus arroubos, eu me levantei e, agarrando-a pelo braço, afirmei exasperado:

– Cala-te! Basta de exigências! Eu te dei tudo o que poderia dar a alguém. Talvez tenhas esquecido que, para mim, tu és apenas uma prisioneira, nada mais. Agora vens com essa idéia absurda de ser minha esposa! O que te levou a crer que poderias ser minha imperatriz?! Poupa-me de teus caprichos. Aqui, só eu mando e sou obedecido. Livra-te de despertar a minha cólera, porque te arrependerás amargamente. Agora, pensa com muito cuidado em tudo o que eu te disse.

Rodei nos calcanhares e saí do aposento pisando duro. Ao me afastar ainda pude ouvir-lhe o choro convulsivo e os gritos de raiva, ao mesmo tempo em que escutava o barulho de objetos de decoração que se quebravam, atirados contra a parede.

Resolvi que não voltaria a vê-la. Teria que decidir sobre seu futuro e o que fazer com ela, pois se tornara um fardo difícil de carregar.

Dentro de mim, um ódio imenso por Neila se agigantava cada vez mais. Toda a atração que exercera sobre mim estava morta. Sem dúvida, meus sentimentos por ela sempre tinham sido dúbios, estranhos, incompreensíveis.

Meu pensamento voltou ao passado e recordei-me do dia em que a vira pela primeira vez. Por ordem minha, ela estava presa numa cela. Fui até o calabouço para conhecê-la, e Malec abriu-me a porta. Peguei um archote, com o coração disparado. Entrei. A cena delineou-se nítida em minha mente. Na cela havia apenas um leito, uma pequena mesa sobre a qual havia uma candeia de azeite e um banco tosco de madeira. Ao lembrar-me daquele dia, voltei a sentir o cheiro de umidade e de mofo que senti então, causados pela falta de Sol. Ela estava num canto, acocorada, espremida contra a parede. Tentei acalmá-la afirmando que não desejava fazer-lhe mal algum; queria apenas conhecê-la. Sentei-me no banco e perguntei seu nome. Ela respondeu: Neila. Pedi que se aproximasse sem receio, para podermos conversar. Ela pareceu pensar por alguns segundos, depois se decidiu; ergueu-se lentamente e deu dois passos em minha direção. Ergui os olhos e, só então, à luz do archote, eu vi seu rosto. A prisioneira estava toda suja, as roupas em frangalhos, a cabeleira em desalinho; mas não pude deixar de perceber também que seu porte era elegante, que seus braços, roliços e bem torneados, terminavam em mãos delicadas. Seu peito arfava de medo e raiva, com certeza, e o colo que surgia sob o decote da blusa mostrava uma pele lisa e aveludada. Sob grande emoção, fitei seu pescoço fino e longo que se abria qual uma flor sustentando uma cabeça soberba, de semblante lindo; a pele perfeita, branca como leite, deveria ser agradável ao toque; a boca rosada era carnuda e bem feita; o nariz, pequeno e bem delineado; e os olhos eram dois lagos verdes e profundos, que longos cílios tentavam esconder. Tudo isso cercado por uma moldura de cabelos ruivos e sedosos, com cachos a descerem pelos ombros.

Diante dessa imagem, prendi a respiração. A emoção era tanta que eu não conseguia falar. E naquele momento, difícil definir as sensações que me tomavam de assalto. Um sentimento de vitória por tê-la ali, um imenso prazer pela sua presença, mas também um misto de repulsa e desejo de fazê-la sofrer, agora que a tinha sob meu poder.

Mas, por quê? Parecia-me que semelhantes sentimentos eram muito antigos e longamente acalentados, como se a tivesse conhecido antes. No entanto, jamais a vira! Como conciliar essas sensações, como explicá-las?

De repente, ela jogou-se a meus pés, suplicando que lhe concedesse a liberdade. Sua voz, que eu ouvia pela primeira vez, agitou-me as fibras mais profundas. Vê-la a meus pés, suplicante, em lágrimas, causava-me incontida satisfação.

Coisa estranha! Ao mesmo tempo em que ela me atraía, que eu a desejava, um sentimento, misto de ódio e de rancor, fazia-me ansiar vê-la sofrer, como se quisesse vingar-me por alguma coisa que me tivesse feito. Mas como isso era possível, se acabáramos de nos conhecer?

Agora, finalmente, esse relacionamento chegava ao fim. Não suportava mais sua presença. Teria que encontrar uma solução.

26

Esperança de felicidade

Além dos inúmeros problemas que me exigiam a atenção como faraó do Egito, havia outros, de minha alçada pessoal, que precisavam ser resolvidos; entre estes, a situação de Neila, que se fazia cada vez mais difícil. Ela não mais me despertava o interesse. E, apesar de ser mantida à distância, o simples fato de sabê-la habitando o palácio real, conquanto bem distante dos meus aposentos, e ainda assim, tão próxima de mim, causava-me grande desconforto e irritação, como se ela representasse sempre um perigo, uma adaga suspensa sobre minha cabeça, pronta a me atingir a qualquer momento.

Existia um fato que eu ignorava e que iria pesar na minha vida. Neila conseguira despertar o interesse de alguém muito ligado a mim e de inteira confiança: Malec.

Durante aqueles anos, Malec acabara por ficar responsável pela prisioneira, uma vez que Rafiti, agora chefe da guarda real, tinha atribuições mais importantes.

Malec era um persa bonito, elegante e que atraía a atenção das jovens onde estivesse. Certa ocasião, durante uma viagem, acampados, à noite, ao redor de uma fogueira, os soldados falavam de suas conquistas e nos divertíamos com suas histórias. Em dado momento, eu brinquei com ele afirmando que, apesar do assédio das mulheres, nunca o vira mais interessado em alguém; ele respondeu-me, um tanto evasivo, alegando não ter tempo para o amor. Os demais fizeram pilhérias a respeito dele e acabamos mudando de assunto.

A verdade é que Malec se apaixonara pela prisioneira. Por sua vez, Neila, astuta e atraente, sabia como utilizar os sentimentos dele por ela. Tudo isso, porém, eu ignorava na ocasião, sabendo só muito tempo depois.

Também por essa época, Ratan passou a fazer comentários e insinuações contra Creso, o que me deixava descontente e incomodado. De maneira discreta a princípio, aumentando gradualmente. Quando o pressionei exigindo me explicasse as razões da sua rejeição àquele que eu, tanto quanto meu pai, Ciro, tínhamos em grande consideração, alegou:

– Ainda não sei bem, meu senhor, mas confesso que tenho observado reações estranhas em Creso, que me levam a julgá-lo indigno de tua confiança. Estou fazendo averiguações e acredito que não tarda o momento em que possa dar-te informações mais concretas.

– E esperas que acredite em tuas idéias, quando não me apresentas provas contra meu conselheiro? Fala, ordeno-te! Afinal, em que se baseiam tuas dúvidas?

Nesse momento, estávamos conversando a sós no meu jardim privativo, mas ele olhou em torno como se temesse ouvidos indiscretos, e em seguida baixando o tom de voz, justificou-se:

– Majestade, tenho notado que ele sente inveja do teu poder.

– Inveja?!... Ratan, Creso serviu a Ciro durante muitos anos e continua servindo a mim sempre com a maior lealdade. Seus conselhos são sempre judiciosos e ponderados, visando o interesse do Império. Não posso crer!

– Majestade, por isso evitava expor-te meu pensamento antes de certificar-me do que digo. Todavia, posso afirmar-te que tenho notado olhares estranhos, de inveja e desejo de poder.

– Quando?

– Quando recebeste a coroa do Império Persa, por ocasião da morte de Ciro, percebi que ele a olhava com expressão diferente, cobiçosa, como se a desejando para si mesmo.

– Não posso crer, Ratan.

O anão sorriu ironicamente, depois ponderou lentamente:

– Meu faraó, filho dos deuses! Creso era o rei da Lídia! Perdeu a coroa de um reino riquíssimo quando os persas, comandados pelo sempre lembrado e invencível Ciro, conquistaram seu país. Conheces muito bem esse episódio. O soberano estava tão enlouquecido, tão desesperado, que desejou imolar-se numa fogueira com sua família e os mais leais servidores, não suportando a humilhação da derrota. Teu pai, Ciro, apiedou-se do seu desespero e o impediu, trazendo-o para a Pérsia e colocando-o a seu serviço.

O anão fez uma pausa, lançou seus olhos amarelos de ofídio sobre mim e indagou:

– Não achas que alguém que já foi rei possa sentir falta de comandar um exército, do poder de mando, da glória de governar um país, da volúpia de receber os aplausos da multidão à sua passagem?

Quedei-me pensativo. As ponderações de Ratan eram justas, mas eu me recusava a desconfiar de Creso, a quem considerava um verdadeiro amigo, e que já me valera em inúmeras ocasiões. Mas o anão prosseguiu:

– Também quando entraste em Mênfis com teu exército, coberto de glórias, a caminho do palácio real, para receberes as insígnias de faraó do Egito, olhei para Creso e novamente notei um brilho de cobiça em seu olhar. Afirmo-te, majestade, por quem és! Não confies nesse homem se não queres ser apunhalado pelas costas.

Eu estava com a mente em brasas com tudo o que ouvira. Queria ficar a sós e poder refletir. A presença de Ratan incomodava-me sobremaneira.

– Vou pensar em tudo o que me disseste, Ratan. Voltaremos ao assunto. Agora, deixa-me só.

Ele inclinou-se e desapareceu entre os arbustos. O ar estava perfumado pelas flores, o dia lindo e agradável, mas eu sentia um peso sobre minha cabeça e uma angústia a constringir-me fortemente o coração.

Ah!... Somente a presença da querida Aisha tem o dom de balsamizar meus dias. "Esse, porém, é outro problema difícil de resolver", murmurei para mim mesmo, suspirando.

Apegara-me tanto à minha jovem e bela enfermeira, que não imaginava mais a vida sem ela. Com o transcorrer dos dias, passei a acalentar o propósito de fazê-la minha esposa. Sim, por que não? Mais do que qualquer outra mulher, ela merecia ser imperatriz!

A esse pensamento, meu corpo agitou-se. Tê-la a meu lado, viver com ela, era tudo o que eu poderia desejar. Conseguiria a permissão do sumo sacerdote, custasse o que custasse. Certamente, com o envio ao templo de grandes oferendas, uma vez que Rá era exigente e não se contentava com pouco. Sorri a esse pensamento. No fundo, sabia que não era o deus que se mostrava exigente e ambicioso, mas a casta sacerdotal, representada por Somief.

Como se enviada pelos deuses e transportada pela brisa, eu a vi caminhando entre as aléias floridas. Como Aisha estava diretamente ligada a mim, concedera-lhe permissão para utilizar meu jardim privativo; porém, era a primeira vez que a encontrava nesse local. Levantei-me e dirigi-me a seu encontro. A jovem estava tão distraída que só deu pela minha presença quando lhe dirigi a palavra:

– Aisha!

Levantando os olhos, uma expressão de surpresa e temor surgiu em seu belo rosto.

– Oh, majestade! Perdoa-me estar aqui em teu jardim preferido!

Tranqüilizei-a, ao mesmo tempo em que a erguia, pois se ajoelhara a meus pés.

– Nada fizeste de errado, bela Aisha, que precise do perdão do faraó. Tens minha permissão para utilizar este recanto sempre que desejares.

– Obrigada, majestade. Estava em meu quarto e, olhando pela janela, pude ver as flores e sentir-lhes o agradável aroma. Não resisti. Deixei meus aposentos e pus-me a caminhar, entretendo-me na contemplação de tanta beleza!

– Quando te vi, parecias um anjo cercada de flores! Vem, senta-te aqui neste banco. Julgo providencial tua presença. Precisava mesmo falar contigo.

– Sentar-me em tua presença, majestade? Não posso...

– Tens minha permissão. Esquece o protocolo.

Aisha elegantemente sentou-se na outra ponta do banco, desejando colocar a maior distância possível entre nós.

Sorri discretamente notando-lhe a intenção. Depois, procurando deixar o ambiente menos formal, indaguei:

– Aisha, ainda não pudemos conversar desde que vieste para o palácio. Gostaria de saber o que sentes, o que pensas. Agrada-te viver aqui? Tens sido bem tratada? Sentes falta de algo?

Corando diante de tantas perguntas, que demonstravam um interesse incomum, ela respondeu:

– Oh, sim, majestade! Viver aqui neste palácio é um verdadeiro sonho. Sinto-me feliz e nada me falta...

– Nada te falta, mas...

Ela me fitou com os olhos cheios de lágrimas, completando:

– Senhor! Agradeço-te imensamente o interesse que demonstras por mim. Não me creias ingrata, majestade, quando tanto tenho recebido da concessão do faraó.

– Prossegue...

– Todavia, ainda sinto falta da quietude e da paz do templo. Lá, entre as paredes sagradas, ou nos jardins perfumados, era fácil orar. Mas aqui... em meio a tantos ruídos, tantos apelos, tantas coisas que nos afetam as sensações, que nos falam aos sentidos... sinto-me atordoada.

Enquanto ela falava, eu procurava captar em seus olhos, na cambiante expressão do seu rosto e das suas palavras, os seus pensamentos e o que ela deixava entrever nas entrelinhas. E percebi que, a despeito de sua repulsa por tudo o que fosse mundano, ela estava se deixando envolver por essa nova vida, plena de festas, de prazeres, de sensações.

Inclinei-me e, com delicadeza, peguei a mãozinha que descansava em seu regaço, e ela estremeceu.

– Entendo perfeitamente o que sentes, minha bela Aisha. Gostarias de voltar para o templo?

Ela agitou-se, e vi seu peito arfante, sob as brancas vestes.

– Oh! Não, majestade! Não foi isso o que eu quis dizer. Aprecio bastante a vida que levo agora.

Ela lançou-me um olhar repleto de candura e de gratidão. Sorri encantado, percebendo que ela não me era indiferente. Assim, ousei perguntar-lhe:

– Aisha, desde que chegaste, meu coração se tomou de amores por ti.

– Majestade!...

– Deixa-me prosseguir. Desde que te vi pela primeira vez, senti que laços profundos nos unem, como se te conhecesse desde sempre. Teus olhos, teu jeito meigo, tua maneira de falar... tudo em ti me encantou. Era como se eu estivesse a te reencontrar depois de longo tempo, entendes?

Ela ergueu os olhos e vi que estavam úmidos de emoção.

– Também senti a mesma coisa por ti, majestade – ela respondeu baixinho.

Sem poder conter-me por mais tempo, venci a distância que nos separava e enlacei-a em meus braços. Naquele momento, pareceu-me que retornava para o lar depois de longo tempo, ou como se houvesse aportado a um oásis refrescante após a travessia de um deserto escaldante.

Abracei-a e beijei-a repetidas vezes. De repente, como se naquele momento ela houvesse tornado a si, afastou-se de mim assustada:

– Senhor, não posso! Deixa-me!

– Quando existe amor, nobre Aisha, nada mais importa.

– Sua majestade esquece que eu sou uma sacerdotisa de Rá?

– Minha querida, nada há que não possa ser resolvido. Nenhum obstáculo que não possa ser contornado.

– Não, não. Meus votos são perpétuos. Serei maldita pela eternidade!

Aisha debatia-se, apavorada, enquanto eu procurava acalmá-la.

– Tranqüiliza-te, minha Aisha. Não desejo ver-te desse jeito, tão desesperada. Eu te prometo solenemente encontrar uma solução para nosso amor.

Aos poucos, ela foi serenando, até que sua respiração tornou-se normal. Então, aproveitando o momento, perguntei-lhe:

– Minha querida, aceitarias ser minha esposa? Isto é, se conseguirmos solucionar teu problema religioso?

A jovem ergueu-se, de súbito, e disse com firmeza:

– Majestade, repete esta pergunta se conseguires resolver a questão que nos separa.

Dito isso, afastou-se quase correndo. Acompanhei seu vulto que caminhava entre as aléias, até desaparecer por uma porta entreaberta.

A alegria que me invadia a alma era imensa, inenarrável. Pela primeira vez na existência eu experimentava o sentimento do verdadeiro amor. Não tinha dúvidas de que ela também me amava e essa certeza enchia meu coração de paz e desejo de felicidade.

Não ignorava que teria que enfrentar luta feroz contra a casta sacerdotal que, com certeza, tudo faria para abortar meus planos de ventura. Porém, não desistiria, jamais.

Naquele momento, pus-me a pensar em como tinha sido minha vida até então. Tivera momentos felizes, sem dúvida, a maior parte dos quais passara no acampamento no deserto, ainda menino. Depois, minha existência mudara drasticamente. Cresci e transformei-me por completo. Na adolescência já denotava o caráter viril e cruel, que seria característica da minha personalidade instável e temperamental, orgulhosa e egocêntrica.

Na tela da memória, passei um olhar por todas as atrocidades que já tinha cometido, todos os atos mesquinhos, todos os crimes nefandos. As decisões arbitrárias em que prejudicara pessoas de bem, para favorecer interesses escusos. Lembrei-me da morte de Roxana e de meu filho, causados por um acesso de ira, e que eu lamentaria pelo resto dos meus dias. Recordei-me também do dia em que, desafiado por Prexaspes, um rapaz que afirmava ser meu filho e exigia com arrogância ser considerado como um príncipe, lançando-me as maiores ofensas e vitupérios, cheio de ira, eu atirara uma flecha contra ele, matando-o, sem remorsos.

Todas essas lembranças me atormentavam e cerrei os olhos, tapando-os com as mãos, como se fosse possível não vê-las. Contudo, elas continuavam lá, a atormentar-me do mesmo jeito.

Aisha entrara em minha vida como uma réstia de luz. Não me conformaria em perdê-la, isso nunca. Lutaria com todas as forças, utilizando todos os recursos, e venceria por certo.

Nesse momento, ouvi que alguém me chamava:

– Majestade! Majestade!

Abri os olhos, sem lembrar-me bem de onde estava.

– Majestade, perdoa-me! Dormias?

– Não, Rafiti. Refletia apenas.

– Ah!...

– O que desejas?

– Majestade, aguardam-te na sala de audiências.

– O que houve?

– Nada, senhor. Está na hora das audiências. Só isso.

– Irei em seguida. Ah, sim! Manda avisar ao sumo sacerdote que preciso falar-lhe com urgência.

– Sim, majestade.

Caminhei apressado para meus aposentos. Lavei o rosto e as mãos, o servo ajeitou-me o manto e, em seguida, encaminhei-me para a sala do trono, onde se realizavam as audiências.

Quando apontei na galeria, todos se ajoelharam, mantendo a cabeça baixa. Atravessei a grande sala com toda a pompa e sentei-me no trono, que trazia as insígnias do Alto e Baixo Egito.

O primeiro caso era o de um camponês a quem pesava a acusação de ter roubado duas reses do vizinho.

O vizinho, homem muito bem trajado, alto como uma palmeira, de fisionomia áspera e olhos duros, fez a acusação:

– Majestade, este criminoso entrou em minha propriedade à noite, para roubar-me duas cabeças de gado. Exatamente as melhores que eu tinha. Que ele seja castigado e me devolva, a peso de ouro, o valor que perdi, ou me entregue suas terras para compensar-me.

– Como são as reses?

– Uma é cor de terra e a outra é branca.

Quando ele se calou, o acusado, homem pobre, o que se percebia pela sua aparência, jogou-se ao chão, bradando:

– Majestade! É mentira que o roubei. Jamais tirei nada de ninguém, e todos na cidade me conhecem e poderão testemunhar a meu favor. Jamais vi as cabeças de gado que ele afirma terem sido roubadas. Elas não estão em minha propriedade, senhor, o que pode ser comprovado facilmente.

O acusado calou-se. Dirigindo meu olhar para o acusador, perguntei:

– É verdade o que este homem diz, que as reses não foram encontradas na propriedade do acusado?

– Sim, majestade. Com certeza deve tê-las matado durante a noite.

– Quando aconteceu o roubo?

– Ontem, majestade.

– Então, se o acusado as matou, a carne ainda deve estar lá. E devem existir vestígios por todo lado, não te parece?

O vizinho concordou, a contragosto. Então, dirigi-me ao chefe da guarda:

– Os guardas que foram prender o acusado viram provas do crime por lá?

– Não, majestade. Andamos por tudo e não vimos nada. Aliás, a miséria é tão grande, que a família não tem o que comer – respondeu Rafiti.

Olhei a um e a outro. O acusador, arrogante, mostrava fisionomia irritada e nervosa, por ver que as coisas não estavam saindo como ele esperava. O acusado, na sua humildade, aguardava de cabeça baixa que se fizesse justiça. Compreendendo que o acusador desejava mesmo era obter por esse meio as terras do acusado, e com propensão para a misericórdia nesse dia, exarei a sentença:

– Ordeno que o acusado seja solto por falta de provas. E o acusador, que seja acompanhado até sua propriedade. E, se forem encontradas lá as reses que diz terem sido roubadas (e julgo que ele sabe bem onde elas estão), que leve 20 chibatadas para nunca mais acusar injustamente a quem quer que seja. E as cabeças de gado que sejam entregues ao acusado para compensá-lo pela injúria que sofreu. Tenho dito.

O pobre homem acusado ajoelhou-se, em lágrimas, agradecendo-me a decisão inesperada, e deixou a sala do trono satisfeito. O acusador, por sua vez, rangeu os dentes de ódio, sem poder fazer nada.

Após esse caso, vieram outros e passei o resto da tarde na sala do trono.

As decisões, sempre justas e ponderadas, causaram espanto, pois normalmente eu julgava de acordo com minhas disposições do momento, e estas, de ordinário eram as piores possíveis.

Contente comigo mesmo, deixei a sala cantarolando.

27
Denúncia

Estava em meu gabinete de trabalho, colocando em ordem alguns documentos, quando anunciaram o sumo sacerdote.

– Entra, Somief. Eu te aguardava.

– Vim assim que pude. De que se trata, majestade?

Deixei o que estava a fazer e, sem rodeios, desfechei à queima-roupa:

– Pretendo casar-me com Aisha e necessito saber o que é preciso fazer para desposá-la, já que ela é uma sacerdotisa.

O religioso levou um susto, diante das minhas pretensões. Depois, retirou da algibeira o lenço de linho e limpou a testa, tentando ganhar tempo, depois considerou:

– Majestade, isso é impossível! Aisha fez votos perpétuos de castidade. Por mais que deseje, não tenho autoridade para libertá-la desse compromisso.

– Conheço as tuas impossibilidades, Somief. Conversemos de maneira prática. Farei presente ao Grande Templo de Amon de duas grandes propriedades rurais, que valem uma fortuna. O que me dizes? Aceitas?

Diante da generosidade do faraó, Somief ficou ainda mais aparvalhado. Para encurtar a conversa, considerei com uma certa ironia:

– Sim, sei que precisas de tempo para pensar. Dou-te o prazo de um dia para que me tragas a resposta. Amanhã, à mesma hora, deverás retornar com a decisão. Em caso positivo, receberás os documentos concernentes às propriedades.

O sumo sacerdote saiu e, no dia seguinte, como eu previra, retornou.

– Sim, aceito as propriedades em troca da autorização para teu casamento com Aisha. Pensei bastante e julgo que será muito importante ter uma sacerdotisa como esposa do faraó.

Na mesma hora, fiz entrega dos documentos a Somief. Certo de que a resposta seria positiva, já havia ordenado ao escriba que redigisse os documentos de doação das propriedades.

Exultei. Aisha também ficou muito feliz, e, animados, pudemos dar andamento às providências que nosso casamento exigia.

* * *

Alguns dias depois, estava em meu gabinete colocando em ordem alguns documentos, quando anunciaram Ratan que pedia para ser recebido. Dei ordem para que ele fosse introduzido e continuei o que fazia. Logo ouvi um ruído e, sem levantar os olhos, indaguei:

– O que desejas, Ratan?

Inclinando-se, o anão limpou a garganta, e depois começou a falar:

– Majestade, é a respeito daquele assunto sobre o qual conversamos há alguns dias...

– Que assunto? – perguntei sem atinar com o que fosse.

– "Aquele", majestade! A respeito de teu conselheiro... – disse quase num sussurro.

Agora mais interessado, levantei a cabeça, e, vendo meu secretário que permanecia na sala, ordenei que saísse. Depois, intrigado, voltei a perguntar:

– Creso?

– Isso mesmo, majestade.

– O que tem ele?

– Meu rei, após muita busca, eu encontrei alguém que tem coisas importantes para dizer-te.

– Traze-o aqui.

– Adiantei-me e tomei a liberdade de trazê-lo. Ele aguarda lá fora, majestade. Vou mandar que entre.

Ratan saiu e pouco depois voltou com um homem do povo. O desconhecido era um persa, de estatura mediana, vestia-se com o traje comum do povo, e seu rosto tinha algo que não me inspirou confiança. Todavia, procurava mostrar humildade, mantendo a cabeça baixa e os olhos fitos no lajedo. Levantei-me, dei a volta na mesa e, andando de um lado para o outro, eu o observava, sem conseguir conter a preocupação. No íntimo, temia o que estava por vir.

– Como te chamas?

– Hargon, majestade.

– Pois bem, Hargon. Fala. Conheces o conselheiro Creso?

– Sim, majestade. Tenho a honra de conhecê-lo.

– O que sabes sobre ele?

O interrogado lançou um olhar para Ratan, que o incentivou.

– Nada receies, Hargon. O faraó só deseja saber a verdade.

Então, o desconhecido começou a falar.

– Majestade! Sou oriundo de família muito pobre, mas consegui um bom emprego. Trabalho na casa do conselheiro Creso há cinco anos. Sempre o tive em alta conta, respeitando-o e à sua família. De algum tempo para cá, no entanto, comecei a notar mudança em suas atitudes, notadamente depois que viemos para o Egito.

Ele fez uma pausa, indeciso. Ordenei que prosseguisse.

– Certo dia, estava eu à entrada da residência, quando chegou um desconhecido. Pelo luxo das vestes percebi que era alguém de elevada posição. Comuniquei ao dono da casa, que mandou o introduzisse imediatamente. Creso recebeu-o com todas as honras e de maneira efusiva. Ao ver que me encaminhava para a saída, meu amo pediu-me trouxesse um refresco. Conquanto não fosse da minha alçada, obedeci à ordem recebida e, pouco depois, estava de volta com a bandeja contendo o refresco e dois copos. Enquanto os servia, não pude deixar de ouvir a conversa entre eles. Não citaram nomes, porém falavam de alguém que precisavam afastar a qualquer custo. O recém-chegado dizia:

"– Não te preocupes, sei como fazer as coisas. Tenho o homem que precisamos para essa tarefa. Ele não falha.

– Tens certeza?

– Absoluta, Creso. Já recorri a seus serviços antes e jamais me decepcionou.

– Antes assim. Como se chama?

– Temal.

– Pois bem, meu amigo. Faze o que achares melhor. Prefiro não saber os detalhes; só que nunca mais 'ele' me atrapalhe a vida.

De repente, percebendo que eu ainda estava na sala, aguardando para encher novamente os copos, Creso ordenou:

– Pode ir, Hargon. Eu mesmo servirei.

Obedeci prontamente, entendendo que o assunto era grave. Todavia, curioso, eu saí, mas não me afastei, permanecendo escondido atrás do reposteiro."

– O que é uma falta grave, passível de punição – afirmei, interrompendo-o.

– Sei disso, majestade, e submeto-me aos rigores da lei se julgares que mereço punição. Contudo, se não tivesse permanecido à escuta, não poderia estar aqui prestando-te um serviço e relatando o que sei.

– Prossegue.

– Então, majestade, o que ouvi a seguir deixou-me assustado.

– Dize, rápido! A quem eles se referiam?

– À tua pessoa, majestade!

Estupefato, arregalei os olhos. O sangue subiu-me à cabeça, e, com voz soturna indaguei, rilhando os dentes:

– Mencionaram meu nome?

– Não, majestade. Mas Creso recostou-se na cadeira de alto espaldar, sorriu, levantou o copo selando o acordo e confidenciou ao seu interlocutor: "Depois do serviço feito, nada atrapalhará meus planos e estarei de novo com a coroa a cingir-me a cabeça".

– Creso afirmou tal coisa?

– Sim, majestade.

– Canalha! Não merecia ter sido perdoado por meu pai. Melhor que tivesse morrido naquela fogueira da qual Ciro o retirou, para que não fosse possível, hoje, estar tramando a morte do faraó do Egito! Que os deuses o castiguem.

Deixei-me cair na minha cadeira, atrás da mesa, incapaz de acreditar em tamanha sordidez.

– Víbora que afaguei em meus braços, não mereces viver! – murmurei.

Depois, voltando a mim do estupor, tornei a indagar:

– E quem é o cúmplice?

Hargon pareceu titubear por alguns segundos. Depois, com voz sumida disse:

– O ministro do Tesouro Real.

– Repete. O que disseste?

– Sim, majestade. Mustaf.

Dominado pela cólera, levantei-me e bradei:

– Ratan, chama Rafiti. Quero esses traidores e criminosos presos ainda hoje. Avia-te!

Ratan, porém, inclinou-se até o chão, afrontando a minha ira, e ponderou:

– Majestade! Não deves te expor dessa maneira. O que ouviste hoje precisa de provas. Dá tempo ao tempo. Deixa que os traidores continuem tramando tranqüilamente, ignorantes de que já conheces seus planos. Assim, será mais fácil surpreendê-los.

Pensei um pouco, entendendo que Ratan estava com a razão.

– É justo, Ratan. Teu conselho é sábio. Não devo precipitar-me. Vamos aguardar. Chama-me Rafiti e Malec.

Enquanto o anão cumpria a ordem que lhe dera, retirei de minha veste um belo broche de pedras preciosas e entreguei-o a Hargon.

– Fiel súdito! Aqui tens um mimo que te entrego como testemunho da minha eterna gratidão. Mantém-te alerta, Hargon. Quero ser informado de tudo o que se passa naquela casa. Ouviste?

– Sim, majestade. Serei os olhos e ouvidos do faraó.

– Muito bem. Se me servires lealmente, receberás a recompensa real por teus serviços.

Nesse momento, meus leais guardas entravam.

– Rafiti e Malec, conheceis este homem?

– Não, majestade – responderam em uníssono.

– Chama-se Hargon e é criado de Creso. Guardai a fisionomia dele. Será nossa ligação. Tudo o que ouvir na casa de Creso nos será transmitido.

Depois, dirigindo-me a Hargon, afirmei:

– Meu bom homem, estes são meus guardas de confiança. Tudo o que souberes repassa a eles. Podes confiar neles como em minha própria pessoa.

– Sim, majestade!

– Agora, vai! Que os deuses te protejam!

Hargon saiu, juntamente com Ratan, e passei a entender-me com meus guardas.

– Rafiti, ordeno que montes um esquema de vigilância visando especialmente Creso e Mustaf.

Rafiti trocou um olhar com Malec, depois perguntou:

– Podemos saber o que está acontecendo, majestade?

– Hargon fez uma séria denúncia contra Creso e Mustaf que, a partir de hoje, considero como traidores de lesa-majestade. Não quero que esses criminosos dêem um passo, um pensamento, que não seja observado. Trabalha como quiseres, desde que as provas da traição sejam obtidas. Ordeno rapidez e eficiência. Quero ser comunicado de qualquer fato novo, não importa a hora do dia ou da noite. Entendeste?

– Sim, majestade.

– Muito bem. Então, ao trabalho. Aqueles miseráveis não perdem por esperar.

* * *

Ficando sozinho, pus-me a pensar, relembrando fatos da minha existência que tinham relação com Creso. Conforme as imagens desfilavam-me na mente, cada vez mais me entristecia diante de tamanha deslealdade. Creso sempre fora tratado com todas as honras, gozava de nossa amizade e participava de nossa convivência. Sua família era considerada como parte da minha família e sempre fora o conselheiro atento, criterioso e ponderado. Jamais falava sem refletir e, vezes sem conta, ajudara-me a solucionar assuntos difíceis e complicados. Sempre fora como um pai para mim. E, após a morte de Ciro, com sua presença evocava-me a paterna solicitude.

Balancei a cabeça, inconformado. Não. Não conseguia acreditar. Do mais fundo do seu ser, não aceitava sua traição. A consciência afirmava-me que, apesar da denúncia grave, ele era inocente.

Aquela noite não consegui pregar o olho. O que fazer? Passei as horas revirando-me nos lençóis de linho, sem encontrar a resposta para minhas dúvidas. O amanhecer do novo dia encontrou-me insone e amargurado.

O melhor seria prosseguir nas ações definidas. Que meus homens averiguassem a verdade, qualquer que ela fosse.

Levantei-me sem vontade. Meu criado de quarto ajudou-me com a toalete. Mostrou-me dois ou três trajes para que eu escolhesse o que desejava vestir naquele dia. Com um gesto, fiz-lhe entender que poderia escolher. Vestiu-me. Ajeitou-me os cabelos, a barba, enfeitou-me com as melhores jóias e, depois, deu um passo atrás, observando-me atentamente.

– Perfeito, majestade! A refeição está na mesa.

– Não desejo comer nada. Manda retirar.

Após a saída do criado, continuei pensativo. Não desejava sequer sair dos meus aposentos.

De olhos fechados, ouvi passos leves e julguei fosse o criado que voltasse.

– Deixa-me só. Quero pensar.

Como continuasse a sentir a presença de alguém, abri os olhos pronto a expulsar o intruso, mas contive-me a tempo. Um perfume delicado atingiu-me o olfato. Era a querida Aisha que chegava, certamente alertada pelo criado que estranhara minha atitude. Ela aproximou-se com ternura e colocou as mãos leves e macias em minha fronte.

– O que houve, majestade? Pareces prostrado e sem vontade...

Sorri levemente ao reconhecer-lhe a presença que tanto bem me fazia.

– Tu és o anjo bom da minha vida, Aisha. Tuas mãos benditas me acalmam as dores, sossegam meu coração e elevam meu espírito.

Eu estava sentado, recostado em almofadas de cetim, e fiz com que se acomodasse a meu lado. Tomei-lhe as mãos e beijei-as, levantando os olhos para ela.

– Tua tristeza e teu desânimo me comovem, Cambises. Se puder ajudar-te de alguma maneira, abre-me teu coração.

– Ah! Se soubesses os problemas que me angustiam a alma, querida Aisha! Desejaria eu ser o menor dos meus súditos se isso me livrasse do peso da coroa.

– Algo de realmente muito sério aconteceu contigo ontem. Não queres contar-me o que tanto te angustia?

– Não posso, minha querida. Seria expor-te a perigos que sequer imaginas.

– Mas então... se é tão grave... tua vida também deve estar correndo perigo! – ela murmurou, abraçando-me trêmula e cheia de temor.

Ficamos por algum tempo assim enlaçados, até que o criado entrou avisando-me que o conselheiro Creso desejava ser recebido.

Antes que ele entrasse, balbuciei aos ouvidos de Aisha:

– Cala-te sobre tudo o que te disse. Ninguém pode saber.

– Nem mesmo Creso, teu conselheiro e amigo?

– Não. Nem mesmo ele.

O conselheiro entrou e encontrou-me de pé, ereto e firme para recebê-lo.

– Salve, majestade! Que os deuses te cubram de vida e glória!

Enquanto ele falava, observava-o atentamente, procurando vislumbrar em seu semblante o menor resquício que pudesse confirmar as denúncias feitas. Todavia, Creso mostrava, como sempre, seriedade, simpatia, afabilidade e segurança.

– A que vieste, Creso?

– Temos uma pendência, majestade, que urge resolver.

– De que se trata?

– Daquela província egípcia afastada, aonde um grupo de rebeldes vem causando transtornos ao governo local, gerando insubordinação e dificultando a vida dos seus habitantes. Necessário decidir como solucionar o problema.

Percebendo que o assunto tendia a estender-se, Aisha afastou-se, buscando um recanto discreto, de onde poderia ouvir o que era dito sem nos incomodar com sua presença.

– E o que meu conselheiro sugere?

– Analisei o assunto e julgo que o melhor seria enviar um grupo para lá com o objetivo de estudar a situação. Verificar o motivo das queixas dos rebeldes, e, se justas, tentar resolvê-las da melhor maneira possível. Creio que assim evitaremos problemas maiores, além de quebrarmos a hostilidade dos revoltosos, gerando vínculos de amizade.

– E se não for possível resolver dessa forma?

– Então, as medidas deverão ser mais duras, para contê-los.

Era o mesmo Creso de sempre. Ponderado e firme.

– Como sempre, tens razão. Não interessa ao faraó criar desentendimentos com as províncias. E quem poderia comandar a operação?

– Temos um hábil negociador, que é Dario, além de excelente líder. Iria acompanhado de um contingente do exército para impor respeito e mostrar sua autoridade. E, em caso de combate, estaria preparado para atacar.

– Muito bem. Aprovo tua sugestão. E quando estariam prontos para partir?

– Quanto antes, majestade. O problema já se estende mais do que deveria.

– Manda-me Dario. Falarei com ele. Algo mais?

– Não. Por enquanto é só. Vou procurar Dario agora mesmo.

Creso saiu e voltei-me para a linda Aisha, que repousava em almofadas, examinando uma peça de arte que ficava numa mesinha.

– Ouviste nossa conversa? – perguntei, acercando-me dela.

– Ouvi.

– O que achaste de Creso?

– O mesmo homem de sempre. Gosto dele. Tem sempre uma sugestão oportuna e lógica.

– É verdade. Notaste algo de estranho nele?

– Não. Notei apenas que tem muito carinho por ti, meu rei, o que não é difícil de entender, porque eu também o tenho.

– Achas mesmo?

– Sem dúvida. Quando te olha, o faz como se o fizesse a um filho querido. Mas, o que tens? Parece que voltaste a ficar triste. Foi algo que eu te disse?

– Não, minha querida. Não foi nada. Esquece.

Todavia, uma avassaladora nuvem de tristeza envolveu-me. As palavras de Aisha aumentaram ainda mais minhas dúvidas.

28

Creso cai em desgraça

Aproximava-se o dia marcado para as bodas reais e aceleravam-se os preparativos. Sentia-me cada vez mais próximo da felicidade que tanto desejara e que finalmente estava ao alcance de minhas mãos.

Com um bom humor inesgotável, eu atendia às atividades administrativas e governamentais, recebia os súditos reclamantes resolvendo suas pendências, tomava decisões de ordem geral da população e tantos outros assuntos, que antes sempre me causavam profundo tédio. E depois, corria ao encontro da doce Aisha, aproveitando as horas vagas para estar com a escolhida do meu coração.

Concomitantemente, Ratan continuava tramando nas sombras. Por alguma razão, detestava o conselheiro e não descansaria enquanto não causasse a sua perda. Talvez, no fundo, o anão tivesse inveja da posição de Creso na corte e ciúme das atenções que o faraó lhe prodigalizava.

O fato é que, certo dia, Ratan procurou-me em palácio trazendo as provas da traição do meu conselheiro. Afirmou-me, peremptoriamente:

– Meu senhor! Creso – a quem tu dispensas respeito, consideração e amizade – trai-te miseravelmente e crava uma lâmina às tuas costas. Tenho informação, de fonte segura, de que entre outras coisas, também seria o responsável pela sublevação da província rebelde.

– Será crível?!... Qual a finalidade dele? – indaguei incapaz de acreditar em tamanho absurdo.

– Majestade! O miserável deseja teu trono, e aquela província marcaria o início das operações no sentido de atingir seus objetivos. Tem contado com ajuda de algumas pessoas para conseguir o apoio do povo. Conseguindo realizar seus intentos, ele lá se estabelecerá, fincando suas bases e passando a desafiar-te o poderio.

– Mas é um território tão pequeno!...

– O deserto é feito de pequenos grãos de areia, assim como o mar é composto de minúsculas gotas de água, majestade. Não lhe será difícil, após ter-se apossado da província, conseguir a adesão de outras e outras, também descontentes.

– Achas mesmo isso?

– Tenho certeza, majestade. E não é só.

– Tem mais?

– Muito mais. Não te esqueças, majestade, de que o reino da Lídia era antigo aliado do Egito e que Creso sem dúvida tem saudade do seu tempo de glória, como soberano de um reino riquíssimo. A verdade é que ele tem feito seguidores devotados, até mesmo dentro do palácio real. Lembra-te que afirmei, em outra oportunidade, existir um grupo na corte que deseja a morte do faraó?

– Sim. Como poderia esquecer? Mustaf e o próprio Creso.

– Entre outros. Deixaste Hargon de informante na residência de Creso.

– Exato. No entanto, até agora, Rafiti não me trouxe notícia alguma vinda de Hargon.

– E sabes a razão? Creso desconfiou de Hargon e mandou encarcerá-lo.

– Não é possível! Mas, Rafiti não sabe disso?

Ratan deu um sorriso amarelo e revirou os pequenos olhos de serpente, como se não acreditasse na capacidade do meu fiel capitão da guarda.

Permaneci pensativo por alguns segundos, depois considerei lentamente:

– Ratan, tudo o que afirmaste é muito sério e precisa de provas.

Nesse exato momento entra Rafiti, ofegante pela pressa em trazer a notícia ao faraó. Inclinou-se, aguardando.

– Fala, Rafiti.

– Meu senhor! Hargon foi preso.

– Ah!... E só agora me comunicas? Isso eu já sei, graças a Ratan. Qual a acusação?

– Traição, majestade.

– Traição?!

– Sim, majestade.

– E não pudeste impedir?

– Não, majestade. Ordenaste apenas que eu ficasse em meu posto de observação. Tomar uma atitude seria me expor, e expor à sua majestade.

– Tens razão. Manda chamar Creso imediatamente.

Após a saída de Ratifi, joguei-me numa cadeira, estupefato. A situação estava piorando, o cerco se fechava. Eu teria de tomar uma decisão.

Um quarto de hora depois, Creso deu entrada na sala onde eu o aguardava.

– Majestade! Chamaste-me? Vim o mais rápido que pude.

Sem responder, questionei-o:

– Fui informado de que mandaste prender Hargon. Qual a razão?

Creso fitou-me surpreso e desconfiado:

– Perdão, mas... Como sabes disso, majestade? Porventura conheces Hargon, meu criado?!...

Diante de sua estranheza mantive-me firme e impenetrável, voltando a questionar:

– Qual a acusação?

– Mas, majestade! Não entendo em quê meus problemas particulares podem interessar ao faraó!

Contendo a ira, autoritário, ordenei entre dentes:

– Responde-me apenas.

Ao perceber a gravidade da situação, pela minha expressão de desagrado, sua aparência de perplexidade foi mudando, como se ele procurasse mentalmente os motivos da inquirição real. Depois, vendo que eu aguardava impassível, respondeu com serenidade:

– Hargon é acusado de traição, senhor. Ele era meu criado, gozava de minha confiança, e descobri que estava tramando contra mim. Peguei-o em flagrante.

– Com quem ele tramava?

– Ainda não sei. Porém, foi flagrado recebendo dinheiro de um homem que entrou sorrateiramente em minha propriedade. Meu mordomo, Duzuh, informou-me haver surpreendido Hargon e esse homem conversando em voz baixa, chegando a tempo de vê-lo receber o dinheiro das mãos do estranho.

– Ah! E não sabes quem é esse... invasor?

– Não posso dizer com certeza, majestade, pois seria leviano de minha parte. Todavia, Duzuh, criado de minha inteira confiança, afirmou ter reconhecido o "invasor" como um homem de Mustaf. Absolutamente não entendi qual a ligação que existe entre eles, porém mandei prendê-lo para descobrir o que estão tramando.

Creso parou de falar e um silêncio inquietante se fez na sala. De súbito, ele prosseguiu:

– Majestade, agora que prestei o esclarecimento que exigiste, poderia saber qual o interesse do meu faraó nesse assunto?

Olhei-o admirado da sua petulância.

– Aqui, meu caro Creso, "eu" faço as perguntas. Qual tua relação com Mustaf?

– Estritamente de negócios.

– Há alguns dias ele esteve em tua casa?

– Sim. Mustaf estava interessado num sítio de minha propriedade, situado pouco distante daqui, a oeste. Concretizamos o negócio, ele me pagou a importância combinada, e foi só.

– Negócios? Esperas que eu acredite nisso?

Novamente Creso arregalou os olhos, incapaz de entender a situação.

– Majestade! Não entendo por que não acreditarias na minha palavra, muito menos a razão de todas essas perguntas. Sinto que existe algo no ar. Durante todos esses anos, sempre te servi com lealdade, mostrando-me digno da tua confiança. Dar-se-á o caso de que já não confies em mim? Tua atitude é estranha, ages como se *eu* estivesse sendo julgado! Se essa impressão é correta, de que me acusam?

Irritado com sua serenidade e a ousadia em questionar-me, a mim, o faraó do Egito, ergui a fronte altiva, ordenando:

– Exatamente. A acusação é de traição. Prendei o traidor. Dentro de três dias será executado.

A essa ordem dita em voz que não admitia réplica, dois guardas se aproximaram e, ladeando o acusado, agarraram-no pelos braços para que não pudesse fugir.

Sob intenso terror, incapaz de acreditar no que ouvia, julgando um pesadelo cruel, com os olhos esbugalhados onde duas lágrimas estavam prestes a cair, diante daquela acusação que era sua sentença de morte, sem entender a reação daquele que até o momento considerara não apenas como seu soberano, mas como amigo, Creso ainda gritou, apavorado:

– Traidor? Majestade! Deve haver algum engano! Não entendo o que está acontecendo! Sempre fui teu mais fiel servidor. Dá-me, pelo menos, a oportunidade de me explicar. Piedade, senhor! Piedade!

Dei-lhe as costas, fitando a paisagem que a janela aberta descortinava, sem atender seus apelos dramáticos, enquanto ele continuava gritando sua inocência. Ouvi-lhe os passos que ressoavam no lajedo ao deixar a sala e que se afastavam cada vez mais; seus gritos foram diminuindo, até que o silêncio se fez.

Joguei-me numa cadeira, incapaz de permanecer de pé por mais tempo. Acometido de terrível mal-estar, uma angústia que me dominava por inteiro e me constringia o peito, fechei os olhos. No fundo, lamentava a decisão, uma vez que realmente gostava daquele homem que sempre fora tão importante para meu pai e também para mim.

Não pude deixar de notar que o anão exultava. A expressão do seu semblante incomodou-me. Tinha um ar de vitória que me desagradou profundamente.

Notando meu olhar, e julgando que fosse um convite para que se aproximasse, Ratan deu alguns passos na minha direção.

– Majestade...

– Não quero falar com ninguém. Retira-te – respondi asperamente.

Com um gesto, ordenei que os demais saíssem. Queria ficar só.

Permaneci ali, sem vontade de nada, incapaz até de me levantar. A mente confusa, a cabeça atordoada. Queria esquecer e não podia. Não saberia dizer quanto tempo permaneci nesse estado.

Aos poucos, a claridade do dia foi sendo substituída pela sombra da noite, e eu continuava ali, sem sair do lugar. De repente, notei que algo estranho acontecia. Era como se o ambiente da sala se modificasse. Uma fumaça leve e azulada foi-se formando à minha frente, e lentamente acabou por tomar contornos mais nítidos, adquirindo a forma de uma pessoa, um homem, na qual, perplexo, reconheci a imagem de meu pai: o grande Imperador Ciro, que surgia, diante de meus olhos atônitos, vestido em todo o seu esplendor, exatamente como nos dias em que estava vivo! Ele fitava-me, e, sem que o ilustre visitante pronunciasse palavra alguma, eu "ouvia-lhe" o pensamento. Observando-o, maravilhado, notei que seus olhos estavam tristes e desejei saber o porquê de sua tristeza. E entendi que ele me dizia com firmeza e carinho:

– Meu querido filho Kambujiya! Lamento a decisão que tomaste. Creso sempre foi nosso amigo agradecido e devotado. Cometes um grave erro. Volta atrás na tua decisão, meu filho! Podes fazer isso. Reconhecer os erros é próprio das grandes almas. Não temas a opinião dos homens. Os que te aplaudem hoje são os mesmos que te acusarão amanhã, e a injustiça de hoje recairá sobre ti mais tarde. Reflete bem, para agir com justiça. Que os deuses te sejam benignos!

Ele levantou o braço, com a mão espalmada, como sempre fazia ao se despedir, e tentei impedi-lo. Queria dizer-lhe: Não te vás, meu pai! Preciso de ti! – mas não consegui falar. Um nó constringia-me a garganta.

Sua imagem se diluiu lentamente diante de meus olhos até desaparecer de todo.

Passei as mãos pelo rosto, impressionado. Teria realmente visto meu pai? Teria a alma de Ciro voltado de entre os mortos para falar comigo? Então os mortos voltam de verdade?

No fundo, eu não tinha dúvida alguma. Durante toda a minha vida fora sujeito a visões terrificantes que me atormentavam, tornando-me a existência um verdadeiro inferno, e eu "sabia", tinha a convicção profunda de que conhecera aquelas pessoas de uma outra época. Mas nunca imaginara que meu pai pudesse vir falar comigo! Sim, meu pai estivera comigo, falara comigo, alertara-me para a decisão de prender Creso, condenando-o à morte. Defendera o amigo e conselheiro, acusando-me de injustiça.

Esse fato deixou-me sumamente impressionado e disposto a mudar minha decisão. Ao mesmo tempo, porém, assessorado pelos inimigos do invisível, eu pensava: "Seria realmente uma injustiça? E as provas que Ratan apresentara? Poderia acreditar que Creso fosse inocente?"

Com a cabeça cheia de dúvidas, resolvi que mandaria fazer maiores averiguações sobre o caso, para que a justiça realmente fosse feita, sem que a mais leve réstia de dúvida pairasse em meu espírito.

Assim, levantei-me e, ao deixar a sala, com indignação notei um criado que, escondido entre os reposteiros da sala contígua, dormia a sono solto. Este fato – que em outras circunstâncias o responsável seria condenado à morte –, naquele momento, talvez mais brando pela presença de meu pai, fez com que me limitasse a aplicar-lhe um bom pontapé, o que o fez despertar, assustado. O infeliz, ao ver-me, prostrou-se no chão, gaguejando:

– Perdão, majestade. Não sei o que aconteceu comigo.

Ao reconhecer o pavor de que estava tomado, e sem disposição para nenhuma outra atitude, apenas alertei:

– Que isto não se repita!

– Obrigado, majestade! Obrigado!

Em seguida, diante do olhar assombrado do pobre homem, dirigi-me a meus aposentos. Estava exausto. Meu criado de quarto despiu-me, vestindo-me a camisa de dormir.

– Majestade, desejas um chá calmante? – sugeriu.

– Não é necessário. Estou com sono.

O criado cobriu-me e afastou-se sem fazer ruído, puxando as cortinas das janelas e apagando as tochas, deixando apenas uma pequena vela acesa para alumiar o aposento; em seguida, saiu, fechando a porta atrás de si.

Com a cabeça no travesseiro, mergulhei em sono profundo, sem pensar em mais nada.

29

Preparativos para as bodas

Acordei na manhã seguinte com a sensação de ter dormido muito bem e de ter tido lindos sonhos. Não me lembrava deles, mas sabia que eram importantes para minha vida.

Quando minha querida noiva se apresentou, eu a recebi com imenso carinho. Após a toalete, sentamo-nos para uma refeição ligeira.

– Estás muito bem hoje, querido.

– Sinto-me ótimo. Sei que os deuses brindaram-me com lindos sonhos esta noite, apesar de não me recordar deles.

– Não te preocupes, meu amor. O importante é que tiveste uma boa noite de sono.

Fiquei pensativo, com a caneca de chá suspensa em minhas mãos.

– Interessante! Parece que sonhei com meu pai.

– Viste? Aos poucos tudo ficará claro em tua mente.

Peguei um biscoito e ia levá-lo à boca, quando parei a meio do caminho.

– Na verdade, não foi um sonho. Recordo-me que meu pai me apareceu e falou comigo!

– Sim?!... E o que te disse Ciro?

– Não consigo lembrar-me direito – afirmei corando.

Eu sabia perfeitamente o que ele me dissera, mas o orgulho impedia-me de relatar a alguém as palavras de meu pai.

Após a refeição, beijei Aisha, desculpando-me por não poder permanecer a seu lado em virtude de ter assuntos urgentes a tratar. Ela sorriu compreensiva, alegando precisar também resolver questões atinentes ao nosso casamento.

Tomamos rumos diferentes. Eu dirigi-me à sala onde costumava despachar com meus ministros e conselheiros. Chamando Rafiti, que estava a postos, ordenei:

– Rafiti, exijo urgência nas averiguações sobre Creso e os demais envolvidos nesse caso.

– Sim, majestade. Não pouparei esforços para descobrir o que há por trás desses fatos.

Após a ordem, permaneci pensativo, com o olhar perdido ao longe.

– Mais alguma coisa, majestade?

– Rafiti, julgas que Creso seja culpado? – perguntei lentamente.

– Majestade! Perdoa-me, não...

Notando-lhe o constrangimento, tranqüilizei-o:

– Sê sincero. Esqueçe por um momento que sou o faraó do Egito e Imperador da Pérsia, e responde-me como se o fizesses a um amigo de confiança. E então, o que me dizes?

– Sim, majestade. Bem... já que é este o teu desejo, respondo. Sempre considerei Creso como um servidor fiel. Jamais notei em suas atitudes qualquer indício de que fosse falso ou desleal, e, muito menos, um traidor.

Respirei fundo, mais aliviado.

– Agradeço-te, Rafiti. Agora vai. Estás dispensado. Volta com notícias.

– Sim, meu senhor.

Após as mesuras de estilo, afastou-se rapidamente.

* * *

A notícia já se espalhara e, por conta disso, uma grande agitação se estabelecera no meio da população. Muitos lamentavam a condenação de Creso, pois sua figura era simpática e inspirava confiança; inúmeros, na corte, dentro do próprio palácio, divertiam-se a comentar o fato, disfarçadamente, satisfeitos pela desgraça que atingira o conselheiro, por inveja ou ciúme da posição que ele ocupava junto ao faraó; outros se regozijavam, vendo nisso uma oportunidade de assistir a uma execução. A verdade é que pouca gente ficou neutra diante do fato.

Exatamente essa a informação que nos trouxe um conselheiro que, naquela manhã, tendo visto o movimento popular ao aproximar-se do palácio real, comentou:

– Majestade! Ao chegar assustei-me diante da turba que se agita lá fora. Temo que aconteçam arruaças ou coisas mais sérias. Talvez seja bom que o faraó fale ao povo.

– E o que sugeres que eu diga, meu caro? Sim, é verdade que ordenei a execução de Creso dentro de três dias! Não posso mudar essa decisão. A não ser que surjam provas da sua inocência. No momento, nada posso fazer. Minha palavra é lei. Prossigamos com a pauta do dia.

Continuei a reunião com os ministros até quase o Sol estar a pino. Ao término das atividades, Ratan apresentou-se para falar comigo. Após a saudação de uso, indaguei:

– O que desejas, Ratan? Seja o que for, fala rápido. Estou cansado.

– Sim, majestade. Porém, perdoa-me voltar ao assunto. Ouso lembrar-te de que o momento é propício para pacificar a província rebelde. Não deves mais retardar uma ação de modo a recolocá-la em seu devido lugar. Temo que o exemplo dela sirva para a insurreição de outras...

Examinei-o com enigmático sorriso, e tornei:

– Pensaste bem, Ratan. Todavia, teu rei não tem estado inativo, como pensas. Já ordenei algumas providências, que por certo ignoras.

O anão fitou-me, entre surpreso e um tanto decepcionado. Esperava trazer-me alguma novidade.

– Deveras, meu senhor?!... E posso saber que providências são essas?

– No tempo devido saberás. Estás dispensado. Ah! Antes de sair, pede ao meu secretário para procurar Dario; tenho urgência em falar-lhe.

– Sim, majestade.

Ratan afastou-se como um cão com o rabo entre as pernas. Era minha maneira de vingar-me pelas acusações que ele fizera contra Creso.

Não demorou muito, Dario apareceu, atendendo-me prontamente ao chamado.

Como terminara a reunião, fiz com que entrasse imediatamente. Precisávamos resolver, com presteza, a pendência da província rebelde.

– Como estão os preparativos? – indaguei.

– Tudo em ordem, majestade. Gostaria apenas de sugerir uma mudança importante.

– Sim, prossegue.

– Na situação atual, não creio que eu deva comandar a operação. Temos tido alguns problemas com o contingente e sinto-me no dever de permanecer aqui em Mênfis.

– Contava contigo. E quem poderia substituir-te no comando das tropas? – indaguei preocupado.

– Tenho um subordinado com todas as condições de ocupar essa posição. É um jovem líder, ponderado, arguto, excelente no combate e bom estrategista, entre outras qualidades. Sobretudo, é fiel e devotado ao seu faraó até a morte. Chama-se Elmehr.

– Pois muito bem. Se o julgas capaz de assumir essa responsabilidade, concordo. Quando partem?

– Dentro de três dias, majestade.

– Ótimo. Mais alguma coisa?

– Sim, majestade. Estive pensando e submeto à tua apreciação.

Com rapidez, Dario desenrolou um papiro sobre a mesa, e surgiu um mapa contendo as terras do Egito e adjacências.

– Observa, majestade! O oásis de Amon[19] fica no meio do deserto da Líbia, rumo oeste, próximo da região para onde estamos mandando o exército. Não seria difícil conquistar esse território, anexando-o ao Egito.

Repleto de sonhos de grandeza, sonhando estender meus domínios por toda a África, meus olhos brilharam diante dessa possibilidade.

– Tens razão. Vamos conquistá-lo. Desse modo ficaremos mais próximos da conquista de Cartago, cujo extraordinário porto marítimo interessa-me sobremaneira.

19. Atualmente, o oásis de Amon chama-se oásis Siwa. (N.M.)

– Exato, majestade. Em seguida, podemos mandar um outro contingente rumo norte, navegando através do Nilo, para chegar até o Delta e atacar Cartago pelo Mediterrâneo.

Bati nas costas de Dario que, orgulhoso pela sua idéia, sorria satisfeito.

– Tu és um homem de visão e hábil estrategista, Dario. Dou-te os parabéns pela sugestão. Traze-me aqui Elmehr. E quanto ao exército que seguirá por via fluvial, quem o comandará?

– Não te preocupes, majestade. Providenciarei alguém à altura para essa operação.

O general inclinou-se e saiu, para cumprir a ordem que lhe dera.

Cerca de uma hora depois, Dario retornou trazendo um rapaz ainda novo, alto, bem apessoado, de andar desenvolto e olhos vivos. Ajoelhou-se, mantendo a cabeça baixa.

– Levanta-te, meu rapaz – ordenei.

– Majestade, este é Elmehr, de quem falamos há pouco – apresentou Dario.

O recém-chegado, agora de pé, mantinha-se impassível. Examinando-o detidamente, fiz um gesto para que se aproximasse um pouco mais.

– Elmehr, teu nome foi cogitado para comandar a operação de guerra que se prepara, por sugestão de Dario.

Ele curvou-se, reverente:

– Sim, majestade. Se esta for a vontade do meu soberano, estou pronto a servi-lo.

– Então, está decidido. Serás promovido a general, e irás comandando um contingente de cinco mil homens. Será suficiente?

– Mais que suficiente, majestade. Os soldados persas são valentes, corajosos e resistentes, prontos para enfrentar qualquer batalha.

– Pois então, vamos à luta! Conquistado o oásis de Amon, teremos uma base para servir como pólo de operações. Após esse feito, deixarás uma pequena parte dos soldados, apenas para manter a posição conquistada, e partirás para Cartago, que atacaremos assim que outra parte do exército estiver a postos, aguardando nossas ordens nas adjacências. Receberás instruções no devido tempo.

– Sim, majestade. Agradeço-te a confiança em mim depositada. Prometo não decepcionar o meu faraó.

Eu estava satisfeito. Acreditei em Elmehr e em suas condições para o comando da tropa. Tratamos de mais alguns assuntos técnicos e de estratégia, que diziam respeito à operação, e, em seguida, eles saíram.

No dia aprazado, o general Elmehr e seus homens partiram, após receberem as bênçãos dos deuses, e se despedirem das famílias. Ao ver o povo acenando, enquanto o exército partia, eu senti um aperto no coração, como prenúncio de desgraça, mas preferi não dar importância ao fato.[20]

No dia seguinte ao da partida das tropas, seria a execução de Creso. Eu via a hora aproximar-se sem condição de poder evitá-la. O capitão da guarda real e seus homens não haviam conseguido nenhuma informação da inocência de Creso, que o salvasse da morte.

O povo se aglomerava nas ruas. A agitação era grande.

Pouco antes da hora marcada, saí com meu séqüito com destino ao lugar da execução. Acomodei-me no trono, especialmente preparado para esse acontecimento. Dali, eu tinha ampla visão de tudo o que se passava ao redor.

Todavia, a procissão com o condenado tardava.

---

20. O tempo mostraria que aquela sensação tinha razão de ser. Jamais teríamos notícias daqueles valentes soldados. Nunca mais soubemos deles e acreditamos que tivessem perecido no deserto. Essa foi a nossa primeira derrota. (N.A.E.)

O Sol estava a pino, e o calor era escaldante. Debaixo de um toldo, bem instalado com meu séqüito, eu percebia que o povo aflito e faminto, cansado de esperar sob o Sol inclemente, impacientava-se.

Percebendo que já passara da hora marcada para a execução, regozijei-me, arrependido pela decisão que tomara num momento de raiva. Quando o condenado surgiu com sua escolta, aproveitei a oportunidade para considerar, diante do povo, que os deuses não queriam a morte de Creso. Todavia, os responsáveis pelo atraso da execução teriam que pagar. Assim, decretei a morte de todos eles, que foram executados ali mesmo.

A multidão exultou.

* * *

Retornei para o palácio sentindo-me mais leve. Creso fora salvo da morte pelo atraso dos responsáveis pela execução.

Mais tarde, visitando Aisha em seus aposentos, percebi que ela, embora a meu lado, mantinha-se calada e tristonha. Tomei-lhe a mãozinha delicada, levando-a aos lábios, e fitei-a.

– O que aconteceu, minha bela?

Ela levantou o rosto perfeito e notei seus olhos úmidos, com lágrimas prestes a cair.

Incomodado, senti o coração se confranger. Ela estava sofrendo e eu desconhecia a razão de sua dor. Com seu rosto em minhas mãos, disse com suavidade:

– Fala, minha querida Aisha. Preciso saber o que te aflige.

Duas lágrimas rolaram ao mesmo tempo em que seu semblante se abria num melancólico sorriso.

– Perdoa-me, Cambises. A cerimônia de execução que me obrigaste a assistir mexeu comigo. Pela primeira vez tive oportunidade de ver algo semelhante.

Conquanto julgasse uma bobagem, um excesso de sensibilidade da parte dela, pois tudo aquilo para mim era absolutamente normal, abracei-a, aconchegando-a ao peito.

– Se eu soubesse que a visão das mortes iria abalar-te a alma sensível, não teria pedido que me acompanhasses. Só o fiz por julgar fato normal. Além disso, como futura imperatriz, deves preparar-te para participar desses eventos. Mas não chores mais. Procura esquecer, minha bela; tudo já passou... Agora estamos a sós aqui, e eu te amo muito.

Ela levantou a cabeça de modo a ver-me o rosto, perguntando:

– É verdade, Cambises? Tu me amas realmente?

– Ainda duvidas, minha querida? Amo-te e ficarás comigo para sempre. Nada vai-nos separar.

Ao pronunciar estas palavras um sentimento misto de angústia e medo assenhoreou-se de mim.

"Bobagem! Agora nada mais pode dar errado", pensei.

Ao mesmo tempo ouvi uma gargalhada e uma voz rouquenha que falou: "*Tens certeza?*"

Estremeci e Aisha percebeu. Ela nada comentou, mas quando me olhou, notei que também devia ter escutado a ameaça, pois, logo em seguida, balançou a linda cabeça como se quisesse expulsar um pensamento incômodo. Em seguida, procurou mudar de assunto:

– Ah! Antes que me esqueça, na próxima lua, de hoje a sete dias, devo dirigir-me ao Grande Templo de Amon logo cedo, onde participarei de cerimônias de purificação, preparando-me para o nosso casamento. Nessa oportunidade, farei oferendas aos deuses para pedir-lhes as bênçãos para nossa união, de modo que tudo corra bem.

– Se é absolutamente imprescindível, concordo.

– É essencial, meu querido.

– Tudo bem. Quanto tempo permanecerás no templo?

– Três dias.

– Parece-me um tempo longo demais para ficar afastado de ti. Mas se não há outro jeito, resigno-me. Mas mudemos de assunto. Falemos de coisas mais interessantes.

Continuamos a conversar e a falar a respeito dos preparativos para as bodas, sobre nossa vida juntos e coisas fúteis e engraçadas que os apaixonados dizem um ao outro, rindo e brincando. Em determinado momento, fitei os seus olhos brilhantes de amor e senti uma emoção intensa. Tomando suas mãos nas minhas, depositei nelas um beijo com carinho extremo. Naquele instante, um grande hausto de amor invadiu meu peito e eu lhe disse:

– Aisha, não imaginas quanto eu mudei depois que entraste em minha vida. Como um raio de luz, transformaste o homem rude, prepotente, orgulhoso e cruel; hoje já não sou o mesmo capaz das maiores atrocidades. Tornaste-me mais brando, mais humano. Até conhecer-te não havia amado realmente uma mulher, e agora não saberei mais viver sem ti.

– Não temas, meu querido. Jamais me afastarei de ti. Eu te amo desde sempre. Sinto que te procurei através do tempo e em todos os lugares e povos até te encontrar. Nossos elos se confundem na areia dos séculos. Jamais te deixarei. Acredita em mim.

Tentando controlar a emoção, mas sem poder impedir que os sentimentos extravasassem dos meus olhos em forma de pranto, disse com gravidade:

– Eu sei, minha Aisha. Também sinto o mesmo por ti. No entanto, se algo acontecer que me separe de ti, não respondo por mim. Sem teu amor eu não sou nada. Moverei céus e terras, e jamais descansarei até te encontrar.

Com o corpo inteiro abrasado de amor por ela, apertei-a em meus braços, beijando-a repetidas vezes, e permanecemos assim abraçados por longo tempo, sem desejar nada mais do que a companhia um do outro.

30
Neila

Em outro lugar do palácio, uma jovem agitava-se, andando de um lado para outro, com a fisionomia contraída e preocupada. Dos seus aposentos, passara ao terraço, não muito extenso, mas bastante aprazível. Lindas plantas ornamentais e odorantes, abrindo-se em flores coloridas, tornavam o lugar encantador; gaiolas douradas, dispostas aqui e ali, suspensas em tripés de ouro, abrigavam belos pássaros de matizes vibrantes, trazidos de terras longínquas, que cantavam para alegrar seu coração. Nada disso, porém, a jovem percebia, entregue às suas preocupações.

Neila – pois era ela –, gozando de uma vida regalada no palácio real, tinha tudo o que precisava para ser feliz. Tudo, exceto a liberdade, que tanto anelava.

Durante os anos decorridos desde que fora aprisionada, sua situação mudara. No começo, revoltara-se com a posição de cativa, experimentando intenso ódio pelo homem que assim dispusera de sua vida. Com o passar do tempo, porém, afeiçoou-se ao seu algoz, que, diga-se de passagem, no início só desejava vê-la feliz e obter o seu amor.

Aos poucos, os sentimentos se modificando, já não era com aversão que o via aproximar-se. Todavia, dentro dela, coexistia uma dualidade de emoções: ao mesmo tempo em que ansiava pela presença dele, quando isso acontecia não raro experimentava aborrecimento, irritação, ressentimento e até ódio, a ponto de desejar matá-lo.

Neila não entendia o que se passava em seu íntimo. Era como se uma mágoa profunda e antiga se lhe assenhoreasse, aflorando do âmago do seu ser. Parecia-lhe que ele era um velho conhecido seu; que a seduzira, iludira empenhando-lhe seu amor, e depois a traíra miseravelmente. Ao mesmo tempo, sentiu crescer um ciúme doentio de outras mulheres, fossem elas esposas ou concubinas, com as quais tivesse de dividir o amor de Cambises.

Esse estado se lhe agravou ao chegarem às terras do Egito. À vista da cidade de Mênfis, seu coração passou a sofrer tremendo abalo, batendo descompassado; emoção intensa a envolveu, agitando-lhe as fibras mais profundas, enquanto uma saudade doída constringia-lhe o peito. Na ocasião em que os persas entraram em Mênfis com todo o aparato de um exército vitorioso, ela também desfilava, entre as mulheres, os cavalos, os camelos, os elefantes, as carroças, os carros de combate e tudo o mais que fazia parte da tropa vencedora. Nesse momento, Neila experimentava uma gama enorme de sensações que não conseguia entender.

Desse dia em diante, as coisas pioraram. Notando seu estado, Ratan – que não a perdia de vista e que até já suplicara ao faraó que se livrasse dela, se não quisesse ter problemas futuros –, com objetivo de saber até onde ela sabia sobre o passado, pretendendo conhecer-lhe as reações, mandou um recado por Malec, dizendo que viria buscá-la para um passeio. Ao ser questionado pelo guarda real quanto à conveniência de tal convite, visto que a cativa não tinha permissão para sair de seus aposentos, Ratan informou que o próprio faraó permitira que ele, Ratan, a levasse para conhecer a cidade.

Intrigada, a prisioneira questionou Malec:

– O que achas disso? O que pretende comigo essa criatura asquerosa?

– Ignoro. Disse-me apenas que deseja levar-te para um passeio.

– Devo aceitar?

– Creio que não tens escolha, até porque Ratan é muito ligado ao nosso soberano e agiu, segundo informou, por ordem de Cambises. Quem sabe é o faraó que deseja encontrar-se contigo em outro lugar?

– Tens razão. Irei. Além disso, morro de vontade de conhecer a grande capital.

– Muito bem. Vou avisá-lo de que estarás esperando.

Malec mostrou intenção de sair, e Neila fez cara de tristeza.

– Mal chegaste e já te vais? Por que não ficas mais um pouco para conversarmos? Sabes como sou solitária e preciso de companhia. Poderás fazer a refeição comigo...

Malec olhou-a enigmático. Percebia-se que dentro dele travava-se uma luta entre o desejo de ficar e atender àquele apelo tão sedutor, e afastar-se. Logo seu rosto suavizou-se e a voz soou terna ao desculpar-se:

– Infelizmente, não posso. Tenho deveres urgentes a cumprir. Sabes também, Neila, que não podemos ficar muito tempo juntos. As escravas e o eunuco podem nos denunciar.

– Não me importo. Sinto falta da tua presença, Malec. Durante estes anos de convívio, afeiçoei-me a ti e não suporto mais esta situação.

Depois, baixando a voz, quase num sussurro, ela colocou a mão no braço dele e suplicou docemente:

– Por que não me ajudas? Sei que também me amas...

O guarda sentiu o coração disparar. Sim, ele se enamorara daquela mulher, mas sua ligação com ela era impossível. Se o rei soubesse, seriam considerados traidores e condenados à morte.

O semblante de Malec espelhava o que lhe estava na alma, e Neila sorriu para ele, orgulhosa e satisfeita.

Malec era um belo rapaz, de feições tipicamente persas, alto, elegante e ainda jovem; seus cabelos ondulados e pretos caíam até à altura do pescoço, e uma barba bem aparada cobria-lhe o queixo; os olhos negros e profundos, sombreados por longas pestanas, eram melancólicos, o que lhe acrescentava certo encanto.

O guarda real, evitando comprometer-se, permaneceu calado; apenas estendeu a mão longa e forte, e tomando a mão dela na sua, depositou um discreto e ardoroso beijo. Em seguida, saiu.

Neila deixou-se cair num banco de mármore, levando a mão que ele beijara à boca, enquanto um sorriso de orgulhosa satisfação abria-se em seu rosto.

Sim, finalmente conseguira conquistar o atraente oficial! Quebrara-lhe a postura de reles carcereiro, frio e incapaz de sentimentos. Agora, ela o tinha na palma da mão, e ele faria qualquer coisa por ela, tinha certeza.

Nesse momento, uma das escravas, Asnah, entrou no terraço e ajoelhou-se a seus pés.

– Pareces muito feliz, Neila.

– Ah, minha querida Asnah! É verdade; estou muito contente.

– Dar-se-á o caso de teres conseguido convencer Malec a...

– Não, minha cara. Ainda não. Mas acredito não estar longe desse dia.

A jovenzinha de rosto moreno, belos cabelos lisos, longos e pretos, quase adolescente, mostrou os olhos úmidos.

– Rezo todos os dias aos deuses para que consigas a liberdade, Neila.

– Eu sei, minha querida Asnah. Quando isso acontecer, levar-te-ei comigo. Ambas seremos livres!

* * *

Nesse dia, que Neila caminhava de um lado para outro do terraço, local de sua preferência, estava tensa e preocupada, aguardando a chegada de alguém. Nervosa, desfolhava sem piedade as lindas flores que caíam em suas mãos. Nisso, ouve um rumor na entrada de seus aposentos e vira-se justamente a tempo de ver Malec entrar no terraço.

Ele cumprimentou-a como de hábito e anunciou:

– Ratan nos aguarda num portãozinho discreto do palácio.

Asnah colocou um manto sobre os ombros de Neila e eles deixaram os aposentos, ganhando o corredor. Andando apressados, atravessaram salas e galerias até sair por uma porta que dava para um grande pátio que atravessaram, chegando a um sombreado jardim, no final do qual Malec abriu um pequeno portão. Caminharam ainda por mais algum tempo por entre construções, que provavelmente seriam destinadas aos servos, e entraram num outro terreno ajardinado, em cujo fundo, escondido entre arbustos, havia outro portão. Malec pegou seu chaveiro e, escolhendo uma das chaves, abriu-o.

Com infinito prazer, Neila viu-se fora do palácio; parecia-lhe que o sol e o ar ali eram diferentes. Ratan os aguardava, numa liteira transportada por seis escravos.

– Acomoda-te, Neila. Cambises deu-me a permissão de levar-te a conhecer a nossa capital, adivinhando teus desejos mais íntimos.

– Agradeço-te, Ratan. Realmente, Mênfis sempre me atraiu e era grande a vontade de conhecê-la, de vê-la de perto.

Acomodados na liteira, Ratan não cabia em si de contente. Andaram pela cidade e o anão ia mostrando o que ela tinha de mais interessante. Os monumentos, os templos, os jardins, os bairros nobres com seus palácios deslumbrantes, as margens do Nilo repletas de trabalhadores, o porto onde uma infinidade de embarcações grandes e pequenas estava ancorada ou de passagem.

A jovem mostrava-se encantada, e Ratan não a perdia de vista, observando-a discretamente. Até que, certo momento, o anão comentou:

– Mênfis é uma cidade muito antiga. Existem ruínas que vale a pena visitar.

Os olhos da moça brilharam de entusiasmo:

– É mesmo? Gostaria muito de vê-las!

– Se te apraz, nobre Neila...

Ratan deu as ordens aos condutores e eles tomaram o rumo que ele determinou. O trajeto era longo; o sítio a que Ratan se referira ficava na saída da cidade, em certo bairro pobre, às margens do rio Nilo. Após algum tempo de caminhada, pelas cortinas abertas, Neila viu as ruínas ao longe.

Sem saber por que, seu coração bateu mais forte, apressado, enquanto uma angústia intensa, uma ânsia de chegar, se lhe assenhoreava do íntimo. Em alguns minutos, a condução parou em meio a uma densa vegetação. Desceram; o anão ordenou aos escravos núbios aguardassem naquele local. Exaustos, eles sentaram-se no chão.

Neila olhou em torno; andando a esmo, acabou encontrando o que seriam os vestígios de um pequeno caminho, pelas pedras que ainda existiam nas laterais marcando o trajeto. Resolveu andar por ele, visto que, se existia um caminho, certamente os levaria a algum lugar. Ratan e Malec a seguiam a pouca distância, deixando-a livre para dar vazão ao entusiasmo de conhecer aquele sítio.

Percorrendo a vereda, Neila caminhou fazendo voltas em meio às árvores, encontrando pedras maiores que pareciam ter pertencido a bancos, o que fez com que julgasse que ali, provavelmente, teria sido um grande e belo jardim.

A ânsia de conhecer cada vez mais, fez com que começasse a andar mais depressa, cada vez mais depressa, seguida por seus acompanhantes. Malec não entendia muito bem, achando graça em tudo, porém Ratan notava que a jovem estaria sentindo o ambiente daquele lugar, as vibrações existentes no ar de um passado remoto que se eternizaram, permanecendo perceptíveis às pessoas sensíveis ou àquelas que participaram dos fatos ali ocorridos.

Caminhando sempre, Neila acabou por chegar a um lugar em que a vegetação se tornava menos densa e se abria uma clareira. Ao mesmo tempo, viu grandes e extensas ruínas, que provavelmente teriam sido de um grande palácio. Subiu alguns degraus ainda existentes, e caminhou por um extenso terraço. Uma imensa porta conduzia ao interior, e, embora estivesse tudo destruído e empoeirado pelo tempo, notou que a construção deveria ter sido luxuosa e bela, pelos vestígios de vasos imensos, quebrados, pelas paredes onde se viam restos de pinturas primorosas retratando aspectos da vida dos egípcios, como caçadas, cenas de amor, vida em família e muito mais.

Caminhando pelo grande palácio, Neila percorreu corredores, ou o que restava deles, com portas que levavam a uma infinidade de aposentos, e começou a sentir-se muito mal. Sutilmente, um odor singular de perfume passou a envolvê-la; brando a princípio, tornando-se aos poucos cada vez mais forte, mais insinuante. Com isso, notou que crescia em seu peito uma dolorosa impressão de sufocação, como se ela fosse perder a respiração, ao mesmo tempo em que uma sensação de medo, de pavor, foi aumentando gradualmente até que, sem suportar mais, ela rodou nos calcanhares e saiu correndo para fora daquele lugar. Malec, preocupado com ela, correu em seu socorro gritando:

– Neila! Neila! O que está acontecendo? Espera-me!

Mas ela não conseguia ouvi-lo. Apenas desejava fugir daquele lugar terrível. Apavorada, retornou pela vereda, agora em sentido diferente àquele que tinha tomado ao chegar, com a sensação de que um grande perigo a ameaçava, sem dar-se conta de que já ultrapassara o ponto de origem, perto de onde permaneciam os escravos núbios e a liteira. Corria como se estivesse sendo perseguida e precisasse salvar-se a qualquer custo.

De repente, apavorada, deu-se conta de que estava perdida. Sem saber para onde ir, olhou em torno e viu que estava perto de um pequeno lago, cercado pela vegetação. O lugar lhe deu arrepios. Correu por alguns minutos, assustada, e parou para examinar onde estava, e, em meio à vegetação, vislumbrou as ruínas do que seria, provavelmente, um templo. Era uma pirâmide parcialmente destruída pelo tempo, e, no seu interior, grandes pedras formavam uma imensa figura, de aspecto horroroso, que deveria ser uma divindade[21]; uma escada, também parcialmente destruída, conduzia até os joelhos daquele deus; entre seus braços, notou uma abertura escura e assustadora. Naquele instante, sentiu-se mergulhar num vazio, como se um redemoinho a envolvesse tirando-lhe a consciência.

Era noite e tudo estava escuro. Começou a ouvir uma música, suave a princípio e que aos poucos foi aumentando de intensidade. De súbito, notou que o lugar ganhara vida; à luz dos archotes, viu no lago, agora bem maior, entregues a uma paixão avassaladora, casais a afogarem-se, incapazes de vencer as sensações que os acorrentavam

21. Referência a Moloc, um deus adorado pelos povos semitas bárbaros, e para o qual eram oferecidos sacrifícios de crianças, especialmente do sexo feminino. (N.A.E.)

às águas escuras e de fazer algo para se salvar. Depois, como se tivesse mudado o cenário, conquanto o lugar fosse o mesmo, viu uma procissão composta por jovens, que se aproximou ao som de uma música alucinante tocada por escravos. Neila viu que uma das jovens, escolhida dentre todas, foi erguida até os braços do deus, de onde saíam labaredas, que engoliram a vítima. Mas uma outra cena prostrou-a, perplexa. Sob grande desespero, Neila viu-se ser colocada nos braços do deus, dentro da fornalha onde o fogo crepitava. Com grito estertoroso, rodou sobre si mesma, levando as mãos à cabeça, e desabou pesadamente no solo.

Malec e Ratan, que tentavam alcançá-la, assustados, correram para socorrê-la, sem saber o que acontecia.

– Neila! O que houve?!... – gritou Malec, aflito.

– Vamos levá-la para fora daqui. Este lugar parece agir negativamente sobre ela – afirmou Ratan, convicto.

Com Neila nos braços, Malec apressou-se a retornar ao lugar onde tinham deixado os escravos. Lá chegando, acomodou a jovem na liteira, e, após ambos tomarem assento, ordenou aos núbios:

– Para o palácio real! Rápido!

Malec, preocupado, manteve silêncio. Ratan, conquanto procurasse demonstrar apreensão ante o mal estar de Neila, estava satisfeito. Havia conseguido seu objetivo, e era isso o que importava. Sim, Neila fora envolvida pelas ondas do passado que permaneciam naquele lugar. Sabia que ela tinha sensibilidade para perceber as almas dos mortos e demonstrara cabalmente essa predisposição. Depois, num outro momento, com calma, procuraria saber o que ela tinha sentido, visto e ouvido.

Descansados, os escravos aceleraram o passo e, em pouco tempo, chegaram ao palácio. Entrando pelo mesmo portãozinho, levaram a jovem aos seus aposentos. Neila continuava inconsciente.

Malec apertava as mãos, nervoso. O Imperador havia-lhe conferido total responsabilidade sobre a jovem. E agora, o que fazer? Como se justificar perante Cambises, que era severo e cruel para os que não cumpriam suas ordens?

Vendo-o cabisbaixo e inquieto, a fitar Neila estendida no leito, enquanto Asnah a cobria com uma manta, Ratan disse contrito:

– Sei que estás preocupado e com razão, meu bom Malec. Não te aflijas, porém. A idéia de levar Neila para um passeio foi minha e responderei por ela perante nosso soberano. Acalma-te. Fica tranqüilo que logo a jovem voltará a si. Tu me conheces de longo tempo e sabes que sou versado em plantas curativas. Vou colocar na boca de Neila um remédio, preparado com uma erva, que trago sempre comigo, em minha bolsa, para qualquer eventualidade.

Malec, que estava sentado num tamborete, levantou a cabeça fitando o anão, com olhos inquisidores:

– Sabes o que ela tem?

– Digamos que não é nada grave. Vi acontecer outras vezes, e podes ficar tranqüilo que ela logo estará bem. Voltará a si, mas sentindo-se cansada, tornará a dormir até amanhã, sem problemas.

Levantando-se, Malec parecia mais animado.

– Muito bem. Se o que dizes é verdade, podes dar-lhe o remédio. Vou esperar até amanhã para relatar ao Imperador o ocorrido. Mas, toma cuidado! Se Neila não apresentar melhoras, serás responsabilizado por isso.

Ratan inclinou-se, concordando. Retirou da sacola, que sempre trazia a tiracolo, um pequeno vidro, e, aproximando-se do leito, entreabriu os lábios da jovem e deu-lhe a ingerir algumas gotas.

Esperaram com ansiedade, observando a moça estendida no leito. Após alguns minutos, Neila começou a dar sinais de estar voltando a si, o que os deixou mais esperançosos. Logo, ela agitou-se, e, abrindo levemente as pálpebras, olhou em torno; pareceu, num primeiro momento, não reconhecer seus aposentos. Depois, viu Malec e Ratan debruçados sobre ela. Com os olhos arregalados de susto, de repente Neila ergueu-se no leito, tentando fugir.

– Deixa-me! Deixa-me! Socorro! Quero ir embora!

Foi preciso que ambos usassem de força para contê-la. Ratan disse, calmo:

– Neila, fica tranqüila. Está tudo bem. Olha em torno: estes são teus aposentos. Estás em segurança no palácio real.

Ouvindo-o, ela pareceu acalmar-se um pouco. Depois, perguntou:

– Onde estão todos eles?

Malec, que observava calado, retrucou:

– Que "eles"? A quem te referes? Não vimos ninguém!

Ratan sorriu levemente, sabendo que não adiantaria contar ao guarda o que havia acontecido, e explicou:

– Não há ninguém aqui, Neila. Fica tranqüila. Estás cansada. Procura dormir um pouco; velaremos pelo teu sono.

– Não permitas que "eles" se aproximem de mim!

– Não. Podes ficar descansada. Agora, repousa.

Neila fechou os olhos e logo adormeceu profundamente. Asnah puxou as cortinas e o quarto ficou em penumbra.

Deixamos os aposentos, recomendando à escrava que deveria nos avisar assim que Neila acordasse, ou em caso de necessidade.

31
Fazendo acordos

Deixando os aposentos de Neila, Malec e o anão buscaram um recanto discreto no palácio, encaminhando-se para um jardim pouco utilizado. Acomodados num banco, Ratan preparou-se para as explicações que seu companheiro exigiria dele.

Malec mantinha-se curioso e intrigado.

– Ratan, sabes o que aconteceu naquelas ruínas para que Neila ficasse naquele estranho estado?

O anão buscava mentalmente explicações para dar ao oficial. Certamente não poderia dizer-lhe tudo o que sabia, porque ele não entenderia. Então, escolhendo bem as palavras, principiou lentamente a justificar-se:

– Meu caro Malec! Existem fatos que talvez ignores e, por isso, não é fácil dar-te as explicações que me pedes.

– Não te preocupes com isso. Algo me diz que sabes muito mais sobre esse assunto do que gostarias de admitir, e julgo até que não levaste Neila até àquele sítio por acaso. Portanto, exijo que fales.

Ratan pensou um pouco, admirando-se da acuidade daquele homem que julgara um ignorante, e, com os olhos fitando o vazio, começou a falar procurando dosar a verdade:

– Louvo tua percepção, caro Malec. Como sabes, aquelas ruínas pertencem a um passado remoto. Existe uma teoria, segundo a qual se acredita que tudo o que já aconteceu no pretérito, o que acontece hoje e o que acontecerá amanhã ficará gravado no espaço – não se sabe por qual processo – de tal maneira que poderá ser percebido por pessoas dotadas de condições especiais, como as sacerdotisas.

– Supondo-se que isso seja verdade, essas pessoas especiais poderão ver ou sentir o que ocorreu à época?

– Sim. Elas vislumbram o que sucedeu naquele lugar.

– Ah! Então, julgas que Neila seja uma dessas pessoas? Que ela tenha visto cenas do passado, e por isso se apavorou?

– Sim, é o que penso. Muitas vezes são cenas terríveis e que causam abalo para quem as vê.

Malec mantinha os olhos fixos em Ratan, refletindo em tudo o que dele ouviu. Depois, indagou:

– Também podes ver essas imagens do pretérito? Sabes o que Neila viu hoje naquele sítio?

– Não. Sei, pela sua reação, que ela percebeu cenas de fatos que ocorreram ali há muito tempo, mas não posso dizer exatamente o que ela viu. Quando Neila estiver mais tranqüila, pretendo conversar com ela e me informar.

Pensativo, Malec tornou:

– A crença na metempsicose[22] faz parte da religião egípcia, e muitos persas também acreditam nas vidas sucessivas, conquanto eu,

22. Doutrina segundo a qual uma alma pode animar sucessivamente corpos diversos, homens, animais ou vegetais; transmigração. (N.E.)

particularmente, não seja favorável a esse modo de pensar. No entanto, supondo-se que realmente possamos viver muitas vidas, pode acontecer de Neila ter vivido à época em que os fatos ocorreram nas ruínas e ter-se impressionado com isso? Isto é, ter-se lembrado de acontecimentos dos quais tenha participado?

Ratan ficou perplexo diante da acuidade mental daquele homem que ele julgara um néscio.

– É possível. Mas não adianta ficarmos conjeturando sobre coisas que desconhecemos. Somente após conversar com Neila, poderei ajuizar melhor o que aconteceu hoje. Asseguro-te, porém, que não houve intenção de minha parte ao levá-la àquele local, a não ser de mostrar-lhe um lugar interessante.

Em seguida, alegando assuntos urgentes a tratar, o anão despediu-se de Malec e voltou para o interior do palácio. O diálogo com o guarda tinha sido preocupante, segundo considerava ele. Não desejava que o oficial tivesse conhecimento de certos fatos que julgava conveniente permanecerem ocultos ao vulgo.

Na manhã seguinte, Asnah mandou avisar Ratan que a cativa havia acordado.

Malec, responsável pela jovem, às primeiras horas da manhã já se fazia presente em seus aposentos para aguardar-lhe o despertar. Soube, pela escrava, que ela dormira a noite toda. Assim, quando isso aconteceu, ele já estava ao lado dela. Sorriu aliviado ao vê-la abrir os olhos.

– Como te sentes?

– Estou bem. Chegaste cedo hoje! – ela respondeu, espreguiçando-se, surpresa ao vê-lo.

– Queria ver teu despertar.

– Ah! Não imaginas o bem que isso me faz. Estou com fome. Aceitas partilhar a refeição comigo?

– Não sei se devo. Confesso, porém, que também estou faminto! Na pressa de estar contigo, nada comi.

A escrava trouxe uma bandeja contendo pães, biscoitos, frutas e uma espécie de chá, preparado com ervas. Estavam entretidos a conversar quando Ratan foi introduzido.

O anão cumprimentou-os e acomodou-se num tamborete, dizendo alegre:

– Vejo que estás bem, cara Neila.

– Por que não estaria? Apesar de ter tido pesadelos à noite, acordei bem.

Malec despediu-se, constrangido por ter sido pego em atitude mais íntima com a prisioneira, alegando providências urgentes a tomar e dizendo-se mais tranqüilo por ver Neila em seu estado normal.

Ficando a sós com a jovem, delicadamente o anão começou a fazer-lhe perguntas sobre os acontecimentos do dia anterior.

– Não quero falar sobre isso – ela respondeu categórica.

Pela dificuldade que ela demonstrava em tocar no assunto, percebeu Ratan que Neila realmente tinha presenciado as cenas, tal qual ele. Teria ela noção da participação dele próprio nos fatos de outrora?

– Está bem. Falemos de outros assuntos. Disseste ter tido pesadelos esta noite. O que sonhaste? – voltou ele à carga.

– São coisas que só dizem respeito à minha pessoa.

Ratan fez ainda mais duas ou três perguntas, mas Neila continuava irredutível e calada. Então o anão levantou-se, dispondo-se a sair, certo de que não era o melhor momento para conversar com ela. Antes de deixar o aposento, olhou-a fixamente e afirmou, escolhendo bem as palavras:

– Cara Neila. Não obstante te recusares a dividir comigo tuas angústias, sou a única criatura que pode te ajudar. Sei perfeitamente o que viste e estou consciente de tudo o que aconteceu naquele palácio. Quando quiseres falar comigo, manda chamar-me e eu virei em seguida.

A jovem sentiu um arrepio percorrer-lhe todo o corpo ao ouvir-lhe a voz sibilante. Ergueu o olhar, onde se via medo e insegurança, que não passaram despercebidos do anão.

Com uma careta, que pretendia fosse um sorriso escarninho, ele foi embora, deixando-a apavorada.

Asnah, que entrara no aposento, acercou-se dela, preocupada:

– O que te aflige, minha amiga? Estás toda trêmula! O que te disse esse ser repulsivo para te deixar neste estado?

A prisioneira, contudo, nada respondeu, deixando-se cair deitada no leito, encolhida, com os olhos arregalados e fixos num ponto qualquer. Não conseguindo resposta para seus questionamentos, Asnah cobriu-a com uma manta e afastou-se para um canto do quarto, onde permaneceu acocorada numa esteira. Em dúvida se deveria comunicar Malec, resolveu aguardar um pouco, na expectativa de melhoras do estado de Neila.

* * *

Em posição fetal, a jovem prisioneira experimentava grande tempestade íntima. As cenas que presenciara no dia anterior, quando da infeliz visita às ruínas, mexeram com ela de uma forma que não conseguiria dimensionar. O local, os restos do imenso jardim, do luxuoso palácio que tanto pavor lhe causara, a cerimônia naquele lago escuro, a imagem apavorante no templo e daquela divindade que ela não conhecia... Todas essas coisas lhe pareceram extremamente familiares.

Então, como se num caleidoscópio, cenas ocorridas naquele lugar começaram a ganhar vida, desfilando pela sua tela mental. Revia o grande e belo jardim, um pouco assustador; via-se sentada num daqueles bancos, com o pensamento preso a um homem atraente e sedutor, que lhe fazia vibrar as fibras mais profundas. Ao lembrar-se dele, revia-o entregando-lhe uma bela rosa vermelha, cujo odor a inebriava e lhe despertava os sentidos, fazendo com que o amasse com ardente e avassaladora paixão, ansiando pela sua presença. Revia cenas em que se via dentro daquele palácio esplendoroso, participando da vida daquele homem alto, elegante, de tez clara e olhos brilhantes, magnéticos e, ao mesmo tempo, frios e indiferentes.

Lembrava-se também que, ao saber-se preterida, tomara-se de grande ódio por ele, e, escapando daquele lugar de horrores, tudo fez para destruí-lo.

O mais interessante, e o que a enchia de verdadeiro temor, era que conseguira identificá-lo com o seu algoz de hoje, aquele que novamente a aprisionara, por quem se sentira atraída desde a primeira vez que o vira, naquele calabouço, embora não admitisse tal coisa nem para si mesma; aquele a quem odiara, mas por quem, através dos anos, apaixonara-se, e que, novamente, a preterira por outra mulher.

As lágrimas rolavam de seus olhos na penumbra do ambiente. Durante aquele tempo, sentira-se muitas vezes envolver pelo ciúme das esposas e concubinas, julgando-as suas rivais, porém sabia que ele não tinha interesse especial por nenhuma delas. Mas agora era diferente. Cambises amava realmente aquela mulher, Aisha, estava noivo dela e se casariam em breve. Todos os preparativos estavam sendo feitos. Ele, o faraó, amava Aisha e demonstrava seu amor por ela, enquanto relegava a Neila ao mais cruel esquecimento. Não, novamente não. Não permitiria ser desprezada, pisoteada, humilhada, por alguém que antes dizia amá-la e agora a atraiçoava da maneira mais sórdida.

"– Maldito Cambises! Mil vezes maldito! Que os deuses te façam apodrecer em vida, que percas tudo o que conquistaste! Que rastejes no pó, suplicando uma gota de água para aplacar tua sede, e que, mesmo essa, te seja negada! Eu era livre, infame, e sem respeito algum me retiraste da minha casa humilde, da convivência com meu querido pai, arrastando-me para esta prisão dourada. Sê maldito pela eternidade! Que tua alma não encontre descanso em lugar algum!"

Enquanto Neila entregava-se a esses pensamentos, que bem demonstravam a fúria da sua raiva, entidades de Além-túmulo, afinadas com esses sentimentos, aproximaram-se dela, provocando ainda maior indignação, ira, rancor por aquele que agora odiava com todas as forças do seu amor desprezado. E esses espíritos passaram a insuflar-lhe idéias contra Cambises pelas vias da sugestão mental, aumentando-lhe a revolta contra ele. Eram os mesmos que Cambises também percebia em suas crises, aqueles homens de línguas arrancadas, as mulheres de vestes negras e véus esvoaçantes que lhes cobriam o rosto, de cujo peito o coração lhes havia sido extirpado, e que traziam nas mãos uma rosa rubra, entre tantos outros.

Com a mente tumultuada por esses pensamentos, Neila refletia, procurando lembrar-se de tudo. Um outro fato a havia impressionado sobremaneira: reconhecera em Ratan o mesmo mago que, com seus conhecimentos e poções, dava tanto poder àquele homem, a ponto de ele considerar que não morreria jamais, que teria juventude e vida eterna. Sim, era ele mesmo, o anão! E por esse motivo recusara-se a falar com ele.

De repente, uma sombra se aproximou e sussurrou-lhe ao ouvido, sugerindo-lhe que o anão poderia ser um aliado, uma vez que intimamente sentia inveja do poder que Cambises possuía. Neila não *escutou* essas idéias com os ouvidos do corpo, mas as assimilou na acústica da alma.

"– Sim! Quem sabe, aliando-se ao maldito Ratan, poderia derrubar o todo-poderoso Cambises 2º, Imperador persa e faraó do

Egito? Quem sabe se, descobrindo o ponto fraco do anão, poderia ele ser útil em sua vingança? Aparentemente, Ratan era muito devotado ao faraó, mas quem sabe?!..."

Passou a sentir-se forte e poderosa, em virtude da presença dos desencarnados que ali estavam secundando-a em suas reflexões. Também não poderia prescindir de Malec, que se apaixonara por ela e estava em suas mãos.

Depois de muito pensar, Neila decidiu que, para atingir Cambises, teria que começar por Aisha, de quem lhe vinham os estímulos para uma vida nova de amor e felicidade. Ouvira Malec afirmar, até, que o soberano, de ordinário cruel e sanguinário, tornara-se um homem mais brando nas decisões, mais comedido e compreensivo com aqueles que cometiam erros, que ele, antes, não perdoava jamais.

"– Pois sim! Cambises não será feliz nunca! Ele não merece ser feliz."

Depois de tomar essa decisão, Neila sentiu-se mais satisfeita. Quando Malec apresentou-se mais tarde para saber do seu estado, encontrou-a tranqüilamente mordiscando uma tâmara, sentada em coxins; ao vê-lo, ela lançou-lhe seu melhor e mais atraente sorriso, acompanhado de um doce olhar. Encantado, Malec aproximou-se dela, sentando-se também.

– Estás com ótimo aspecto, Neila.

– Sim, estou bem, Malec. No entanto, poderia estar melhor. Fiquei triste. Senti tua falta; por que tardaste tanto? – perguntou, estendendo a mão delicada e oferecendo-lhe uma fruta, que lhe colocou na boca com ar sedutor.

Corando ante o gesto de intimidade, incomum em suas relações, o oficial agradeceu-lhe a gentileza com olhar febril e apaixonado.

Conversaram durante algum tempo, que ela aproveitou para pedir a certo momento:

– Malec, dize a Ratan que desejo vê-lo. Quando ele esteve aqui, pela manhã, eu não estava em condições de falar-lhe, mas agora já estou bem.

Depois, aproveitando a ausência do eunuco, Neila disse-lhe num sussurro:

– Meu querido Malec! Não suporto mais a vida sem ti. Sei que também me amas. Por que somos obrigados a sofrer assim? Não é justo!

Assustado ante o crime que estaria cometendo ao desejar uma favorita do faraó, com expressão compungida Malec considerou:

– Tenho deveres a cumprir, Neila. Sou um oficial da guarda real do faraó. Não posso...

A cativa colocou a mão sobre seus lábios, impedindo que continuasse.

– Sei disso, Malec. Só lamento que obedeças tão cegamente a um soberano que não te valoriza como mereces.

– O que dizes, Neila? Sabes de algo que ignoro? – indagou ele, surpreso e inquieto.

A ardilosa criatura alegrou-se intimamente, vendo que começava a destilar veneno na relação entre Malec e seu soberano, até àquele momento indestrutível. Então, com voz melosa ela desconversou:

– Não te preocupes com isso, Malec. Falei sem pensar. Esquece.

– Agora exijo que fales. O que o faraó tem contra mim?

– Bem, contra ti, nada. Mas deixou escapar um dia, em que estava particularmente falante por causa da bebida, que não és tão competente quanto Rafiti, embora te considere fiel, e, por isso, tuas tarefas são sempre inferiores às de teu amigo Rafiti.

– Cambises afirmou isso? Justo ele, a quem devotei toda a minha vida e por quem tenho guardado lealdade há tanto anos...

Aproximando-se mais dele, Neila procurou desanuviar o ambiente, insistindo:

– Esquece, Malec. Lembra-te de mim que te amo. Peço-te apenas alguns minutos de entrevista sem testemunhas. Ouve-me. Ao anoitecer, colocarei um sonífero na bebida do eunuco; em poucos minutos ele estará dormindo a sono solto. Esperar-te-ei em meu quarto. Asnah é fiel e nada dirá a ninguém. Fica tranqüilo. Vem, meu querido!

Neila disse estas palavras ao mesmo tempo em que passava a mão suave pelo rosto dele e o braço roliço roçava-lhe o pescoço. Malec levantou-se abrasado, e saiu quase a correr.

Ela sorriu, satisfeita com o resultado da sua investida. Vencera. Agora, precisava apenas cuidar que o eunuco realmente estivesse adormecido quando Malec chegasse.

Meia hora depois Ratan apareceu, eufórico por ter sido chamado por Neila. Ela o esperava, ansiosa.

– Peço-te desculpas da maneira como agi hoje pela manhã. Confesso-te que, quando me visitaste, não queria conversar sobre aquele assunto. Mas agora é diferente, Ratan. O que desejas saber?

Com os olhinhos de ofídio apertados, ele procurou entender o que ela realmente desejava dele. Então, começou colocando as cartas na mesa:

– Neila, sei o que viste naquelas ruínas. Nada me passou despercebido.

– E Malec?

– Teu guarda ignora tudo.

– Por que eu pude ver aquelas cenas que ocorreram há tanto tempo?

– Porque és uma pessoa com dom especial. Consegues ver e sentir o que se passa na região do Além-túmulo, que, para a maioria das pessoas, é indevassável.

– Ou é porque eu vivi lá e participei daqueles fatos?

– Ambas as coisas. A verdade é que esse é um dom especial que te foi concedido pelos deuses.

Neila ficou calada durante alguns segundos, pensativa. Depois, prosseguiu, tentando observar-lhe a reação:

– Percebi outras coisas. Inclusive que foste aquele mago, mestre e quase um pai para aquele homem.

– Ah!... Então sabes também porque sou tão ligado a Cambises.

– Sei. Todavia, estive pensando, Ratan. Creio que não estás satisfeito com a presença de Aisha na vida do nosso soberano. Ele se deixa levar por ela; virou um boneco em suas mãos; escuta-a, pede-lhe conselhos, faz tudo o que ela quer. Pelo menos é isso o que se comenta na corte. E isso, evidentemente, diminui a tua influência sobre ele, ou estou enganada?

– Não. Prossegue.

Neila levantou-se e começou a caminhar pelo terraço, local onde estavam conversando, por ser mais preservado de olhos e de ouvidos indiscretos.

– Ratan, confesso-te que amo Cambises acima de tudo. Apesar de ser sua prisioneira, sei que esse sentimento é antigo, o que me foi confirmado pelas imagens que pude ver nas ruínas daquela propriedade. Pois bem. Não me conformo em perder seu amor para uma mulher qualquer. Desejo acabar com ela. E creio que queres o mesmo. Certo?

O anão fez um gesto com a cabeça, concordando, e ela tornou, animada:

– Então, por que não unir nossas forças num mesmo objetivo?

Ratan observava aquela mulher que agora mostrava personalidade firme, orgulho, altivez e vontade para agir, não se detendo diante de nada.

– Neila, sabes a que te expões? Se Cambises descobrir, serás condenada à morte.

– Não me importa. Se perder o amor dele, nada mais me importa. Mas não te esqueças que tua situação será igualmente ruim; também terás tua cabeça a prêmio, se ele descobrir.

– Quanto a mim, sei como me defender. Estou muito bem escudado. Bem, podemos fechar um acordo de auxílio mútuo. Tu me ajudarás e eu te ajudarei a conseguir o que desejas. Temos que estabelecer um plano de ação.

– Que não pode demorar muito. O tempo urge – disse Neila, preocupada.

– Não ignoro esse fato. Vou refletir bem sobre o assunto e, quando tiver decidido o que fazer, te comunico. Ficará mais fácil se pudermos contar com Malec.

– Por ele eu respondo. Fará o que eu quiser.

– Então, até breve.

O anão saiu e Neila não continha a alegria. Tudo caminhava bem. Muito melhor do que poderia esperar.

O resto da tarde passou preparando-se para o encontro com Malec, à noite.

Ao anoitecer, mandou Asnah levar até o eunuco – que ficava na antecâmara, vigiando as pessoas que entravam – um copo com uma bebida feita com cevada, um tipo de bebida muito comum à época.

O eunuco aceitou agradecido. Fazia bastante calor e a bebida refrescante vinha a calhar; não esperou nem mesmo a escrava afastar-se para tomar todo o conteúdo do copo. Um quarto de hora depois, dormia profundamente, escarrapachado no piso.

Pouco depois, Malec chegou, ficando aliviado ao ver o segurança adormecido na antecâmara. Asnah introduziu-o no quarto de Neila, que o aguardava ansiosamente.

Ao vê-lo levantar o reposteiro, ela deu alguns passos em direção a ele, que fez o mesmo. Malec abraçou-a com paixão e era como se o tempo houvesse parado e só eles existissem no mundo.

Lá fora, a lua se erguia no firmamento, envolvendo toda a cidade com sua luz prateada.

32
Atingido pela traição

A partir daquela noite, Malec tinha verdadeira dificuldade em esconder seus sentimentos por Neila. A jovem e ele ficavam muito tempo juntos, aproveitando as horas de sono do eunuco, a quem Asnah continuava a levar, ao cair da noite, a bebida com o sonífero.

Durante esse tempo, Neila foi inoculando no amante idéias contra o faraó, mostrando-lhe, sempre que possível, as facetas negativas e cruéis do soberano; e o orgulhoso oficial, indignado com a falta de consideração e respeito, além da ingratidão de Cambises, a quem sempre servira com honra e lealdade, reserva e discrição, num momento de revolta, exasperado, acabou por contar à amada o que na realidade acontecera com o pai dela. Deixou claro o desinteresse de Cambises pela vida do ancião, não obstante afirmasse o contrário. Malec relatou, inclusive, diante da encolerizada moça, a farsa que cercara a execução de Ramendi, guarda real a quem o soberano teria, "supostamente", conferido a responsabilidade de zelar pelo seu velho pai, e concluiu:

– Ramendi morreu para encobrir, perante tua pessoa – a quem Cambises queria agradar –, o descaso e a indiferença dele, que prometera solenemente zelar pela vida do teu pai, quando na realidade o havia abandonado à própria sorte.

– Dize-me, então, onde está meu pai? O que aconteceu com ele? – perguntou ela com esperança na voz.

– Quando Rafiti e eu fomos até a casa de teu pai, após o sonho profético que tiveste, ele já havia morrido. Lamento, Neila, dar-te essa triste notícia, mas não acho justo que continues pensando que teu pai está bem, em algum lugar.

– Maldito! Mil vezes maldito! Cambises afirmou-me que meu pai estava bem, mas que, ao ficar sozinho, preferira transferir-se para outra cidade, onde residia com um velho amigo – murmurou ela rilhando os dentes.

Com lágrimas amargas descendo pelo rosto, diante dessa revelação, realmente enojada pelo egoísmo, indiferença e falsidade de Cambises, Neila deixou-se invadir por um ressentimento surdo e avassalador, predispondo-se, agora com mais determinação, a destruí-lo.

Mais tarde, Ratan apresentou-se para falar com ela. Discretamente, notificou-a que já sabia como agir; e que o momento certo seria no templo, quando Aisha estivesse se preparando para as bodas reais. A prisioneira quis detalhes, mas o anão afirmou julgar mais prudente que ela desconhecesse os pormenores da operação, com vistas à própria segurança dela. Neila concordou, e separaram-se.

No fundo, Ratan sabia que os sacerdotes não perderiam a ocasião de agir, rancorosos e vingativos como eram, e já estava a par do que se tramava dentro do Grande Templo de Amon, sem que ele precisasse mover uma palha para conseguir seu objetivo. Porém, ser-lhe-ia muito útil que Neila acreditasse na participação dele no episódio, ficando credor da gratidão dela, a quem desejava ter por aliada, e, no devido tempo, retirar do caminho de seu soberano.

* * *

Enquanto tramavam às minhas costas, eu passava o tempo ao lado de minha querida noiva, aproveitando todas as oportunidades para gozar da sua presença tão doce, que me era tão necessária quanto o ar que eu respirava.

Infelizmente, chegou o dia em que teríamos de nos separar. Eu trazia o coração opresso, apertado por estranhas sensações de perda, de vaticínios horrendos, sentindo no mais íntimo do ser como se aquela fosse a última vez que veria minha doce Aisha. Vendo-me tenso e desanimado, ela procurou suavizar a situação dizendo com ternura:

– Meu querido! Estaremos separados fisicamente por apenas três dias, nada mais. Tranqüiliza tua alma, desenruga a fronte, despe essa capa de desânimo que te envolve e não dês atenção a maus presságios. Sei que essa insegurança decorre de me amares, mas eu também te amo e estou com o coração partido por afastar-me de ti. No entanto, este é o preço que precisamos pagar para permanecermos juntos e felizes para o resto da vida. Depois, não nos separaremos mais. Lembra-te de que três dias passam rápido e que, ao cabo desse tempo, irás buscar-me no templo. Vamos, não quero mais ver-te assim! Desanuvia a mente e aproveitemos os momentos de convívio que nos restam... – disse ela, passando a mãozinha pela minha fronte, numa carícia suave, como se quisesse expulsar da minha cabeça os maus pensamentos.

Respirando fundo, sorri, fitando-a com ternura. Abraçamo-nos e beijei-a com ardor. Conversamos ainda por mais uma hora, até que o sumo sacerdote, com seu séqüito, veio buscá-la para conduzi-la ao templo.

Despedimo-nos e ela caminhou para fora da sala, acompanhada pelos sacerdotes. Ao cruzar a porta ainda virou-se, lançou-me um olhar cheio de amor e acenou delicadamente. Depois foi embora.

Durante esse período, procurei trabalhar bastante, ocupando minhas horas. Resolvi várias pendências, assuntos que se arrastavam havia longo tempo; reuni-me com os conselheiros e ministros diversas vezes, preocupado com a falta de notícias do exército que partira para o deserto da Líbia; decidimos, em Conselho, uma nova expedição bélica, que visava atacar Cartago, poderoso porto marítimo, tomando todas as providências para concretizar essa ação no menor espaço de tempo possível, ficando Dario responsável pelo exército e tudo o mais que se fizesse necessário a uma viagem de longo curso; resolvemos, também, levar adiante uma outra expedição guerreira para o sul, com o objetivo de atacar a Etiópia, atravessando o território da Núbia; o resto do tempo, eu passava pensando em Aisha.

No segundo dia, resolvi visitar Neila, que não via fazia meses. A prisioneira estranhou ver-me, mas cumulou-me de atenções e carinhos. Perguntei como tinha sido sua visita pela capital, e ela olhou-me de forma diferente, como se surpresa por ter tocado no assunto, depois relatou:

– Gostei muito, majestade. Mênfis é uma bela cidade, tem lugares muito interessantes. – Fez uma pausa e prosseguiu: – O que mais me impressionou, porém, foi um sítio em ruínas, fora da cidade. Conheces?

– Ruínas? Não, realmente não as conheço.

– Pois deverias conhecê-las. São muito... interessantes.

– Ah!... Como assim, interessantes? Explica-te melhor, Neila.

Aquela conversa causava-me grande mal-estar. Sem saber a razão, liguei essa conversa e o que Neila dizia com os sonhos que, desde que chegáramos a Mênfis, aterrorizavam-me mais do que de costume. Fiquei impaciente, incomodado, comecei a suar frio, a sentir falta de ar. Ela notou e resolveu mudar de assunto.

– Bobagem. Nem sei por que disse tal coisa. A propósito, ouvi dizer que te vais casar novamente.

Com novo brilho no olhar, agora mais interessado na conversa, concordei:

– É verdade. Dentro de poucos dias celebrarei meu casamento com Aisha.

– A noiva é muito bela, segundo afirmam.

– Sim, é belíssima. E eu a amo mais que a própria vida.

Aos poucos voltando ao normal, a essa lembrança a saudade de Aisha bateu fundo em meu peito. Queria ficar sozinho. Sem poder suportar por mais tempo a presença de Neila, despedi-me dela, vendo as marcas da decepção em seu rosto. Contudo, não via razão para estar ali, com outra mulher, quando sentia tanta falta de Aisha. Só conseguia lembrar-me de que, no dia seguinte iria, com toda a pompa, buscá-la no Grande Templo. Antes de sair, pareceu-me ouvir Neila dizer entre dentes:

– Jamais te casarás com ela...

– O que disseste? – indaguei, voltando-me surpreso.

Com sorriso amarelo, curvou-se numa reverência:

– Vida longa e glória ao faraó!

Deixei os aposentos intrigado. Teria me enganado? Conservava a nítida impressão das palavras de Neila. Ganhando o imenso corredor, porém, resolvi não dar atenção ao incidente. Bobagem! Devo ter-me enganado.

* * *

Entrementes, Ratan trabalhava para realizar seus objetivos. O anão era leal a mim até à morte, por isso, diante das situações que me envolviam e que julgava serem negativas, decidira agir para libertar-me delas. Desse modo, queria afastar Aisha e Neila por acreditar que ambas poderiam causar minha destruição.

Assim, aceitara a colaboração de Neila para afastar Aisha, mas ao mesmo tempo, planejava desaparecer com Neila, utilizando-se de Malec, em quem notara o interesse pela bela prisioneira. Ardiloso, Ratan tinha contatos e informantes em todos os lugares, inclusive no templo. Certamente, ele contava com o apoio da casta sacerdotal, e sabia o que se tramava dentro do santuário, uma vez que, apesar do sumo sacerdote ter concordado com meu casamento com Aisha, no fundo os sacerdotes sentiam-se cheios de profunda revolta e humilhação por terem sido obrigados a engolir essas bodas que execravam; jamais uma sacerdotisa poderia deixar o Grande Templo de Amon para unir-se a alguém, mesmo que essa pessoa fosse o faraó do Egito. Gananciosos, não se lembravam, porém, que esse casamento, em vias de realização, não seria consumado à revelia da casta sacerdotal, de vez que eles próprios haviam aceitado o acordo, em virtude do qual foram regiamente recompensados pelo soberano.

Aquele último dia transcorreu em meio a febril agitação.

* * *

O dia amanheceu esplêndido. O Sol brilhava no céu e uma leve aragem soprava refrescando o calor e trazendo bem-estar.

Acordei satisfeito, lembrando-me de que logo estaria com minha noiva. Meus auxiliares banharam-me e ungiram-me com óleos aromáticos; em seguida, vestiram-me regiamente; sobre o traje dourado, nos ombros trazia o manto de púrpura fechado por presilhas de ouro; na cabeça, a dupla coroa branca e vermelha, símbolo do Alto e do Baixo Egito, e, na mão direita, o cetro e a chibata, as insígnias do poder soberano; assim paramentado, caminhei para fora dos aposentos reais. O séqüito já me aguardava, e atravessamos o palácio até a porta principal. Desci as escadarias onde uma multidão se aglomerava para ver-me passar; o povo tinha muito interesse em tudo o que dizia respeito ao seu faraó e, transpirando as notícias de que iria buscar a bela noiva no Grande Templo de Amon, desde as primeiras horas da manhã aguardava ansioso.

Sentei-me no trono, uma liteira de ouro maciço, ancorada por varões do mesmo material, carregada por uma dezena de grandes e fortes escravos núbios. Mais afável, contra meus hábitos, acenei com a mão e a multidão delirou.

Lentamente fizemos o trajeto do palácio real até o templo, onde os religiosos nos aguardavam. Ao chegar, fui recebido pelo grande sacerdote, já paramentado para a cerimônia. Somief pareceu-me mais pálido do que de costume, e sua cabeça raspada, mais branca.

Ao povo era vedado o acesso à cerimônia, e apenas um comitiva restrita e a guarda real puderam me acompanhar. Após todos se acomodarem, teve início a cerimônia, que em nada me interessava, ansioso por ver minha noiva. Em dado momento, as trombetas soaram e, por uma grande porta, vi surgir um pequeno vulto. Era Aisha. Vestida toda de branco, com um traje longo e esvoaçante, trazia os longos cabelos escuros delicadamente entremeados com pequenas flores róseas, e as madeixas, deixando ver as flores aqui e ali, caíam-lhe pelas costas, produzindo lindo efeito. Jamais a vira tão encantadora. Parecia uma deusa, diáfana e leve, a caminhar pela nave. No centro do amplo recinto, sobre um degrau, havia uma espécie de mesa retangular, toda fechada, de cerca de uns três pés de altura, de granito negro; nas laterais, contornando a mesa, artísticas pinturas de deuses egípcios enfeitavam o granito num belo efeito decorativo, o mesmo acontecendo com a parte de cima. Nos quatro cantos da mesa, a uma distância de aproximadamente quatro pés, postavam-se tripés de ouro com vasos cilíndricos do mesmo metal, cravejados de pedras preciosas; das brasas acesas, exalava-se um odor acre e penetrante.

Aproximando-se da mesa, Aisha foi colocada sobre ela e permaneceu deitada, impassível. Em seguida, o sumo sacerdote disse algumas palavras se referindo à importância da cerimônia, e, na seqüência, proferiu uma oração a Amon-Rá, sendo acompanhado pelos demais sacerdotes, ajoelhados. Depois, recebendo uma pequena vasilha, também de ouro, contendo o que parecia ser uma erva, lentamente passou a contornar a mesa, enquanto pulverizava essa substância sobre o corpo de Aisha. Ao terminar, ergueu os braços para o alto, conclamando o deus Amon-Rá para fazer-se presente e expressar sua vontade soberana: se julgasse que a sacerdotisa deveria ser liberada de seus votos, que ela permanecesse ali, como estava. Se não, que o deus a levasse consigo para ser julgada no Amenti.

Nesse instante, ao mesmo tempo, quatro sacerdotes jogaram algo nos tripés e uma cortina de fumaça começou a se erguer, espalhando-se sobre toda a mesa e encobrindo Aisha.

Tudo foi muito rápido. Meu coração começou a bater freneticamente, diante do inusitado. Sem saber a razão, o fato de não estar vendo Aisha me apavorou. Esse deus teria realmente o poder de levá-la consigo? Num átimo, abri a boca para dar uma ordem impedindo que aquela cerimônia absurda prosseguisse, quando um grito abafado ecoou de todas as bocas. A fumaça, que se condensara durante alguns segundos à nossa frente, se esvaía aos poucos, deixando ver a mesa completamente vazia!

Indignado e perplexo, levantei-me, exigindo explicações do sumo sacerdote.

– Onde está Aisha? O que fizeram com ela, seus malditos?!...

Numa reverência que tinha mais orgulho que humildade, Somief respondeu:

– Majestade! Nada há a fazer. Estamos diante da vontade soberana do nosso deus. Amon-Rá, não concordando com o casamento, levou tua noiva consigo.

Nesse momento, uma grande confusão já se instalara no templo. Com um grito desesperado, que ecoou lugubremente nas altas paredes do recinto, corri para a mesa, examinando-a. Impossível! Como ela poderia ter sumido, assim, diante de todos?!...

Ante o inusitado da situação, fiz um gesto rápido e, enquanto alguns oficiais da escolta prenderam os religiosos, mantendo-os afastados, Rafiti e os demais membros da guarda real puseram-se a esquadrinhar cada pedacinho da mesa, cada pequena ranhura, tentando encontrar um dispositivo, uma fresta, uma abertura pela qual Aisha pudesse ter sido criminosamente retirada dali. Tudo em vão.

– Revirai cada canto deste templo, do chão ao teto, por menor que seja. Minha noiva deve estar em algum lugar. Obrigai estes miseráveis a falarem!

Por horas os guardas reviraram todas as dependências do templo, sem encontrar vestígios. Exausto, acabei por despencar em uma cadeira. Rafiti, aproximando-se, sugeriu:

– Majestade, melhor que aguardes no palácio. Aqui não temos como proteger-te no caso de algum ataque. Nunca se sabe o que pode acontecer; não estás livre de que um grupo de rebeldes resolva insurgir-se, aproveitando a confusão reinante. Ademais, tua noiva parece ter-se evaporado no ar. Talvez tenha sido mesmo levada por Amon-Rá.

Ao ouvi-lo, pude entender como funcionava a mente de todos. Rafiti, apesar de persa, também parecia acreditar nesse absurdo, isto é, que Aisha fora levada pela divindade. Eu não desejava afastar-me dali, porém, entendi a preocupação do meu chefe da guarda. Talvez o melhor fosse retornar para o palácio e, ali, tomar decisões.

Sentia-me arrasado. Reuni o Conselho expondo a situação; conselheiros e ministros foram unânimes em afirmar que não havia o que fazer. Perplexos, embora achando difícil de acreditar, só viam uma realidade: a sacerdotisa fora levada por Amon-Rá ao seu reino. Todos concordaram que era impossível Aisha ter sido retirada de sobre a mesa de cerimônias, diante dos olhares de todos os presentes, sem ser vista.

– Aquela mesa deve ter alguma abertura, um segredo muito bem camuflado – aduzi, não admitindo outra hipótese.

– Se tal abertura existisse, majestade, teria sido descoberta. A guarda real examinou tudo, em minúcias – considerou Ciaxares, com profundo pesar.

Impotente para resolver a questão, sob grande pressão, com a mente em desalinho, sem saber o que fazer, uma vez que não acreditava que ela sumira, mas sofrendo intensamente por não poder vê-la mais, deixei-me envolver por uma tempestade de emoções: desespero, angústia, ódio da casta sacerdotal, inconformado diante daquilo que, apesar do meu poder soberano, não conseguia mudar. Caí ao chão sob terríveis convulsões, revolvendo-me em agonia.

Chamado às pressas, o médico veio e socorreu-me. Levado para meus aposentos, os criados colocaram-me no leito e dormi durante muitas horas. Ao acordar, estava sem forças, incapaz de uma reação, por pequena que fosse. Minhas energias haviam quase que se esgotado, deixando-me apático e febril.

Mais tarde mandei chamar Rafiti, que, preocupado com meu estado de saúde, permanecia na antecâmara, e veio incontinênti. Aproximou-se do leito aflito.

– Alguma novidade? – indaguei.

De cabeça baixa, o fiel guarda respondeu:

– Infelizmente não, majestade. Tudo continua do mesmo jeito. Reviramos tudo: todos os espaços, salas, quartos, corredores, aléias, os jardins internos, tudo. Sem resultado.

– Usaste a tortura? Obrigaste-os a falar?

– Sim, majestade. Todos repetem a mesma cantilena: Aisha foi levada por Amon-Rá.

– Não desistas. Continua procurando. Vigia-os dia e noite. Coloca homens disfarçados dentro do templo. Alguém há de abrir a boca.

– Sim, majestade. Mais alguma coisa?

– Não. Estás dispensado.

* * *

O tempo foi passando e nunca mais tivemos notícias de minha querida Aisha. Em meus momentos de solidão e de tristeza, eu refletia sobre tudo o que acontecera. Lembrava-me da última vez que vira minha noiva, belíssima, caminhando até a mesa cerimonial; parecera-me um tanto estranha, como se estivesse alheia ao que acontecia; tal estado, porém, poderia talvez até ser normal ante o momento. Ter-lhe-iam dado algo para beber, para evitar qualquer reação de sua parte? Ela me parecera até um tanto sonolenta. Talvez! De que outro modo ela teria desaparecido sem emitir um grito, sem que se ouvisse qualquer som no recinto? Uma coisa era certa: os sacerdotes deveriam estar exultantes com o fato; levaram vantagem em tudo, pois ficaram com os bens e com a sua sacerdotisa. Na verdade, o clero se vingara do faraó daquela forma horrível, separando-me de Aisha, fazendo-me pagar pelo atrevimento de desejar possuir uma sacerdotisa consagrada, por seus votos, ao templo. Mas não era só isso. Ali, nas terras do Egito, eu era o invasor, o inimigo que se apossara do trono e do poder, e isso eles nunca poderiam aceitar.

Agora eu estava de mãos atadas. Tinha convicção profunda que Aisha estava viva, mas nada podia fazer, pois seu paradeiro era um mistério impenetrável. Restava-me continuar procurando sem descanso, sem jamais desanimar.

Aos poucos, voltei à vida normal, uma vez que o Império não podia parar. Mas uma imensa tristeza e amargura se instalaram em meu íntimo. Por dentro, eu havia mudado. Aquele ímpeto que me jogava para frente, a ambição de conquistas, de vitórias, de aumentar cada vez mais o Império persa, a energia com que lutava durante um combate, tudo isso desaparecera, só permanecendo a impotência para descobrir o mistério que encobria o desaparecimento da doce Aisha.

Todavia, fora decidido em Conselho que iríamos conquistar outros territórios da África, e o próximo passo seria anexar Cartago, o grande porto marítimo, que nos seria de grande utilidade por sua posição estratégica.

Abalado em virtude dos últimos acontecimentos, todas as decisões haviam ficado em suspenso, mas era preciso dar continuidade ao nosso plano. Mesmo porque um contingente do nosso exército partira para o deserto da Líbia e, após conquistar o oásis de Amon, ficaria aguardando ordens para atacar Cartago, por terra.

Então, era imprescindível ultimar os preparativos para a partida.

Dario incumbira-se de cuidar de tudo. O exército partiria pelo Nilo, até o Delta, em seguida continuaria pelo mar Mediterrâneo. Expedimos um mensageiro, buscando obter a colaboração dos fenícios, hábeis navegadores e cuja frota marítima era fundamental para atingirmos a conquista de Cartago. Preocupava-nos, apenas, a falta de notícias do contingente que partira para a Líbia, sem saber o que estava acontecendo.

33

Derrota na Núbia

A resposta da frota fenícia tardava. No entanto, não podíamos esperar mais, pois o tempo era precioso. Assim, confiando no apoio dos fenícios – que até aquela data eram nossos aliados –, conquanto não houvesse chegado nenhuma anuência explícita deles unindo-se a nós no ataque a Cartago, optamos por colocarmo-nos em marcha, para ganhar tempo. Porém, havia outro problema igualmente grave: O contingente do exército enviado para o deserto da Líbia tampouco dera notícias, gerando ansiedade e preocupação.

A frota egípcia navegava pelo Nilo fazia alguns dias quando, atracada para repor víveres, viu aproximar-se um correio cavalgando a toda pressa. O mensageiro chegava empoeirado, cansado, mas satisfeito por cumprir sua missão, que ele sabia de extrema importância para o Imperador. Entregou a mensagem a um oficial, que a enviou ao almirante, comandante-em-chefe da frota. A notícia era péssima: os fenícios recusavam-se a colaborar com o exército persa no ataque a Cartago.

Em vista dessa informação, após analisar o assunto com os outros oficiais, o almirante resolveu enviar um mensageiro a Mênfis e permanecer ali atracado, aguardando as determinações do soberano. Concomitantemente a esse fato, grave por si mesmo, outro aconteceu que viria a piorar ainda mais a situação egípcia. Transpirando a notícia de que a frota fenícia se recusara a colaborar no ataque a Cartago, os tripulantes, em sua maioria composta por fenícios, igualmente aderiram ao boicote, recusando-se a participar do ataque a Cartago, antiga colônia fenícia. Desse modo, o correio partiu levando ao faraó a notícia da situação singularmente agravada. Ao retornar, trazia a resolução do faraó, que não poderia ser outra: ordenava ao soberano o retorno imediato da frota, uma vez que os fenícios eram imprescindíveis para a concretização dos planos egípcios. Além disso, não havia chegado ainda notícia alguma do contingente mandado para a Líbia, o que tornava a campanha absolutamente inviável.

* * *

Em meu gabinete de trabalho, após despachar o portador, dispensei o escriba e fiquei sozinho, cabisbaixo e pensativo. O sonho de conquistar Cartago, o poderoso Império mercantil do Mediterrâneo, caíra por terra, e eu sofria ao pensar que fôramos derrotados sem ao menos ter lutado. Sempre me julgara onipotente, jamais supondo que algum dia poderia ser derrotado; e o orgulho, o malsinado orgulho que me dominava a alma recusava-se a aceitar essa realidade, conquanto impotente para mudá-la. Reconhecia, porém, que, como estrategista, fora imprudente, pois jamais os fenícios aceitariam participar de ataque a uma colônia fenícia.

Em outras circunstâncias, teria tido um acesso de fúria, gritado, agredido meus assistentes, mandado matar meia dúzia de súditos, dando vazão à agressividade e à violência, jogando a culpa de minhas desditas e insucessos sobre aqueles que estavam ao meu redor. No entanto, após a perda de Aisha, mais brando e sem vigor, não tinha ânimo nem disposição para agir. A cólera em mim tornara-se concentrada e mais perigosa. Esse fracasso, atingindo-me fundo, interiorizou-se gerando ressentimento, rancor e desejo de vingança contra aqueles que causaram tal situação e que eu julgava traidores.

Todavia, decidido a reverter essa maré ruim, lembrei-me de que, de nossos projetos, ainda faltava conquistar a Etiópia. Desse modo, após o retorno da frota, levamos alguns meses preparando-nos para o novo ataque. Para vencer a melancolia e a apatia que me dominavam, concluí que necessitava de ação para tentar esquecer os infortúnios. Assim, resolvi partir para a Etiópia no comando do exército.

Tomada a decisão, senti-me mais animado e, numa madrugada, parti à frente das tropas, que se repartiram seguindo uma parte pelo rio e outra por terra, atravessando a Núbia, um território desértico.

Todavia, não sei se em virtude do meu estado de ânimo ou pela vontade dos deuses, nada deu certo. Desde o começo da viagem, tudo saiu errado, como se uma onda de mau-agouro houvesse nos envolvido.

A Núbia, uma terra nua que acreditávamos poder atravessar sem maiores dificuldades, recebeu-nos com garra e valentia. De alguma forma, seus habitantes souberam da invasão egípcia e nos esperavam. Não eram bem equipados como os soldados persas e egípcios, mas combatiam com muita coragem e determinação, causando-nos expressivas perdas.

A verdade é que não levamos em conta que os núbios conheciam bem seu território, praticamente todo ele desértico, e nos surpreenderam com investidas; desprevenidos para responder ao ataque, levamos desvantagem. Outro fator grave que enfrentamos foi o da falta de comida. Em conseqüência da inesperada reação núbia, levamos mais tempo do que pretendíamos atravessando seu território, o que nos levou à escassez de alimentos. Em outras campanhas guerreiras, os habitantes dos lugares por onde nosso exército passava, por admiração ou temor do poderio bélico persa, ajudavam-nos com víveres e água, o que não aconteceu em relação à Núbia. Além disso, devido à temperatura extremamente elevada e às escaldantes regiões desérticas, nossos soldados caíam na areia, incapazes de prosseguir, obrigando os que estavam em melhores condições a socorrê-los.

Em determinado momento, desanimados, não tivemos outro recurso senão retornar para salvar o que restava do nosso exército. A frota, atacada pelos núbios, foi em parte destroçada, e os navios restantes foram obrigados a fugir.

A infantaria e os carros de combate, que se locomoviam por terra, fizeram um regresso dramático para o Egito: pelo caminho iam abandonando nas areias do deserto os animais e soldados mortos, os feridos que não conseguiam caminhar, os doentes, os atacados por enfermidades várias, quase mortos e impossibilitados de acompanharem o exército.

Assim, aproximamo-nos de Mênfis abatidos, derrotados, esgotados, com soldados enfraquecidos pela fome, pela sede e pelas doenças; o que sobrara do nosso contingente mal podia caminhar, arrastando-se pelas estradas.

A campanha foi um fracasso, uma vez que fomos obrigados a retornar da Núbia[23], sem termos chegado ao nosso objetivo: a Etiópia.

Do invencível e glorioso exército persa pouco restava.

23. Foi um erro ter subestimado a Núbia, região situada no vale do Nilo, que atualmente é partilhada pelo Egito e pelo Sudão, mas onde, na Antiguidade, desenvolveu-se o que se pensa ser a mais antiga civilização negra da África, tendo, inclusive, conquistado o Egito e dado origem aos faraós negros da 25ª Dinastia. (N.M.)

* * *

Na ocasião, comemorava-se certa festividade religiosa de grande valor para os egípcios. Lembro-me que, à mesma época do ano, alguns meses depois da entrada dos persas em Mênfis após a rendição da cidade e a conseqüente deposição do faraó Psamético 3º, iria realizar-se essa festividade, da qual eu não pretendia participar. Creso, meu conselheiro, ponderou alguns dias antes sobre a importância do meu comparecimento a essa festa:

– Majestade, o faraó do Egito é tido como um deus, e, em última análise, é o sacerdote supremo, conquanto delegue essa função a um sacerdote. Assim, até para reforçar tua liderança perante o povo, que se mostra descontente, é imprescindível que compareças. Com a água do Nilo voltando ao nível normal, a cerimônia marca o início da semeadura, com pedidos aos deuses, especialmente a Ísis e Ápis, para que todo o Egito tenha fartura e não falte alimento ao povo.

Diante do bom-senso do amigo, concordei, embora de má vontade. Não tinha o menor desejo de assistir a cerimônias longas e fastidiosas. Todavia, resignei-me.

Chegando a ocasião, logo cedo fiz com que me vestissem regiamente. A corte, avisada de antemão, também se preparara condignamente. Assim, foi com grande aparato que me dirigi ao templo levando oferendas de vulto para agradar ao clero, sempre ambicioso e insaciável. Avisados de que o faraó para lá se encaminhava com uma grande e luxuosa comitiva, os religiosos se encheram de alegria.

Os sacerdotes, paramentados para a ocasião, tendo à frente o sumo sacerdote, vieram receber-me no local sagrado, inclinando-se perante seu faraó, mas não com a humildade que eu gostaria. Recordo-me de que me irritei com seus semblantes satisfeitos e orgulhosos. No fundo, eles desejavam dizer a todos: "Vede! O invasor se humilha perante nossos deuses!

Porém, certo de que era o melhor a fazer, a partir daí, a cada ano voltava a participar da cerimônia, com tolerância e serena resignação diante daquilo que não podia evitar.

* * *

Entramos em Mênfis num lindo dia de Sol. A capital se encontrava toda enfeitada, trajada festivamente para a ocasião. Os barcos enfeitados de bandeirolas, esteiras coloridas nas janelas das casas e as ruas apinhadas de populares que desejavam participar da festa.

Aproximamo-nos e vimos o sumo sacerdote oficiando a cerimônia, dando graças aos deuses pela promessa de fartura para todo o Egito. Ao ver-nos, os religiosos arregalaram os olhos, surpresos. Certamente nosso causava péssima impressão, com os soldados rotos, sujos, queimados pelo Sol escaldante do deserto, expressão esfomeada nos rostos e quase se arrastando pela via pública. Pareceu-me que, entre a perplexidade e a piedade, luziu nos olhos deles, especialmente nos do sumo sacerdote, um ar de orgulho satisfeito por verem o faraó retornar derrotado.

Aquilo acordou em mim os brios do guerreiro, a dignidade e a altivez do soberano. Adiantei-me em meu cavalo, e o povo, ao reconhecer seu faraó, inclinou-se reverente. Sem opção, os sacerdotes, tendo à frente Somief, inclinaram-se igualmente.

Com a fronte erguida, ostentando na cabeça a coroa do Alto e do Baixo Egito, e nas mãos as insígnias do poder, esqueci o cansaço e caminhei ereto e orgulhoso, enquanto meu peito se enchia de cólera.

Colocaram-me diante de um simples animal, o boi Ápis, considerado sagrado pelos egípcios, reverenciado como um deus. Revoltado, recusei-me a prestar-lhe homenagens. Ao contrário, desejei mostrar aos egípcios que Ápis era apenas um animal, nada mais. Embora eu não fosse ligado à religião alguma, considerava-me seguidor de Ahura-Mazda, e, de qualquer forma, irritado, colocava-me contra os deuses egípcios, defendendo a religião que Ciro introduzira na Pérsia.

O sumo sacerdote começou seu discurso, que me pareceu uma provocação, pois claramente se referia ao deus Ápis, um animal, como se fosse o mais importante ali naquele momento e estivesse acima de mim, o faraó do Egito e Imperador da Pérsia. Deixei-me dominar pela ira, sem atinar nas conseqüências do meu gesto. Num átimo, saquei da minha espada e enterrei-a no boi, para mostrar-lhes que não era um deus imortal, mas apenas um animal perecível como qualquer outro. O golpe foi tão rápido e certeiro que ninguém pôde impedi-lo. Diante do meu ato, o sumo sacerdote e os religiosos ficaram estáticos, sem conseguir esboçar sequer uma reação.

Apalermados, tanto os assistentes quanto os religiosos não sabiam o que fazer. Em seguida, sob terrível assombro dos presentes, Ápis cambaleou e, em seguida, desabou no chão com todo o seu peso. Só então, os sacerdotes se jogaram sobre seu deus, levantando os braços em gritos de desespero, a suplicar a ajuda dos Imortais, rezando para que ele se salvasse. Seus lamentos soavam estranhamente no meio da multidão que igualmente se desesperou, pondo-se a gritar e a bradar. Toda a corte ali presente também não conseguia acreditar em tamanha desgraça, e os nobres, de braços erguidos, igualmente suplicava a ajuda dos deuses. Todavia, não obstante suas orações e suas súplicas, Ápis morreu, e a dor deles era inenarrável.

A multidão, que ficara em suspenso aguardando o desfecho do meu ato tresloucado – e que não conseguia se aproximar em virtude da intensa aglomeração –, informada da grande tragédia que se abatera sobre o Egito, demonstrou uma indignação sem precedente, visto que, segundo suas crenças, a morte do deus Ápis significava má sorte para todo o país.

De prontidão, o exército, reunindo forças, mesmo abatido precisou interferir. A guarda imperial, sob o comando de Rafiti, com precisão posicionou-se à minha volta, cercando-me, para que o povo enlouquecido não me atingisse. Um dos sacerdotes, desejando evitar um mal maior, indicou uma saída pouco conhecida, uma ruela que mal se percebia entre dois muros, e assim fui retirado daquela confusão o mais rápido possível e em segurança.

A partir desse episódio, em que ofendi publicamente a religião egípcia, as coisas só fizeram piorar, declarando-se um verdadeiro estado de guerra entre persas e egípcios.

Diante dessa situação, resolvi agir com rigor. Já que eles preferiam colocar-se contra seu soberano, a ralé egípcia iria enfrentar o poder da ira de Cambises 2º.

Com minha guarda pessoal e grupos bem aparelhados do exército, organizei invasões a túmulos reais, profanando-os e matando a todos os que se opunham à nossa ação. Exumei múmias sem respeito algum pelos mortos e pela tradição religiosa egípcia. Invadi templos, destruí e queimei seus ídolos, tudo no afã de descobrir o que me interessava: os tesouros.

Ouvia referências às antigas maldições existentes, a que estariam sujeitos àqueles que profanassem os túmulos e os templos, mas nada disso me importava. Ao contrário, como o deus Ápis morrera, acreditava que com isso iria destruir para sempre as arcaicas superstições dos egípcios.

Todavia, numa dessas incursões, frustrado por não conseguir descobrir-lhes os tesouros, muito bem guardados, enchi-me de fúria.

Estávamos num templo e alguns sacerdotes haviam sido trazidos para serem interrogados. Ajoelhados no piso de mármore, com a cabeça no chão, entre os braços, aguardavam minha decisão. Após sujeitos à inquirição por várias vezes, prosseguiam afirmando não saber de tesouro algum, e não ignoravam que seriam executados. Conheciam meus métodos. A resistência deles, porém, humilhava-me e enchia-me de cólera, porque compreendia que não adiantava matá-los sem obter as respostas de que precisava.

Justo naquela hora chegou um mensageiro vindo da Pérsia. Trazia a informação de que alguém que afirmava ser o príncipe Esmérdis, meu irmão desaparecido, havia-se apossado do trono persa e era apoiado por muitos nobres. Uma revolução estava em andamento e os aliados exigiam a presença do Imperador na Pérsia para conter os avanços do usurpador.

Pressionado pela gravidade da notícia que acabara de chegar, uma tempestade de sentimentos atingiu-me a cabeça. Eu sabia perfeitamente do desaparecimento de Esmérdis, mas a notícia deixou-me sobressaltado, afinal ninguém vira o corpo de meu irmão. Durante anos ficara tranqüilo, certo de que ele estava realmente morto, mas e agora? Após ler a mensagem, troquei um olhar com Rafiti, que me fitava assustado, embora fizesse leve sinal, tranqüilizando-me.

Todavia, à minha frente, outra situação exigia providências ante o silêncio dos religiosos, que se recusavam a falar. Sob imensa tensão, acabei tendo uma crise. Caí no chão, estrebuchando e babando, completamente descontrolado, diante do assombro de todos. Rafiti, que estava próximo, não me perdia de vista. Sabendo como agir nessa circunstância, com agilidade correu e, enfiando a mão em minha boca, puxou-me a língua enrolada; depois, pegando um pequeno lenço de linho branco que eu trazia num bolso da túnica amassou-o como uma bola e colocou-o entre os meus dentes. Os demais observavam terrivelmente assustados, inclusive os religiosos.

Os guardas da escolta, sob as ordens do chefe, preocupados ao ver-me naquele estado, imediatamente tiraram-me dali, transportando-me de volta ao palácio real, totalmente esquecidos dos sacerdotes.

Acomodado em meus aposentos, logo em seguida entrou o médico que, avisado, com presteza me atendeu. Passada a crise, dormi por muitas horas, sem dar-me conta de nada.

Após esse episódio que, como tempestade de areia no deserto não pode ser contida, a população de Mênfis foi informada da doença do faraó. E a crença dos egípcios em seus deuses aumentou ainda mais, pois consideraram que a enfermidade – que eu já tinha, mas que eles ignoravam – fora causada pelas minhas iniqüidades.

Era a resposta dos deuses! A justiça divina castigava-me pelos crimes que eu cometera.

34
O retorno

Em vista da situação com que me deparava, tomei a decisão de partir para a Pérsia em defesa de meu trono. A permanência no Egito tornara-se insustentável em virtude dos últimos acontecimentos. Havia transformado o Egito em uma satrapia, isto é, numa província do Império persa. Dessa forma, coloquei em ordem os assuntos pendentes, tomei providências para manter a governabilidade do país e nomeei Ariandés, um de meus homens de confiança, como sátrapa.

Navegando pelo Nilo, parti para a Pérsia com o que restou do exército, parte da corte persa, minhas esposas e concubinas. Debruçado sobre a amurada, observava as paisagens das florescentes culturas às margens do rio, os canais que levavam as águas das cheias fertilizando as áreas de cultivo por grande extensão do seu leito; via os camponeses entregues às suas ocupações, cuidando da terra para que as sementes produzissem fartamente o trigo, o linho, a cevada; as pequenas embarcações de pescadores, entregues ao seu labor, tirando do rio os peixes necessários para sua subsistência e para seu comércio; via as olarias, onde homens faziam tijolos com o lodo do rio e que seriam utilizados nas construções; os bairros pobres e apinhados de gente.

No entanto, meu pensamento estava longe. O retorno à Pérsia não era o que eu esperava, pois a fragorosa derrota na Núbia enchera-me de tristeza e frustração; fora mal informado pelos meus conselheiros e subestimara o valor dos núbios. Nessa hora de infortúnio, apenas a presença de Aisha poderia levantar-me o ânimo. Mas ela se fora e a saudade torturava-me cada vez mais, deixando um vazio no coração. Depois dela, nenhuma outra mulher me despertaria a atenção. Minhas esposas e concubinas eram belas, atraentes e desejáveis, mas eu não conseguia interessar-me mais por qualquer uma delas. Deprimido, a vida perdera todo o sentido para mim.

Deixando o Nilo, adentramos o Mar Mediterrâneo, prosseguindo viagem. A partir da Síria, o resto do trajeto seria feito via terrestre. A frota permaneceu ancorada em território amigo, e partimos. O percurso era longo e sujeito a paradas para reabastecer, tratar dos animais e descansar do árduo esforço de um dia inteiro de viagem no lombo dos cavalos. As mulheres, as crianças e os idosos iam abrigados em carroças.

Certo dia, ainda atravessando o território da Síria, repousava das canseiras do dia em minha tenda, quando Malec entrou, solicitando falar comigo. Com um sinal, ordenei que se aproximasse. Em voz baixa, ele disse:

– Majestade, Neila deseja falar-te com urgência, a sós.

– O que deseja ela?

– Ignoro majestade. Afirmou-me, apenas, que era do teu interesse. Parece que tem uma grave comunicação a fazer.

Intrigado, concordei:

– Se é assim, traze-a à minha presença.

Malec saiu e voltou pouco depois acompanhado de Neila. Apesar da precariedade das condições, a jovem apresentou-se vestida com belo traje verde-água, que lhe realçava os olhos verdes. No pescoço trazia riquíssimo colar de ouro, brincos nas orelhas e braceletes no antebraço do mesmo metal, jóias com que eu a presenteara. Estava deslumbrante. Ao vê-la, não pude deixar de admirar-lhe a beleza. A um gesto meu, oficiais, amigos e auxiliares, todos saíram da tenda. Agora sozinhos, mandei que ela se acomodasse num tamborete a meus pés.

– Muito bem. Desejavas falar comigo e aqui estou. De que se trata?

Neila lançou-me um olhar envolvente, titubeou, dando a impressão de que procurava as palavras certas, depois falou:

– Majestade! Sei como estás amargurado pela perda de tua noiva Aisha... e também preocupado com outros problemas. No entanto, a vida continua e tens muito tempo pela frente...

Um tanto entediado, eu a interrompi:

– Não sei aonde queres chegar, bela Neila. Explica-te melhor.

– Cambises, há muitos anos permaneço a teu lado e aprendi a conhecer-te. Por outro lado, sabes do meu amor por ti. Definho aos poucos sem tua presença, sem teus carinhos. Não me relegues à solidão, eu te peço.

– Não me aborreças com essas bobagens. Sê breve. O que desejas, de fato? – perguntei impaciente.

– Por que não te casas comigo? Agora, já não tens motivos para negar-me essa alegria! – respondeu com ardor incomum.

Sumamente irritado com seu atrevimento, retruquei:

– Neila, já te afirmei uma vez e volto a repetir: aqui, eu tomo as decisões. Sou o Imperador da Pérsia e sei o que me convém. E não pretendo, nem nunca pretendi, casar-me contigo. Malec fez-me entender que tinhas algo urgente para dizer-me e que era do meu interesse. Se soubesse que era essa a tua intenção, não teria concordado em receber-te.

Ela ajoelhou-se e, de cabeça baixa, humilde, desculpou-se:

– Peço o teu perdão, majestade. Fui inconveniente, reconheço. Todavia, tenho realmente algo de muito grave para dizer-te.

– Pois fala! – ordenei enérgico.

Ela respirou fundo e, novamente procurando as palavras mais adequadas, disse:

– Majestade! Existem fatos que ignoras e que são do teu absoluto interesse. Porém, preciso de algumas garantias. Uma delas é que prometas desposar-me.

Perplexo diante da sua petulância, redargüi irado:

– Com que então, mulher, pensas fazer uma barganha comigo em troca dos teus segredos? Quem pensas que és? Como ousas propor-me tal acordo? Não sabes, porventura, que se eu quiser vomitarás o que sabes de qualquer maneira, mesmo que seja sob tortura?

Diante da minha reação, assustada, a tremer da cabeça aos pés, seus olhos verdes arregalados me fitaram, percebendo tardiamente que fora longe demais.

– Perdão, majestade! Perdão!...

– Pois agora fala, mulher, antes que eu chame meus guardas!

Com lágrimas a rolar pelo belo rosto, ela finalmente entrou no assunto:

– Majestade, o segredo que tenho a revelar-te diz respeito ao desaparecimento de Aisha.

Relatou-me, então, em voz baixa, porém perfeitamente audível: soubera por alguém bem informado, que a sacerdotisa Aisha não estava morta, mas muito bem guardada no próprio templo de Amon.

Que, em virtude da insistência do faraó em desposá-la, os sacerdotes haviam planejado o sumiço dela diante de todos para que ninguém pudesse duvidar do poder de Amon-Rá, que não compactuara com o casamento de sua serva.

Com a respiração presa, em suspenso, eu acompanhava-lhe as palavras, tenso e ansioso. Se realmente era verdade o que ela me confidenciava, aquilo batia com o que sempre acreditei: Aisha, minha querida Aisha, estava viva!

Então, sem poder conter-me mais, perguntei aflito:

– Como eles a retiraram de lá? Dize-me!

– A mesa em que ela estava era dotada de uma abertura muito bem camuflada, acompanhando os desenhos da pintura, e absolutamente imperceptível ao toque. Quando a fumaça a cobriu completamente, mesmo que por poucos segundos, foi o suficiente para que alguém, acionando o mecanismo, fizesse-a cair num alçapão e, dali, para um local muito bem guardado, nos subterrâneos do templo.

– Então eu tinha razão! Sempre tive razão! Era exatamente o que eu pensava, mas que não pude provar, porque meus guardas não conseguiram descobrir a saída secreta. Ah!... Mas agora eles me pagam! Voltarei lá com o exército e não descansarei enquanto não descobrir em que lugar está minha Aisha.

Preparava-me para bater palmas chamando alguém, quando Neila me impediu:

– Não faças tal coisa, majestade!

– Por que não?

– Não conseguirias libertar a sacerdotisa. Se alguém atacar o templo e se aproximar do local onde ela está, o carcereiro tem ordens explícitas para matá-la imediatamente.

Sentei-me de novo, sentindo-me impotente, decepcionado e sem forças.

– Então, nada poderei fazer para libertar a mulher que eu amo e por quem daria a própria vida?

– Sim, majestade.

O sangue subiu-me à cabeça. Numa tempestade íntima sem precedentes, com os olhos congestos e o coração acelerado, virei-me para Neila com ódio agarrando-a pelo pescoço. Eu não tinha dúvidas de que era verdade o que ela me afirmara, pois descrevera exatamente o que aconteceu no templo, sem estar presente.

– Dize-me: como soubeste de tudo isso? Quem é teu informante?

– Ratan, senhor.

Ao ouvir o nome do anão, em quem eu confiava, afrouxei os dedos que, qual tenazes, ameaçavam-na de estrangulamento; Neila desabou no tapete, com a respiração opressa.

Com expressão enlouquecida, caí na cadeira que me servia de trono nas viagens. Então, Ratan, a quem eu protegera, a quem dera tudo, que gozava da minha confiança irrestrita, traíra-me vergonhosamente? Sabia de tudo e nada me dissera, mesmo diante do meu sofrimento?

Peguei o copo no qual bebia antes da chegada de Neila e que permanecera numa mesinha ao lado, e levei-o aos lábios, sorvendo-lhe todo o conteúdo. Alguns minutos depois, minha respiração tornou-se difícil, um mal-estar terrível apossou-se de mim. Levei as mãos ao pescoço para abrir a túnica, como se ela me impedisse de respirar; ao mesmo tempo, levantei-me tentando chegar até a porta, mas não consegui. Caí no tapete, inconsciente.

Apavorada, ao ver-me naquele estado, Neila correu até a saída, gritando por socorro. Malec, que estava nas imediações, correu ao ouvir-lhe os gritos; os guardas de plantão se apressaram a entrar para ver o que estava acontecendo. Dentro da tenda, Malec, o primeiro a chegar, logo seguido pelos demais, viu-me caído no chão. Imediatamente colocaram-me no leito, e o sacerdote-médico, chamado às pressas, chegou esbaforido. Examinou-me cuidadosamente, mas não chegou à conclusão nenhuma sobre meu estado. Ministrou algumas gotas calmantes, julgando fosse uma crise, como tantas outras; fez algumas rezas, colocou um amuleto no meu peito, mas tudo em vão.

Como a tenda já se encontrava cheia de curiosos, Neila, muito assustada, puxou Malec para fora, arrastando-o para um lugar isolado no meio de alguns arbustos.

– Vamos embora, Malec. Fujamos! Não podemos ficar aqui.

– O que fizeste, Neila?

– Nada. Porém, somente eu estava com Cambises na tenda. Se acontecer alguma coisa com ele, irão prender-me. Além disso, algumas pessoas sabem do nosso relacionamento e tu serás igualmente envolvido. Tanto temos desejado uma nova vida! Não achas que o momento seja adequado?

Malec refletia, procurando febrilmente encontrar uma saída para a mulher que ele amava. Depois concordou:

– Quem sabe tens razão? No momento, todos estão muito preocupados com o Imperador e nem se preocuparão em nos procurar. Assim, teremos algumas horas de vantagem para fugir, colocando a maior distância possível entre nós e a guarda de Cambises.

Decisão tomada, foram avisar Asnah da fuga; em seguida, rapidamente Malec e Neila juntaram algumas roupas e pertences, como moedas e jóias, alimentos, água e, pegando três cavalos, fugiram aproveitando a escuridão da noite.

Quando amanheceu o dia, aquele que fora Cambises 2º, Imperador da Pérsia, estava morto.

* * *

Acompanhara todas as providências sem saber o que acontecia. Via-me planando um pouco acima do leito, enquanto meu outro corpo permanecia imóvel no leito, e também via o médico a meu lado sem saber o que fazer. Ele chamou mais dois médicos e trocaram idéias, sem chegar a nenhuma conclusão. Apavorado, tentei voltar para o corpo e não consegui. Sentia dores pelo corpo, como se estivesse sendo queimado vivo e pus-me a gritar por socorro, mas ninguém parecia ouvir-me. Cansado de gritar e de chorar, fiquei encolhido num canto, vendo as pessoas que chegavam. Umas estavam preocupadas pelo meu estado; outras, satisfeitas por ver-me naquela condição e torcendo para que eu morresse; outras, indiferentes à minha situação, preocupavam-se apenas com seus interesses.

Ali naquele canto, acocorado, sentindo muita dor, um mal-estar intraduzível em palavras, ouvi Zeiu, meu médico, dizer ao povo que ali estava:

– Comunico-vos que os deuses chamaram nosso Imperador para seu reino. Cambises 2º, Imperador da Pérsia, acaba de morrer.

Novamente pus-me a gritar, alucinado:

– Não! Não estou morto! Estou vivo! Vivo! Socorro! Socorro!...

Nesse instante, comecei a ouvir um barulho ensurdecedor. Era um bando que chegava fazendo o maior estardalhaço, como nuvem de gafanhotos. Ao vê-los, gelei de pavor: eram os mesmos seres vingativos que me atormentaram a vida toda. As mulheres de vestes e véus negros, com o peito aberto e sem o coração; os homens de cujas bocas foram extirpadas as línguas e muitas outras criaturas, algumas enforcadas, outras queimadas, além de pessoas que eu prejudicara em vida, como meu irmão Esmérdis. Todas, porém, cheias de satisfação, por verem meu sofrimento.

Arrastaram-me consigo e os tormentos que passei ninguém poderá sequer imaginar. Por longos anos estive nas mãos deles, encarcerado. Lembrava-me de que não era a primeira vez que isso acontecia. Sofri todos os tormentos que alguém pode sofrer. Torturaram-me, espancaram-me, submeteram-me às maiores atrocidades, além da fome, do frio enregelante, da sede perene. Todavia, não há sofrimento que não chegue ao fim.

Quantos anos se passaram? Perdi a noção do tempo.

* * *

Depois de muito sofrer e muito chorar, certo dia joguei-me no solo ressequido e, recordando-me de tudo o que minha mãe me ensinara, elevei o pensamento aos imortais e, com o coração mais abrandado pela dor, fiz uma oração suplicando o socorro dos deuses.

Não sei quanto tempo permaneci chorando e repetindo a minha súplica. De repente, notei que, à minha frente, uma fumaça azulada se condensava aos poucos. Logo, uma imagem apareceu: era um homem de cabelos brancos e barba bem aparada, de olhar doce e sorriso terno, que me estendia os braços com carinho. Fitei-o surpreso. Parecia-me alguém conhecido, mas não sabia quem era.

– *Não me reconheces?* – murmurou.

Ao ouvir aquela voz, lembrei-me da minha infância feliz e caí em pranto convulsivo:

– *Mestre Aziz! És tu mesmo?...*

– *Sim, meu filho querido. Estou aqui para ajudar-te. Descansa agora. Serás levado para um local onde receberás todo o tratamento de que necessitas. Agradece, Kambujiya! Agradece ao nosso Deus que me permitiu socorrer-te.*

De repente, senti-me tão fraco que não conseguia falar ou me levantar. Dois homens trouxeram um lençol de linho e deitaram-me nele; depois, segurando nas pontas, transportaram-me para algum lugar. Extremamente cansado, adormeci quase que de imediato.

Ao acordar, estava num local aprazível. Era um quarto claro e agradável, com uma grande janela que dava para um jardim. Do leito onde estava, eu via as flores, o céu azul; ouvia o canto dos pássaros. Julguei que estivesse num lugar de bem-aventurados.

Fiquei ali por algum tempo, sendo tratado com carinho e delicadeza por médicos e enfermeiras. Parecia-me que já estivera naquele local, embora não lembrasse quando isso acontecera. Fui informado de que era um lugar para tratamento de espíritos necessitados que já haviam transposto o Grande Portal da morte. Aprendi muito e soube que todos os espíritos voltavam muitas vezes ao mundo material em novo corpo, e que a existência era bênção divina para que todos os seres pudessem progredir cada vez mais.

Quase recuperado, recebi a visita de Aziz. Conversando, perguntei a ele sobre meus pais, Ciro e Moa.

– *Não estão longe e tu logo poderás vê-los.*

– *Por que ainda não vieram ver-me?*

Aziz pensou um pouco e respondeu com brandura:

– *Querem evitar que te sintas humilhado diante deles por tudo o que aconteceu. Por isso aguardam que estejas mais fortalecido e mais consciente da realidade e do que deves fazer pela tua própria melhoria.*

Baixei a cabeça, envergonhado. Sim, eu errara muito. Cometera atos terríveis, crimes hediondos, dos quais agora não me orgulhava nem um pouco. Naquele momento fitei Aziz, que sempre fora como um pai para mim, e considerei:

– *Agradeço-te a dádiva da tua presença. Não fosse por ti, eu ainda estaria sofrendo na região das sombras. O que te faz interessar-te por mim, ser desprezível que reconhece nada merecer?*

A entidade veneranda sorriu suavemente e em seus olhos brilhou a luz da emoção quando disse:

– *Somos conhecidos de longa data, Kambujiya, e laços de afeto nos ligam um ao outro. Só lamento que, em outra oportunidade, não tenha conseguido ajudar-te como pretendia...*

Fitei-o surpreso, sem entender as palavras que me dirigira.

– *Como assim? Explica-te melhor, meu amigo.*

Ele não respondeu. Continuou a olhar-me em silêncio; intrigado, notei que o semblante dele se transformava aos poucos, e, admirado, vi que tomara as feições de um outro homem. Quem era ele? Parecia-me tão conhecido e, ao mesmo tempo, não conseguia reconhecê-lo.

De repente, algo se abriu em minha mente e lembrei. Sim, era ele mesmo:

– *Ahmim! Ahmim! Meu amigo!*

Incapaz de conter a emoção, joguei-me em seus braços e nos abraçamos longamente, com grande alegria. Então, Ahmim voltara como Aziz!

Naquele momento, entendi a profundidade da misericórdia de Deus, que sempre socorre suas criaturas com amor, estejam elas onde estiverem. Uma compreensão mais abrangente das vidas sucessivas incorporou-se ao meu modo de entender, ampliando-me a visão e mostrando-me que, no conhecimento da imortalidade da alma e das reencarnações, está a solução para nossa transformação com vistas a um futuro melhor e mais feliz.

35
Epílogo

O tempo, bênção divina cuja importância nós, seres atrasados, não sabemos avaliar devidamente, é a resposta a todas as nossas necessidades, anseios e aflições. Aos poucos, sem se deter, ele consegue vencer as maiores imperfeições, moldar caracteres, despertar consciências, difundir conhecimentos e desenvolver sentimentos mais elevados em todos os espíritos.

Muitos anos depois do retorno à espiritualidade, algo melhorado intimamente, pude tomar conhecimento do passado, recente e remoto, e da razão de certos fatos. Assim, revendo a encarnação em que fui Emil, no Egito, pude entender a raiva que eu sentia por Cleofas e Nefert. O ódio a Nefert, que me vendera, poderia ser explicado; não, porém, a Cleofas, uma vez que nosso encontro foi rápido, o que não justificava o ressentimento que guardara dele, mesmo sendo um criminoso que prejudicara seus familiares, especialmente a filha e o genro. A verdade é que já tinha encontrado antes Cleofas e Nefert, em existência anterior, como adversários, o que gerou a forte rejeição que sentia por ambos.

Quanto à Neila, ao despertar para a realidade nas reminiscências que me foram permitidas, lembrei-me de que ela fora Néftis[24], e, entre todas as mulheres que me assediavam com suas vestes e véus negros, era a mais vingativa, a que mais sentia ressentimento por mim. Séculos depois, voltando à carne, nos reencontramos como Neila e Cambises e, com o esclarecimento dos fatos ocorridos no pretérito, pude entender que o sentimento dela por mim, tal qual o meu por ela, era dúbio: ora se sentia atraída por mim, ora me odiava; e pude entender, também, por que, como Cambises, fiz questão de mantê-la cativa, quando ela poderia gozar até de certa liberdade, simplesmente integrando o rol de minhas concubinas. Intuitivamente, porém, reconhecia nela a vítima de tempos passados, agora transformada em algoz, e pronta a atingir-me.

No retrospecto que me foi dado ver, nas cenas que cercaram meu retorno ao Além-túmulo, percebi que Neila, após contar-me a verdade sobre o sumiço de Aisha, ficou apavorada quando a agarrei pelo pescoço tentando estrangulá-la. Então, temendo-me as reações desequilibradas, que ela tão bem conhecia, aproveitou-se de um descuido meu e despejou veneno no copo de bebida que eu havia deixado sobre a mesinha. Neila usava um belo anel de ouro com um ônix oval, dotado de um mecanismo habilmente disfarçado: apertando-se uma pequena saliência, quase imperceptível, abria-se a tampa e, sob ela, surgia diminuto recipiente. Ela acionou o dispositivo, que abriu, deixando cair um pó em meu copo. Então, sem saber desse

24. Personagem que viveu no tempo da rainha Hatshepsut, no Egito, citada na obra *Romance de uma rainha*, da autoria do Espírito J.W. Rochester, psicografada pela médium Wera Krijanowski, publicada pela Federação Espírita Brasileira. (N.M.)

fato, procurando recuperar-me das notícias que tanto me abalaram – isto é, o destino de Aisha e a participação de Ratan no episódio –, agarrei o copo e ingeri todo o conteúdo.

O que aconteceu em seguida eu lembrava perfeitamente: o mal-estar súbito, a respiração difícil e a conseqüente falta de ar, a sensação de algo a me queimar por dentro; tentei erguer-me para pedir ajuda, mas não consegui; a dor era intensa. Caí no tapete, inconsciente. Naquele instante, voltaram-me as sensações que experimentei na ocasião. O que aconteceu depois estava vívido em minhas lembranças: a impressão de que algo de muito grave estava ocorrendo; eu via as pessoas e não conseguia me comunicar com elas; depois, desesperado, percebi que me julgavam morto, enquanto eu me sentia vivo e pensante. Tudo isso me era extremamente doloroso, mas o pior viria depois, com a chegada da falange de meus inimigos desencarnados. Nesse ponto, o amigo espiritual que estava a meu lado achou prudente interromper o retrospecto, retirando-me daquela faixa vibratória, para que eu pudesse retornar ao equilíbrio das emoções.

Posteriormente, ao reencontrar-me com Ratan, ele se demonstrou muito arrependido e relatou-me o que aconteceu:

– *Jamais quis te prejudicar, Cambises; ao contrário, pretendia proteger-te. Só entreguei o veneno a Neila, afirmando que era seguro e não deixava vestígios, por confiar nas palavras dela. Contou-me a história de uma concubina tua que a importunava por ciúmes de ti e a ameaçava de morte. Suplicou-me que a ajudasse, pois tinha necessidade do veneno para livrar-se da tal mulher, ou seria morta. Todavia, ao ver a agitação no acampamento e a confusão que se estabelecera, fui informado de que havias morrido, e, ao dar pela falta de Neila, arrependi-me amargamente do meu gesto.*

Ratan suplicou o meu perdão, afirmando que jamais faria coisa alguma contra minha pessoa. E acreditei nele, ficando tudo muito claro quando descobri que Ratan fora o antigo mago Tadar[25], reencarnado, o que justificou a imediata afinidade que nos uniu novamente. Quanto à Neila, fugiu com Malec, seu antigo aliado quando era Néftis, passando o resto da vida numa pequena aldeia temendo ser descoberta.

Certa ocasião, enlouquecido de saudade e desejando ardentemente rever minha querida Aisha – embora ainda não de todo recuperado –, transportei-me com a rapidez do pensamento até Mênfis, antiga capital do Egito. Fui até o Grande Templo de Amon, sendo atraído para seus subterrâneos, onde, em pequeno alojamento, percebi alguém a orar. Acerquei-me lentamente e vi uma mulher de idade avançada, mas que trazia ainda no rosto as marcas da antiga beleza.

– *Aisha!* – murmurei, reconhecendo-a.

Ela ergueu a fronte e esquadrinhou o ambiente, sentindo-me a presença. Depois, seus olhos se encheram de lágrimas. Então, sentei-me no lajedo e, com as mãos sustentando a cabeça, também chorei desconsolado, ao pensar que tudo poderia ter sido diferente, que poderíamos ter sido tão felizes juntos, mas que os sacerdotes nos separaram. Aisha, dotada de sensibilidade, começou a pensar, e eu a "ouvia" como se ela falasse comigo:

– Querido Cambises! Percebo que sofres no invisível, inconformado e rebelde perante as determinações divinas. Todavia, por razões que escapam ao teu entendimento atual, não poderíamos ficar juntos. Erramos muito no passado, e nossa separação iria acontecer de qualquer maneira, pois não merecemos ainda a felicidade. Assim, não culpes os religiosos, eles simplesmente agiram acreditando fazer o melhor naquele momento, em defesa de Amon-Rá. Consola-te e resigna-te. Algum dia, em algum lugar, nós teremos direito à felicidade.

25. *Idem* anterior. (N.M.)

Não está longe o momento em que deixarei meu corpo material, voando ao teu encontro. Aguarda-me com paciência e trabalha pelo teu progresso. Que os imortais te amparem e iluminem! Vai em paz!

As palavras de Aisha envolveram-me em benéficas sensações de paz e reconforto. A partir desse dia, mostrei-me mais disposto a vencer minhas inferioridades e a lutar por merecê-la.

Creso, meu fiel conselheiro, que fora salvo "milagrosamente" pelo atraso da sua execução, num ardil criado por mim para livrá-lo da morte, afastou-se de tudo permanecendo com a família em uma pequena propriedade rural; bem idoso, quando deixamos o Egito, ele não nos acompanhou e ali permaneceu, vindo a falecer pouco depois, ralado de amargura pela injustiça que sofrera. Encontrei-o, algum tempo depois, e descobri toda a trama de que tinha sido vítima. Ao sabê-lo realmente inocente, como meu pai afirmara e eu também acreditava, humildemente pedi o seu perdão. Somos muito amigos e, através do tempo, temos nos encontrado em outras encarnações.

Preocupado pela falta de notícias dos cinco mil homens que eu mandara para o deserto da Líbia, fui atraído para lá. O exército havia perecido de fome e de sede e os esqueletos dos soldados ainda podiam ser encontrados na região. Seus espíritos vagavam no areal, sem saber o que acontecera. Compadecido da sorte deles, supliquei a ajuda dos benfeitores espirituais, que os socorreram.

Dario, que se transformara num amigo e grande general do Império persa, prosseguindo viagem, levou meus despojos para serem enterrados na Pérsia. Enfrentou a rebelião do meu suposto irmão Esmérdis, à qual haviam aderido muitos nobres, e venceu. Após lutar contra outros adversários e sair vencedor, foi reconhecido como meu sucessor e tornou-se Dario 1º, um grande imperador, que aumentou ainda mais o poderio persa. Durante seu reinado, transformou a crença em Ahura-Mazda, de Zoroastro, em religião oficial da

Pérsia, o que foi um avanço por ser monoteísta, em contraposição à velha crença persa politeísta.

* * *

Através do tempo, reencarnei inúmeras vezes. Envergando personalidades diversas, sofri e fiz sofrer, torturei e fui torturado, ainda causei muito mal. Enfrentei dores acerbas até que, nesse ir-e-vir constante e alternado, ora em experiências na Terra, ora no mundo espiritual, a consciência começou a despertar, mostrando-me que recebemos sempre o que plantamos. Então passei a entender que causando o mal receberia o mal de retorno, mas que, por outro lado, fazendo o bem, colheria bênçãos infinitas.

Dessa forma, modifiquei-me lentamente, acendendo no íntimo o desejo de ser melhor. Ao envergar, no entanto, a vestimenta carnal, não raro me esquecia dos compromissos assumidos na espiritualidade antes do retorno ao planeta. Tornava a errar e a me comprometer, gerando o mal e me digladiando com aqueles que eu enxergava como adversários ou inimigos. Até que, finalmente, consegui vencer minha natureza rebelde, orgulhosa e egoísta.

No invisível, dediquei-me a trabalhar muito e a socorrer, incansavelmente, todos os que foram prejudicados por mim, graças à ajuda dos benfeitores espirituais, sempre prontos a sustentar-me os esforços no bem. Alguns desses antigos desafetos ainda sofrem em zonas inferiores e necessitam de ajuda. A esperança e a fé mantêm meus propósitos e acredito não estar longe o momento em que conseguirei libertá-los das amarras do ódio em que se cristalizaram por tantos séculos.

Apesar do trabalho a que me dedicava havia muitos anos, comecei a sentir a necessidade de reduzir meus clamorosos débitos com a justiça divina e também de provar as mudanças que eu acreditava ter incorporado, em definitivo, ao ser espiritual, razão por que desejei reencarnar. No íntimo, ansiava por voltar em situação de sofrimento que me permitisse testar meus próprios valores. Assim, planejei retornar com uma enfermidade que me deixasse inapelavelmente num leito, cego, sem fala e sem audição.

Os benfeitores acolheram-me a sugestão de planejamento reencarnatório com algumas ressalvas. Um deles, de condição mais elevada, meu antigo mestre Aziz, considerou:

– *Caro irmão Jerônimo. Muito justo teu desejo de retornar às lides terrenas na reafirmação de tuas conquistas, ao mesmo tempo que trazes no íntimo o anseio de reparar débitos contraídos em encarnações passadas. Louvamos teu propósito. No entanto, dessa maneira ficarias restrito ao padecimento físico, utilizando a tua condição para desenvolver, especialmente, a resignação, a paciência e valores íntimos de elevação por meio da prece, em contato com as esferas espirituais. Todavia, considerando-se tua condição moral e espiritual, entendemos que podes fazer mais, para que teu retorno ao palco do mundo adquira novo significado pela exemplificação do* Evangelho *do Cristo. Então, sugerimos que deves renascer com os talentos da fala e da audição, para que te sirvam de poderosa alavanca no exercício do bem, de que a seara de Jesus tanto necessita. Para maior facilidade da tua tarefa – e sabemos ser este teu íntimo desejo –, renascerás na Terra do Cruzeiro.*

Meu coração encheu-se de alegria e a emoção umedeceu meus olhos. Renascer no Brasil facilitaria minha tarefa, pelas amorosas disposições de seu povo e pelas conquistas espirituais existentes em terras brasileiras; além de que, ali, a doutrina codificada por Allan Kardec avançava de maneira estupenda, contando já com um movimento espírita dedicado e atuante.

Agradeci, comovido, as sugestões dos amigos da espiritualidade, que me enriqueceram o planejamento reencarnatório com novas perspectivas de labor. E, a partir desse dia, entreguei-me aos cuidados de irmãos responsáveis para preparar-me para a nova encarnação.

Transcorria o segundo quartel do século 20, quando renasci em território brasileiro, nasci em Ituiutaba, pequeno burgo das Minas Gerais, no Triângulo Mineiro. Família amorosa cercou-me o berço cheio de esperanças. Em virtude da prole numerosa e muito pobre, facilidades econômicas e educacionais não me seriam concedidas; a saúde, embora não fosse muito boa, até a adolescência me permitiu viver sem grandes problemas. Criança ainda, conheci a fé protestante e tornei-me presbiteriano, embora sem entender direito as noções de bondade e justiça divinas. Mais tarde, fui apresentado à Doutrina Espírita, cujos ensinamentos, trazidos pelos espíritos superiores, clarearam minha mente, ajudando-me a entender os grandes questionamentos da vida, o porquê do sofrimento e da dor, a grandeza do universo, a imortalidade da alma, a interação existente entre os dois mundos, a lei de causa e efeito, e muito mais. Aos dezessete anos a enfermidade manifestou-se, prostrando-me no leito aos primeiros sintomas da artrite. Com a bênção da Doutrina Espírita a iluminar-me os caminhos, pude entender que o sofrimento era a oportunidade que o Senhor me conferia para transformar-me num ser melhor, mais brando, afável, fraterno e solidário. E que as limitações orgânicas não seriam suficientes para prender-me ao leito e fazer-me uma pessoa apática, incapaz e sofredora. Não! Enquanto consegui locomover-me, trabalhei quanto pude para beneficiar a todos os que me procuravam.

Quando a doença surgiu, todos os sonhos caíram por terra. O anseio de ter uma profissão e de trabalhar para meu sustento, de me casar e constituir uma família, de ter esposa e filhos, tudo isso virou pó. A princípio fui obrigado a usar muletas; depois, cadeira de rodas, até que me vi preso a um leito, sem apelação.

Ainda assim, não me entreguei. Fundamos uma casa espírita, depois uma creche, para abrigar crianças necessitadas, de modo que as mães pudessem trabalhar e ganhar o sustento da família, uma vez que muitas dessas crianças não tinham pai.

Deus, misericordioso e bom, concedeu-me uma equipe de amigos dedicados, companheiros de outros tempos que desejavam unir-se a mim na restauração espiritual – para atendimento a todas as pessoas que nos batiam às portas, carentes de auxílio. Aqueles mesmos que tinham sido, muitas vezes, meus cúmplices e até inimigos, hoje transformados em companheiros do bem. Também aqueles que prejudicamos no passado retornaram para nosso convívio, agora em outras bases, como freqüentadores da casa espírita, como ouvintes das palestras, para encontrar-nos renovados pelo *Evangelho* do Mestre.

Por verdadeira bênção divina, acabei por ficar cego, conforme planejamento feito antes da encarnação.

Viajei por todo o Brasil num veículo que era uma dádiva para quem, como eu, só podia locomover-se num leito anatômico – devido as modificações que a enfermidade provocara em meu corpo. Desenhado sob inspiração do Alto e com a inclinação exata para que eu continuasse encarnado, em virtude dos meus problemas cardíacos, era transportado por verdadeiros anjos encarnados. Por meio de palestras, inspirado pelos amigos do invisível, eu procurava levar o consolo, a esperança e a alegria aos sofredores e aflitos do caminho; ao ver-me nessa cama, a falar sobre o *Evangelho* de Jesus e sobre a Doutrina Espírita, a cantar pequenas melodias que aprendera e utilizava com as crianças da creche, comoviam-se e se dispunham a trabalhar, elas também, no exercício do bem.

Assim, libertei-me de ranços do pretérito. Os olhos, antes utilizados para fazer e enxergar tantas coisas más, agora só viam o mundo espiritual, desenvolvendo-me a sensibilidade e a intuição superior;

os ouvidos, que tanto foram usados para escutar o mal, agora ouviam as reclamações das pessoas, suas queixas, seus pedidos, que eu procurava atender na medida do possível; depois de tanto aprisionar pessoas, no próprio corpo tinha agora a prisão que merecia; o coração, tantas vezes impassível e indiferente diante do sofrimento alheio, agora apresentava uma doença cardíaca que provocava dor aguda, levando-me a entender o sofrimento das inúmeras mulheres que tiveram o coração extirpado por minha causa. Todavia, a possibilidade de raciocinar, de pensar, era grandiosa e eu a utilizava para aprender cada vez mais; e a voz, não raro empregada para seduzir, humilhar, condenar, servia-me agora para gerar melhores condições a quantos me ouviam falar dos ensinamentos morais do *Evangelho* e dos conhecimentos da Doutrina Espírita, aquela mesma voz que desejara não ter em virtude dos homens que perderam a língua e a voz para que não pudessem relatar os absurdos que pratiquei.

Por esse meio século de existência, agradeço infinitamente a Deus, que nunca me abandonou, sustentando-me nas horas mais difíceis; esse nome sacrossanto que não me canso de louvar, em lágrimas benfazejas!

* * *

Na atualidade, no mundo espiritual, tendo a bênção de trabalhar em benefício do meu próximo, sinto-me outra criatura. Longe da perfeição, sem dúvida, porém bem melhor do que era.

Muitas vezes percorro o espaço infinito, embevecido na contemplação das miríades de estrelas e astros que povoam o cosmos e reverencio Deus, criador do universo, curvando-me ante a perfeição da Sua obra.

Retorno àquelas longínquas regiões e entristeço-me com o que fizeram do Egito, da Pérsia e de outros territórios. A guerra, a fome, a sede e as doenças devastam populações inteiras. O coração se me confrange e elevo o pensamento ao Alto, rogando socorro e assistência a esses povos.

Debalde tento reconhecer a antiga beleza daqueles territórios e a fertilidade do solo; em vão tento vislumbrar os fantásticos monumentos, as esfinges, as pirâmides, os templos, os obeliscos, os túmulos faraônicos. Tudo dorme sob a areia do deserto. Pequena parte de todas aquelas maravilhas pode ser vista, porém nada mais são que ruínas causadas pelo tempo.

Entretanto, com os olhos espirituais, contemplo aquelas imensidões, a pujança e a magnificência dos Impérios nos quais vivi. Agora, de posse de recordações mais remotas, revejo a suntuosidade do Egito durante o reinado da grande rainha Hatshepsut, quando tanto mal pratiquei; o palácio majestoso do príncipe Horemseb[26], teatro de tantas ignomínias, de tantos crimes, de tanta devassidão, e curvo-me envergonhado, a lamentar profundamente.

No entanto, hoje, com o conhecimento espírita a me felicitar o coração, tento analisar todos os acontecimentos de um ponto de vista mais racional, sem que isso represente o desejo de esquivar-me à responsabilidade pelo mal que pratiquei.

A Lei do Progresso nos conduz a mudanças lentas e graduais. Àquela época, os espíritos que habitavam a Terra, com raras exceções, eram bastante atrasados, sem compreensão da vida e da sua finalidade. Lutavam apenas para manter a vida e conquistar territórios, riquezas e poder. Possuíam sentimentos ainda em fase rudimentar, deixando-se levar mais pelas sensações e pelo prazer puramente material.

Com o passar do tempo e a roda das encarnações, os seres fixaram conhecimentos, passaram a distinguir o bem do mal e despertaram

26. *Idem* nota de rodapé nº 24. (N.M.)

para ideais mais nobres e elevados. O reinado da rainha Hatshepsut, época dos mais trágicos fatos que narrei, ocorreu 15 séculos antes da chegada de Jesus ao orbe terreno! Precedeu até a Moisés, o grande legislador, que trouxe a primeira revelação aos homens, com as Tábuas da Lei.

A vinda de Jesus ao mundo foi revolucionária. Colocando no amor a base da sua doutrina, exemplificou de maneira grandiosa e jamais vista as lições que nos legou, na vivência junto ao povo necessitado e sofrido. Referiu-se a Deus como Pai, amoroso e bom, justo e sábio, que dá a cada um de seus filhos aquilo de que precisa para progredir rumo à evolução, meta a ser alcançada; mostrou que todos somos irmãos e, dessa forma, transformou o planeta numa grande família que nos compete amar, ajudar, proteger.

Através destas despretensiosas páginas, desejei mostrar que ninguém está perdido perante a Lei Divina. O pior criminoso terá sempre oportunidades de se transformar e de ser bom algum dia, conquistando valores ético-morais, aqueles de que Jesus nos fala em seu *Evangelho*, e vencendo a si mesmo por meio da mudança interior.

Podemos estar certos dessa verdade, pois o próprio Mestre afirmou:

"Nenhuma das ovelhas que o Pai me confiou se perderá."

Jerônimo Mendonça

Sobre o autor espiritual

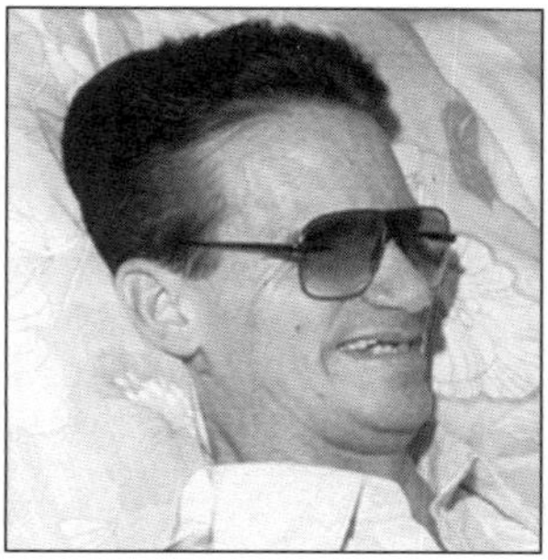

Jerônimo Mendonça Ribeiro
(1939–1989)

Jerônimo Mendonça Ribeiro nasceu em Ituiutaba (MG) no dia 1º de novembro de 1939. Sua infância foi igual à de todas as crianças: dividia seu tempo entre as brincadeiras próprias da idade e os estudos. Seus pais enfrentaram grandes dificuldades materiais. Até os 15 anos de idade, Jerônimo freqüentou a Igreja Presbiteriana, onde fazia palestras. Depois da desencarnação da avó, sentiu necessidade de entender a vida no Além. Conheceu o Espiritismo e passou a freqüentar reuniões e eventos dirigidos aos jovens.

Aos 17 anos, revelou-se um bom jogador de futebol. Foi na puberdade que sentiu os primeiros sinais da moléstia que um dia o imobilizaria: as dores nas articulações, joelhos e tornozelos começaram a incomodá-lo. Aos dezenove anos, foi obrigado a usar muletas: a artrite reumatóide que o acometeu não encontrou cura na medicina e o impediu de trabalhar.

Resignado, buscou aprofundar seus conhecimentos no Espiritismo. Mesmo preso a uma cama ortopédica, animou-se a prosseguir a pregação doutrinária que iniciara. Por toda parte realizava palestras, acompanhado por amigos fiéis. Recebia aplausos generosos ao fim de suas preleções. Às dores que o atormentavam, à impossibilidade absoluta de movimentar-se, somou-se ainda a gradativa perda da visão. Mesmo diante de mais essa dolorosa investida, manteve-se firme e não perdeu o bom ânimo.

Entre outras instituições, fundou os centros espíritas Seareiros de Jesus, Manoel Augusto da Silva e Lar Espírita Pouso do Amanhecer. Escreveu os livros *Crepúsculo de um coração*, *Cadeira de rodas*, *Nas pegadas de um anjo*, *Escalada de luz*, *De mãos dadas com Jesus* e *Quatorze anos depois* (em co-autoria). Deixou ainda o esboço de uma autobiografia. Gravou dois discos: *Intimidade espírita* e *Obrigado, Senhor*.

Recebia visitantes de toda parte, que vinham em busca do seu aconselhamento. Foi grande amigo do médium Francisco Cândido Xavier, que tanto o admirava. A grandeza de sua alma, em contraste com sua fragilidade física, o tornou conhecido como o "gigante deitado". Desencarnou no dia 26 de novembro de 1989, dias depois de completar meio século de existência.

Ao terminar a leitura deste livro, talvez você tenha ficado com algumas dúvidas e perguntas a fazer, o que é um bom sinal. Sinal de que está em busca de explicações para a vida. Todas as respostas que você precisa estão nas Obras Básicas de Allan Kardec.

Se você gostou deste livro, o que acha de fazer com que outras pessoas venham a conhecê-lo também? Poderia comentá-lo com aquelas do seu relacionamento, dar de presente a alguém que talvez esteja precisando ou até mesmo emprestar àquele que não tem condições de comprá-lo. O importante é a divulgação da boa leitura, principalmente a da literatura espírita. Entre nessa corrente!

Livros de Célia Xavier de Camargo

Leon Tolstói por ele mesmo
Espírito Leon Tostói

O grande escritor revela as extraordinárias experiências que vivenciou durante sua encarnação na Rússia. Reflete sobre sua vida e obra e considera a influência e a responsabilidade do escritor. Livro emocionante, lança uma nova luz sobre o trabalho literário, a vida familiar, os ideais religiosos e filosóficos de uma alma muito à frente de seu tempo.

Só o amor liberta
Narrativa do Espírito Paulo Hertz

Na juventude, Paulo é vítima de abusos sexuais. Insinuante, um padre convida-o para ser coroinha. Nem ele nem seus pais – assíduos freqüentadores da igreja – imaginavam as perversas intenções do sacerdote. Anos depois – do outro lado da vida, junto de espíritos benfeitores – Paulo colabora em favor de vítimas da violência. Certo dia, Paulo surpreende-se diante do mesmo padre que o atacou.

Asas da liberdade
Romance do Espírito Jerônimo Mendonça

Depois de uma existência preso a um leito de dor, Jerônimo – na espiritualidade – relata suas encarnações no Egito e na Pérsia da antiguidade, quando foi filho do Imperador e cometeu muitos crimes. "Se eu, que me considero o maior dos criminosos, consegui redimir-me, todos também conseguirão", ressaltou Jerônimo, na atualidade um espírito empenhado em contribuir para o progresso da humanidade.

Leia e recomende!
À venda nas livrarias espíritas e não-espíritas